Dorothea Peters
Der Fall Kaspar Hauser als Kriminalfall
und als Roman von Jakob Wassermann

Juristische Zeitgeschichte
Abteilung 6, Band 41

Juristische Zeitgeschichte
Hrsg. von Prof. Dr. Dr. Thomas Vormbaum
(FernUniversität in Hagen)

**Abteilung 6:
Recht in der Kunst – Kunst im Recht**
Mithrsg. Prof. Dr. Gunter Reiß
(Universität Münster)

Band 41

Redaktion: Stefanie Achenbach

De Gruyter

Dorothea Peters

Der Fall Kaspar Hauser als Kriminalfall und als Roman von Jakob Wassermann

De Gruyter

ISBN 978-3-11-055418-2
e-ISBN (PDF) 978-3-11-037883-2
e-ISBN (EPUB) 978-3-11-038967-8

Bibliografische Information der Deutschen Nationalbibliothek

Die Deutsche Nationalbibliothek verzeichnet diese Publikation in der Deutschen Nationalbibliografie; detaillierte bibliografische Daten sind im Internet über http://dnb.d-nb.de abrufbar.

© 2017 Walter de Gruyter GmbH, Berlin/Boston

Dieser Band ist text- und seitenidentisch mit der 2014 erschienenen gebundenen Ausgabe.

Druck: Hubert & Co. GmbH & Co. KG, Göttingen

∞ Gedruckt auf säurefreiem Papier

Printed in Germany

www.degruyter.com

Inhaltsverzeichnis

Abkürzungsverzeichnis IX

Spiegelungen des Rechts in der Literatur
Zur Recht- und Literaturbewegung – Ein Prolog – 1
    I. 1
    II. 12
    III. 18

Erstes Kapitel. Der Kriminalrechtsfall auf
der Grundlage historischer Dokumente 25
    I.   Das Erscheinen Kaspar Hausers in Nürnberg 26
    II. Im Vestnerturm 29
    III. Bei Daumer. Das Nürnberger Attentat 33
    IV. Bei Biberbach 37
    V. Bei Tucher 38
    VI. Lord Stanhope 39
    VII. Bei Lehrer Meyer 41
    VIII. Feuerbach und Kaspar Hauser 43
    IX. Das Ende 48

Zweites Kapitel. Der Dichter Jakob Wassermann 57
    I.   Frühe Jugendzeit 57
    II. Lehrjahre 60
    III. Erste Erfolge 65
    IV. Welt-Star des Romans 66
    V. Der Sturz 71
    VI. Warnender Prophet 72

Drittes Kapitel. Der Inhalt des Romans 75
    I. Ein fremder Jüngling erscheint 75
    II. Wer ist Kaspar Hauser? 75
    III. Im Hause Daumer. Der Mordversuch in Nürnberg 77
    IV. Magistratsrat Behold und seine Frau 82
    V. Baron Tucher 82
    VI. Lord Stanhope und Feuerbach 83
    VII. Briefe 85
    VIII. Die Zeit im Hause Quandt 88
    IX. Occulta mors 96

Viertes Kapitel. Grundlagen der Rezeption 101

Fünftes Kapitel. Trägheit des Herzens 119
    I. Erläuterung des Begriffs 119
    II. Herzensträgheit der Pflegepersonen und ihrer Helfer 123
        1. Daumer, der Forschungsbesessene 124
        2. Behold und seine triebhafte Frau 127
        3. Tucher, der Unnahbare 131
        4. Stanhope, der Ambivalente 134
        5. Quandt, der Argwöhnische 137
    III. Die herzensträge Gesellschaft 141

Sechstes Kapitel. Juristische Perspektiven 145
    I. Mordversuch und Ermordung Kaspar Hausers 145
    II. Gerichtspräsident Feuerbach 145
        1. Das Memorial 146
        2. Das Verbrechen am Seelenleben des Menschen 149
            a) Rechtshistorische Grundlagen 149

	b)	Das Delikt in der Schrift (1832): „Kaspar Hauser. Beispiel eines Verbrechens am Seelenleben des Menschen" 152

- b) Das Delikt in der Schrift (1832): „Kaspar Hauser. Beispiel eines Verbrechens am Seelenleben des Menschen" 152
- c) Die Vorarbeit zum Bayerischen StGB 1813 155
- d) „Anmerkungen zum Strafgesezbuche für das Königreich Baiern" 158

Exkurs: Das Verbrechen am Seelenleben im heutigen deutschen Strafrecht 159

3. Der Tod Feuerbachs – ein Mord? 169

III. Agent Stanhope 171
  1. Der Auftrag 171
  2. Stanhope und Feuerbach 173
  3. Briefe Stanhopes 176
  4. Stanhopes Selbstmord 179

IV. Polizeileutnant Hickel 180

V. Säumnisse der Behörden 181

Epilog 185

ANHANG

Literaturverzeichnis 189

Abkürzungsverzeichnis

AEMR	Allgemeine Erklärung der Menschenrechte
BGB	Bürgerliches Gesetzbuch
BVerfG	Bundesverfassungsgericht
BVerfGE	Bundesverfassungsgerichtsentscheidung
EMRK	Europäische Menschenrechtskonvention
EuGRCH	Europäische Grundrechtecharta
GG	Grundgesetz
Hrsg.	Herausgeber
Kmt.	Kommentator
o. J.	ohne Jahrgang
o. S.	ohne Seitenangabe
StGB	Strafgesetzbuch
StPO	Strafprozeßordnung
StVollzG	Strafvollzugsgesetz

„Poets are the unacknowledged legislators of the world."[1]
A Defence of Poetry and Other Essays (1821)
(*Percy Bysshe Shelley*)

Spiegelungen des Rechts in der Literatur
Zur Recht- und Literaturbewegung
– Ein Prolog –

I.

Untersuchungen aus jüngerer Zeit zum Thema „Verbrechen und Strafe in der Schönen Literatur" zeigen, dass die bis in die antiken Dramen und Tragödien zurückzuverfolgenden Darstellungen der Dichter von Verbrechen und Strafe[2] dem Juristen erweiterte Erkenntnisse zu vermitteln vermögen. Dabei wird die vom Dichter imaginativ gestaltete Lebenswirklichkeit menschlicher Schicksalsverläufe als gleichnishaft erhöhte, jedoch stimmige Realität verstanden.[3] Die Bezeichnung „Schöne Literatur" kann dabei täuschen. Es geht darin nicht nur beispielsweise um die Beleuchtung von Hintergrundfaktoren und unvermutete Lösungen, sondern auch um die kritische Wahrnehmung von Schatten, die das Recht zu werfen vermag, wie um das Sichtbarwerden seiner Begrenzungen. Diese Bestrebungen, „Recht- und Literaturbewegung" genannt, sind nicht auf den deutschen Raum beschränkt; sie bestehen ebenfalls in den USA, wo sie schon längere Zeit etabliert sind.

Nach Richard H. Weisberg, einem der Begründer der Bewegung in Amerika, die dort als „Law and Literature Movement" bezeichnet wird, vermittelt die Literatur einzigartige Einblicke in die Grundlagen des Rechts, wobei Geschichten und Gedichte reichere und zugänglichere Quellen bilden, als theoretisch-philosophische Erörterungen es sein können. Er sagt dazu in seiner Abhandlung „Poethics, and other Strategies of Law and Literature":

„The thought was – and remains – that literature provides unique insights into the underpinnings of law and that stories and poems stand as sources of law richer and

---

1 *Shelley, Percy* (2004/1821), S. 152.
2 Einen derartigen „Rechtsfall" enthält z. B. eine der ältesten überlieferten Tragödien, die „Orestie" des Aischylos, in welcher Orest die Ermordung seines Vaters Agamemnon gemäß dem Gebot Apolls rächte, damit aber zum Mörder seiner Mutter wurde. Die Frage, ob es zur Anwendung von Vater- oder Mutter-Recht kommen solle, wurde dem Areopag in Athen zur Entscheidung vorgelegt. Vgl. *Seidensticker, Bernd* (2007).
3 Vgl. *Lüderssen, Klaus* (2002), S. 15 und 19 ff.

certainly more accessible than others in legal philosophy that have dominated jurisprudence for many years."[4]

Im Sinne des interdisziplinären Ansatzes entwickelte im angloamerikanischen Kulturkreis bereits 1973 James Boyd White in seiner Monographie „The Legal Imagination: Studies in the Nature of Legal Thought and Expression"[5] die ersten Gedanken zu einem eigenständigen wissenschaftlichen Forschungsgebiet. Heute kann das „Law and Literature Movement" – spezifiziert auch als „Literature as Law" und „Law as Literature"[6] – jenseits des Atlantiks als eine selbstständige Disziplin angesehen werden. Hiervon zeugt nicht nur die inzwischen fast kaum noch überschaubare Zahl der Publikationen zu diesem Thema. Darüber hinaus stellt in dem 1988 gegründeten „Yale Journal of Law and Humanities"[7] die Beziehung von Recht und Literatur einen wesentlichen Teilbereich dar. Eine weitere, 1989 gegründete Zeitschrift „Cardozo Studies in Law and Literature"[8] befasst sich sogar ausschließlich mit diesen Fragen. Dem Bedürfnis nach Orientierung entsprechen dabei die mit zahlreichen Angaben versehenen speziellen Literaturverzeichnisse. Hierzu soll lediglich beispielhaft die zwei Bände umfassende Bibliographie von Christine Alice Corcos „An International Guide to Law and Literature Studies"[9] (2000) erwähnt werden. „Law and Literature Movement" nimmt ferner einen ständigen Platz in den Studienplänen vieler Law Schools ein. Desweiteren sind an einigen Universitäten spezielle Lehrstühle erwachsen, die ausschließlich der Forschung und Weiterentwicklung in diesem Bereich dienen, so beispielsweise an der Yale Law School und auch Harvard Law School. Von dieser Entwicklung berichtete Daniel Halft in seiner grundlegenden Studie zu den Beziehungen von Recht und Literatur nach der Rückkehr von seinem Forschungsaufenthalt in Amerika, bei welchem er Gelegenheit hatte, die Verhältnisse dort persönlich kennenzulernen.[10] Neben Richard H. Weisberg haben sich weitere amerikanische Wissenschaftler mit dem Thema „Law and Literature" befasst, unter ihnen

---

4   *Weisberg, Richard* (1992), S. 3.
5   *White, James* (1973).
6   Zu dem speziellen Thema des Rechts als Literatur – Law as Literature – soll lediglich auf den ausgesprochen poetischen Charakter der germanischen Rechtssprache hingewiesen werden. Noch heute finden sich aus dem Recht in die Umgangssprache aufgenommene stabreimartige Alliterationen bei den sog. phraseologischen Zwillingsformeln wie Leib und Leben, Kind und Kegel, Nacht und Nebel. Vgl. zu diesen und weiteren Beispielen *Grimm, Jacob* (1828), S. 8–46.
7   Yale Journal of Law and Humanities (1988 ff.).
8   Cardozo Studies in Law and Literature (1989 ff.).
9   *Corcos, Christine* (2000).
10 Vgl. *Halft, Daniel* (2006).

Robert Weisberg,[11] Ian Ward,[12] Robin West[13] sowie Peter Brooks.[14] Dennoch sind die Debatten um das Für und Wider nicht verstummt. Insbesondere ist Richard Posner als „hardlined" Kritiker des „Law and Literature Movement" bekannt. Als Autor von „A Misunderstood Relationship"[15] vertritt er z. B. die Ansicht, die Literatur würde dabei „zu ernst" genommen. Zu dem Vorhandensein rechtlicher Themen in der Literatur äußerte er sich: „Law is subject matter rather than technique".[16] Insbesondere der Artikel von Ian Ward „Law and Literature: A Continuing Debate"[17] macht die andauernde lebhafte Diskussion zu diesem Thema deutlich.

In Deutschland ist der frühe Versuch Jacob Grimms, bei der Germanistenversammlung in der Frankfurter Paulskirche 1848 Germanisten und Juristen zum gemeinsamen Gespräch zu veranlassen, ohne entscheidende Wirkung geblieben. Jacob Grimm ging es dabei allerdings speziell um das Thema Literatur als Recht, insbesondere um die im alten germanischen Recht in vielfältigen Formen auffindbare Poesie.[18] So schrieb er in der Abhandlung „Von der Poesie im Recht":

> „Es ist wohl auch einmal erlaubt, das recht unter den gesichtspunkt der poesie zu fassen und aus der einen in das andere lebendiges zeugnis geltend zu machen."[19]

Nach Ulrich Mölk kam erst gegen Ende des 19. Jahrhunderts das interdisziplinäre Forschungsinteresse erneut zum Ausdruck.[20] Josef Kohler war der erste, der sich im Zusammenhang mit seinen Shakespeare-Studien „Shakespeare vor dem Forum der Jurisprudenz"[21] (1. Aufl. 1883) im eigentlich wissenschaftlichen Sinn mit einer Beziehung von Recht und Literatur befasste. Der Ausgangspunkt dieses Unternehmens war eine Kontroverse mit Rudolf von Jhering über die Interpretation von Shakespeares „Kaufmann von Venedig".[22]

---

11 Vgl. *Weisberg, Robert; Binder, Guyora* (2000).
12 Vgl. *Ward, Ian* (1995).
13 Vgl. *West, Robin* (1993).
14 Vgl. *Brooks, Peter* (2000).
15 *Posner, Richard* (1988).
16 *Posner, Richard* (1986), S. 1359.
17 *Ward, Ian* (1995a).
18 Vgl. *Grimm, Jacob* (1828), S. 8–46.
19 *Grimm, Jacob* (1882), S. 153.
20 Vgl. *Mölk, Ulrich* (1996).
21 *Kohler, Josef* (1883).
22 Man könnte Josef Kohler insoweit den „Initiator" der Recht- und Literaturbewegung nennen.

Kohler wies in diesem Zusammenhang auf die rechtsgeschichtlichen Kenntnisse Shakespeares hin, welcher die Handlung in eine Zeit der – der Sachidee folgenden – Verhaftung des Schuldners unter anderem mit Teilen seines Fleisches legte.[23] Er bezeichnete Shakespeare „als genialen Seher der Rechtsordnung"[24] – neben Aischylos und Sophokles – und als großen Rechtskundigen.[25] [26] Zu den Pionieren ist weiterhin Hans Fehr mit seinem umfassenden Werk „Recht in der Dichtung"[27] (1931) zu zählen. Sodann entstand Mitte des vergangenen Jahrhunderts, in den Jahren 1953–1957, das dreibändige rechtshistorische Werk „Dichterjuristen"[28] von Eugen Wohlhaupter. Auch Gustav Radbruch hat zu dieser Zeit in seinem Aufsatz „Wilhelm Meisters sozialistische Sendung"[29] ähnliche Ideen verfolgt. Schließlich ist für die neuere Zeit Heinz Müller-Dietz zu nennen, der seit 1973 in der Zeitschrift für die gesamte Strafrechtswissenschaft literarische Beiträge veröffentlichte.[30] Wenn auch das Thema in der Folgezeit von einzelnen Autoren erörtert wurde,[31] hat sich die Recht- und Literaturbewegung als eigentliche wissenschaftliche Disziplin innerhalb Deutschlands erst in den beiden letzten Jahrzehnten des vergangenen Jahrhunderts zu entfalten begonnen. Diese Entwicklung ist jedoch in jüngster Zeit stark fortgeschritten, und es liegt heute bereits eine Fülle von Material vor. Zu den heutigen Protagonisten der Recht- und Literaturbewegung in Deutschland zählen die Rechtswissenschaftler Klaus Lüderssen, Heinz Müller-Dietz, Thomas Vormbaum, Hermann Weber sowie die Staatsrechtler Peter Häberle und Peter Schneider.

---

23 Die sachenähnliche Verhaftung des Schuldners findet sich in der Rechtsgeschichte bis in das Mittelalter weltweit und ist auch bereits als „partis secanto" in dem auf 12 Tafeln eingemeißelten und auf dem Forum Romanum aufgestellten XII-Tafelrecht altrömischer Zeit enthalten. Vgl. *Kohler, Josef* (1883), S. 8.
„Nicolaus Jacobi Slavi de Slemone promittit non bibere in taberna" ist der Wortlaut eines Versprechens, nicht mehr zu trinken, in einem österreichischen Dokument von 1296, bei Androhung des Verlustes einer Fußzehe. Vgl. Archiv für österreichische Geschichte XXVI, p. 275. Zit. n. *Kohler, Josef* (1883), S. 61.

24 *Kohler, Josef* (1883), S. 233.

25 Vgl. *Kohler, Josef* (1883), S. 255.

26 Vgl. „Der Kaufmann von Venedig. Das Stück vom Schuldrecht". In: *Kohler, Josef* (1883), S. 7–99.

27 *Fehr, Hans* (1931).

28 *Wohlhaupter, Eugen* (1953) (1955) (1957).

29 *Radbruch, Gustav* (1954).

30 Vgl. *Müller-Dietz, Heinz* (1973) (1973a) (1975) (1975a).

31 Zu den Stufen der Rezeption wird auf die eingehende Darstellung von Lüderssen verwiesen: „Die Juristen und die Schöne Literatur". *Lüderssen, Klaus* (2002), S. 3–18.

Klaus Lüderssen hat schon früh auf die Bedeutung der Schönen Literatur als Quelle der Rechtserkenntnis hingewiesen. In einer 1978 erschienenen Schrift „Autobiographische Texte und Kriminalpolitik"[32] reihte er die Schöne Literatur in den Zusammenhang mit den Mitte der 1960er Jahre in das Interesse der Forschung gelangten autobiographischen Texten (der sog. Gefängnisliteratur, selbstberichteten Delinquenz, Fallstudie oder auch Akteneinsicht) ein. Allen gemeinsam ist ein unmittelbarer Zugang zur Perspektive des Täters und damit eine größere Wirklichkeitsnähe. Lüderssen beanstandete bereits seinerzeit zu Recht, dass das Verstehen von Kriminalität und Strafe seitens der Fachleute überwiegend theoretischer Art sei und deren Wissensquellen in der Hauptsache wissenschaftliche Erörterungen, Texte der Rechtsprechung, Erfahrungsberichte und dergleichen seien. Demgegenüber besitze der aus Verbrechen und Strafe bestehende „Stoff" in der Schönen Literatur im Rahmen der Darstellung fiktiver, aber erhöhter Realität und auch Stimmigkeit eine jahrtausendelange Tradition, von der die Wissenschaft bisher nur am Rande Gebrauch gemacht habe.[33] Wie er zu Recht betonte, ist es über das gelehrte Wissen hinaus wesentlich zu verstehen, wie es im Täter aussieht.[34] Dieses erkannte seinerzeit bereits Josef Kohler.[35] Die Schöne Literatur ist nach Lüderssen nicht nur Quelle erweiterter Erkenntnisse insoweit, als sie subjektive Strukturen in ihren Stoff einbezieht; darüber hinaus vermag der Dichter in seinem Werk dem Juristen einen direkten Zugang zu den Prinzipien und großen Wahrheiten des Rechts, aber auch zu den Abgründen und blinden Stellen, zu Orten, an denen das Recht seine Begrenzungen zeigt, zu vermitteln. Am Beispiel des Essays über die Gerechtigkeit von Friedrich Dürrenmatt verwies Lüderssen neben der Intuition auch auf den Erkenntnisgehalt eigenständiger Argumentationen eines Autors.[36] Zur Literatur von Lüderssen ist auf sein zweibändiges Werk „Produktive Spiegelungen. Recht in Literatur, Theater und Film"[37] hinzuweisen, welches eine Zusammenstellung von 28 Schriften verschiedener Art – aus über zweieinhalb Jahrzehnten – zum Thema Recht und Literatur enthält, inbegriffen deren methodologische Grundlagen. Lüderssen hat sich mit der Beziehung einiger Dichter, insbesondere der Dichterjuristen, zum Recht befasst, so mit Goethe, Fontane und Eichendorff (wobei er auch die politisch-juristische Seite des preußischen Romantikers aufzeigt), aber ebenso mit dem Dichterarzt

---

32 *Lüderssen, Klaus* (2002), S. 380–417.
33 Vgl. *Lüderssen, Klaus* (2002), S. 380.
34 Vgl. *Lüderssen, Klaus* (2002), S. 381.
35 Vgl. *Kohler, Josef* (1883).
36 Vgl. *Lüderssen, Klaus* (2002), S. 6 f.
37 *Lüderssen, Klaus* (2002), (2007).

Schiller.³⁸ Im Rahmen des Themas „Die Enthüllungen der Kunst"³⁹ sah Lüderssen die gleichen Erkenntnismöglichkeiten auch in der Musik, so am Beispiel der beiden Einakter der Opern von Luigi Dallapiccola „Volo di notte" und „Il prigioniero".

Es mag das persönliche Engagement des Strafrechtswissenschaftlers Heinz Müller-Dietz für einen gerechten und menschlichen Strafvollzug, gleichzeitig aber das Interesse des Verfassers mehrerer literarischer Werke gewesen sein, welches ihn bereits Anfang der 1970er Jahre veranlasste, in der Zeitschrift für die gesamte Strafrechtswissenschaft Untersuchungen rechtlicher Aspekte des seinerzeit unüblichen literarischen Materials vorzunehmen.⁴⁰ Der Titel seines 1990 erschienenen ersten Buches „Grenzüberschreitungen. Beiträge zur Beziehung zwischen Literatur und Recht"⁴¹ machte deutlich, dass es dabei um Neuland ging. In seiner Aufsatzsammlung „Recht und Kriminalität im literarischen Widerschein"⁴² erwähnte Müller-Dietz das Erfordernis einer Entwicklung „wissenschaftlichen Gespürs"⁴³ für die Begegnung mit der Literatur, welches für die Erkenntnis der Zusammenhänge erforderlich sei,⁴⁴ – eine Art Gebrauchsanweisung, die Beachtung verdient. „Recht und Kriminalität in literarischen Spiegelungen"⁴⁵ ist eine weitere Sammlung von Aufsätzen. Außerdem hat Müller-Dietz Werke in Kombination mit je einem literaturwissenschaftlichen Text kommentiert.⁴⁶ Ferner sind seine Schriften „Zur Ästhetik des Bösen. Kunst und Verbrechen"⁴⁷ und „Zum Bild des Strafverteidigers in

---

38 Hierzu sind in zeitlicher Reihenfolge (vgl. *Lüderssen, Klaus* (2002), Nachweise S. 419 ff.) zu nennen: „'Ich will lieber eine Ungerechtigkeit begehen als Unordnung ertragen'. Notizen über Goethes Verhältnis zum Recht" (*Lüderssen, Klaus* (2002), S. 89–102; erstmals 1983/4). „'Die wahre Liberalität ist Anerkennung'; Goethe und die Jurisprudenz" (*Lüderssen, Klaus* [1999]). „Der Text ist klüger als der Autor. Kriminologische Bemerkungen zu Theodor Fontanes Erzählung 'Unterm Birnbaum'" (*Lüderssen, Klaus* [2002], S. 216–237; erstmals 2001: *Aust, Hugo; Lüderssen, Klaus* (2001). „'…dass nicht der Nutzen des Staats Euch als Gerechtigkeit erscheine.' Schiller und die Jurisprudenz" (*Lüderssen, Klaus* [2005]). „Eichendorff und das Recht" (*Lüderssen, Klaus* [2007a]).
39 *Lüderssen, Klaus* (2007), S. 67–70.
40 Vgl. *Müller-Dietz, Heinz* (1973) (1973a) (1975) (1975a).
41 *Müller-Dietz, Heinz* (1990).
42 *Müller-Dietz, Heinz* (1999).
43 *Müller-Dietz, Heinz* (1999), S. 47.
44 Vgl. *Müller-Dietz, Heinz* (1990).
45 *Müller-Dietz, Heinz* (2007).
46 Vgl. *Arntzen, Helmut; Müller-Dietz, Heinz* (2004); *Müller-Dietz, Heinz; Brötz, Dunja* (2005); *Müller-Dietz, Heinz; Huber, Martin* (2006).
47 *Müller-Dietz, Heinz* (2007a).

der modernen Literatur"[48] zu erwähnen. Mit einem Seminar über Recht und Literatur im Januar 2009 an der Universität Saarbrücken vollzog er einen weiteren Schritt zur Institutionalisierung der Recht- und Literaturbewegung.[49]

Ein Protagonist der Recht- und Literaturbewegung, Jurist und Philologe, ist Thomas Vormbaum. Er hat insbesondere als Herausgeber der Schriftenreihe „Juristische Zeitgeschichte" in deren Abteilung 6, „Recht in der Kunst", der Recht- und Literaturbewegung einen ersten Ort gegeben. Hierdurch kann man insoweit von dem Beginn einer Institutionalisierung sprechen. Dies bestätigt die stetig steigende Zahl der darin verzeichneten Arbeiten.

In dem oben von Daniel Halft[50] – nach dem Entwurf eines geometrischen Bildes von Vormbaum – dargestellten Beziehungsquadrat werden die mehrfachen Verbindungen zwischen Recht und Literatur deutlich.[51] Es sind zunächst rechts und links die beiden verstärkt gezeichneten Grundpfeiler, welche aus der Verbindung von Recht und Rechtswissenschaft einerseits und Literatur und Literaturwissenschaft andererseits bestehen. Die obere, schwächer gezeichnete Linie verbindet das Recht mit dem literarischen Werk; ähnlich verbindet die untere die Rechtswissenschaft mit der Literaturwissenschaft. Die eine Diagonale ist für das Thema „Recht und Literaturwissenschaft" maßgebend. Für das Thema „Rechtswissenschaft und Literatur" ist die – hier ausgeprägter gezeichnete und für die nachfolgenden Überlegungen relevante – Diagonale kennzeichnend.[52]

---

48 *Müller-Dietz, Heinz* (2008).
49 Vgl. *Müller-Dietz, Heinz* (2009).
50 Die hier gezeigte Graphik ist eine leichte Abänderung (Verstärkung der Diagonale zwischen Rechtswissenschaft und Literatur) des Originals von Daniel Halft. Vgl. *Halft, Daniel* (2006), S. 1.
51 Vgl. *Vormbaum, Thomas* (2002), S. XI.
52 Vgl. *Vormbaum, Thomas* (2002), S. XI.

Nach der Ansicht Vormbaums belehrt die Schöne Literatur den Juristen über das menschliche Leid, welches aus der Spannung zwischen den Selbstverwirklichungsansprüchen des individuellen Menschen einerseits und den Allgemeingültigkeit beanspruchenden Regeln einer Gemeinschaft andererseits entsteht, seien diese religiöser, rechtlicher oder konventioneller Art. Indem die Literatur dem Juristen den Spiegel der Wahrheitserkenntnis vorhält, macht sie deutlich, dass das Recht – welches Frieden stiften soll – in seinen Schattenbereichen dennoch Auslöser persönlicher Konflikte und sogar tragischer Auswirkungen sein kann. Aber die Literatur vermag ebenfalls auch dort, wo sie kritisiert und die Auswirkungen der Unvollkommenheit starrer Regelungen, überhaupt die Gebrechlichkeit der menschlichen Dinge zutage treten lässt,[53] andere Wege zu zeigen, beispielsweise ungewohnte und oft überraschende Lösungen festgefahrener Situationen. Vormbaum sagte zu solcher Art von Erkenntnis eines Dichters, dass diese

> „selbst dem Autor nicht als das Ergebnis rationaler Reflexion, sondern eher als spontane unbewusste Eingebung oder als Ergebnis genauer Menschenbeobachtung aus der Feder geflossen ist."[54]

Unter dem Titel „Der schwarze Stern der Gerechtigkeit"[55] machte er dieses in seinem Kommentar zu dem Roman von Jakob Wassermann „Der Fall Maurizius"[56] (1928) deutlich.[57] In diesem geht es u. a. um einen nach Zeugenmeineid und Fehlurteil der Justiz unschuldig zu lebenslänglicher Gefängnisstrafe Verurteilten; nach achtzehn Jahren zermürbendem, persönlichkeitszerstörendem Strafvollzug freigelassen, tötet der lebensunfähig Gewordene sich selbst. Neben „sensible[n] Beobachtungen der Wirklichkeit des Strafrechts und des Strafprozesses"[58] werden in der Imagination des Dichters Wege aufgezeigt, wie Rechtsprobleme von der Lebenspraxis her gelöst werden können, aber auch die Trägheit des menschlichen Herzens wird offenbar.[59] Insoweit – zeigt der Dichter – braucht die Gerechtigkeit Persönlichkeiten, welche einerseits von Gesetzesstrenge, aber auch von Gerechtigkeitsliebe und nicht zuletzt von Menschenliebe erfüllt sind. Gefordert wird dabei eine Gerechtigkeit, so Vormbaum wörtlich,

---

53 Vgl. *Küper, Wilfried* (1993), S. 13.
54 *Vormbaum, Thomas* (2002), S. XV.
55 *Vormbaum, Thomas* (2003).
56 *Wassermann, Jakob* (1928).
57 Vgl. *Vormbaum, Thomas; Schäfer, Regina* (2003a).
58 *Vormbaum, Thomas* (2002), S. XVIII.
59 Vgl. *Vormbaum, Thomas* (2002), S. XVIII.

"die bei und über der Ermittlung von Sachverhalten den Menschen nicht aus den Augen verliert. Ohne Ansehen der Person doch den Menschen sehend, vom Schwert nicht mit der Schneide, sondern mit der flachen Seite Gebrauch machend, Menschliches kennend und ihm wenn nicht verzeihend, so doch mit Verständnis begegnend, 'das Maß' des von jedem einzelnen Menschen zu Verlangenden und jedem einzelnen Menschen Zuzuteilenden kennend, der eigenen Unvollkommenheit bewußt."[60]

Nur so auch kann dem Recht als einem stets neu zu erringenden Gleichgewicht entsprochen werden, wozu nach Vormbaum weder Kadijustiz noch juristischer Doktrinarismus passen.[61] Neben der juristischen Kommentierung zu „Der Fall Maurizius" und der Einführung „Die Produktivität der Spiegelung von Recht und Literatur"[62] zu Lüderssens Werk „Produktive Spiegelungen" sind als weitere Schriften zur Recht- und Literaturbewegung von Vormbaum zu nennen: die Kommentierung zu „Anton Matthias Sprickmann. Dichter und Jurist",[63] die Untersuchung „Recht, Rechtswissenschaft und Juristen im Werk Heinrich Heines"[64] sowie die Abhandlung „Strafrecht und Religion in Dantes 'Göttlicher Komödie'."[65] In diesem Zusammenhang ist ebenfalls der Staats-, Verfassungs- und Kirchenrechtler Hermann Weber zu nennen. Dieser hat als langjähriger Schriftleiter der „Neuen Juristischen Wochenschrift" (NJW) im C.H.-Beck-Verlag in den Jahren 2002 bis 2005 in sieben Sammelbänden die in der NJW erschienenen Beiträge zum Thema „Recht, Literatur und Kunst in der Neuen Juristischen Wochenschrift" folgendermaßen zusammengefasst: Bd. 1 „Annäherung an das Thema Recht und Literatur";[66] Bd. 2 „Juristen als Dichter";[67] Bd. 3 „Prozesse und Rechtsstreitigkeiten um Recht, Literatur und Kunst";[68] Bd. 4 „Recht, Staat und Politik im Bild der Dichtung";[69] Bd. 5 „Reale und fiktive Kriminalfälle als Gegenstand der Literatur";[70] Bd. 6 „Dich-

---

60 *Vormbaum, Thomas* (2002), S. XVIII f.
61 Vgl. *Vormbaum, Thomas* (2002), S. XIX.
62 *Vormbaum, Thomas* (2002).
63 *Vormbaum, Thomas* (2006a).
64 *Vormbaum, Thomas* (2006).
65 *Vormbaum, Thomas* (2010), gehalten als Vortrag im Jahr 2009 im Nordkolleg Rendsburg, Akademie für kulturelle Bildung (vgl. Nordkolleg Rendsburg [2009]), im Rahmen seiner Übersetzung von Dantes Göttlicher Komödie aus dem Italienischen.
66 *Weber, Hermann* (2002).
67 *Weber, Hermann* (2002a).
68 *Weber, Hermann* (2002b).
69 *Weber, Hermann* (2003).
70 *Weber, Hermann* (2003a).

ter als Juristen";[71] Bd. 7 „Recht und Juristen im Bild der Literatur".[72] Außerdem ist er Mitwirkender des „Nordkolleg Rendsburg, Akademie für kulturelle Bildung", welches seit mehreren Jahren – 2013 zum dann siebten Mal – Tagungen zu „Literatur und Recht" veranstaltet, jeweils unter speziellen Gesichtspunkten. So ging es z. B. 2005 um „Literatur, Recht und Musik",[73] 2009 um „Literatur, Recht und Religion".[74] Im September 2013 fand eine Tagung mit dem Thema „Recht und Juristen im Spiegel von Literatur und Kunst"[75] statt. Hermann Weber führte 2005 zusammen mit Britta Lange ein Gespräch mit Julie Zeh und Martin Mosebach über Recht und Literatur – abgedruckt in der von Hermann Weber herausgegebenen Schrift „Literatur, Recht und Musik. Tagung im Nordkolleg Rendsburg vom 16. bis 18. September 2005".[76]

Nicht nur für die Kriminologen und Strafrechtswissenschaftler hat die Literatur eine spezielle Aussagekraft. Als Protagonisten der Recht- und Literaturbewegung gelten ebenfalls die Verfassungsrechtler Peter Häberle und Peter Schneider. So wies Peter Schneider in seiner Abhandlung „'… ein einzig Volk von Brüdern': Recht und Staat in der Literatur"[77] auf die Bedeutung der Rechtsüberzeugung der Rechtsgenossen im Rechtsverwirklichungsprozess hin, deren Anschauung vom Recht seiner Ansicht nach auch durch außerfachliche Literatur gebildet wird.[78] Peter Häberle sprach in seiner „Verfassungslehre als Kulturwissenschaft"[79] von einer „Verfassungskultur".[80] Er sah in der Verfassungsentwicklung einen öffentlichen Prozess,[81] bei welchem nicht nur die zuständigen Rechtspersonen, sondern jeder einzelne an dem „Konzert"[82] des Ganzen sowohl bei der Ermittlung von Orientierungswerten wie auch inhaltlichen Bestimmungen der Grundbegriffe des Verfassungsstaates beteiligt ist. Für Peter Häberle war gerade die kritische Literatur ein antreibendes Moment in

---

71 *Weber, Hermann* (2004).
72 *Weber, Hermann* (2005).
73 Vgl. Nordkolleg Rendsburg (2005).
74 Vgl. Nordkolleg Rendsburg (2009).
75 Vgl. Nordkolleg Rendsburg (2013).
76 *Weber, Hermann* (2007).
77 *Schneider, Peter* (1987).
78 Vgl. *Schneider, Peter* (1987), S. 20.
79 *Häberle, Peter* (1998).
80 *Häberle, Peter* (1998), S. 90.
81 Vgl. *Häberle, Peter* (1998), S. 90.
82 *Häberle, Peter* (1998), S. 503.

den „Gärungsprozessen der Verfassungsentwicklung".[83] In seinem Werk „Das Grundgesetz der Literaten: Der Verfassungsstaat im (Zerr?)-Spiegel der Schönen Literatur"[84] betonte er die Verantwortung, welche die Literaten aufgrund ihrer Einwirkungsmöglichkeiten auf die Gesellschaft gegenüber dem Verfassungsstaat tragen.[85] Er wies darauf hin, dass rückblickend literarische Texte nicht selten die Entwicklung des Verfassungsstaates vorangetrieben haben, wobei er sich auf Texte von Gotthold Ephraim Lessing zur Toleranz in „Nathan der Weise", auf Friedrich von Schiller in „Don Carlos" zur Gedankenfreiheit, wie für die heutige Zeit zur Menschenwürde und Demokratie auf die Zitate von Ernst Bloch und Berthold Brecht berief.[86]

Die Recht- und Literaturbewegung ist nicht unwidersprochen geblieben. Klaus Lüderssen hat in seiner Schrift „Recht als Verständigung unter Gleichen in Kleists Prinz von Homburg – ein aristokratisches oder ein demokratisches Prinzip?"[87] schon 1985[88] auf die hauptsächlichen Einwände verwiesen, welche die Literaturwissenschaftler gegen die Untersuchungen der Juristen nach wie vor erheben. Zunächst verbiete bereits das Ästhetische jede Verwertung wissenschaftlicher Art oder auch einer entsprechenden politisch-moralischen Praxis. Außerdem wird mangelhafte Berücksichtigung des künstlerischen Gesamtkontextes durch die Juristen beanstandet. Schließlich wird in der Regel ein Mangel an Fähigkeit und Bereitschaft der Juristen unterstellt, zwischen Fiktion und Realität zu unterscheiden. Zudem wird auf eine ungenügende Unterscheidung der literarischen Figur vom Autor hingewiesen. Die in den vergangenen Jahren stetig angestiegene Zahl juristischer Publikationen zum Thema „Recht und Literatur" zeigt, dass man auf den speziellen Erkenntnisgewinn, den das Dichterwort in der Literatur zu vermitteln vermag, nicht zu verzichten bereit ist. Die Probleme scheinen zudem im Laufe der Zeit überwachsen zu werden, wobei man zunächst einen Modus dahingehend gefunden hat, dass bei literarischen Texten neben dem juristischen Kommentar gleich-

---

83 *Häberle, Peter* (1998), S. 503.
84 *Häberle, Peter* (1983).
85 Vgl. *Häberle, Peter* (1983), S. 86.
86 Vgl. *Häberle, Peter* (1983), S. 13 f. Zu der von Peter Häberle vertretenen „Verfassungstheorie der offenen Gesellschaft" vergleiche sein gleichnamiges Werk „Verfassung als öffentlicher Prozess: Materialien zu einer Verfassungstheorie der offenen Gesellschaft" (*Häberle, Peter* [1996]).
87 *Lüderssen, Klaus* (2002), S. 156–185.
88 Vgl. *Lüderssen, Klaus* (2002), S. 420.

zeitig ein literaturwissenschaftlicher Kommentar erfolgt.[89] Außerdem hat die Recht- und Literaturbewegung mittlerweile auch in den Seminaren des Universitätsbereiches Eingang gefunden,[90] sodass davon auszugehen ist, dass beiderseitige wissenschaftliche Auslegungsregeln Berücksichtigung finden. Ein eigener Lehrstuhl für Recht und Literatur an einer Universität, wie dies in den USA bereits der Fall ist, erscheint danach in Zukunft auch in Deutschland durchaus möglich. Daniel Halft wies überdies zutreffend darauf hin, dass jede Auslegung in der Gefahr steht, sowohl dem Text als auch dem Autor nicht gerecht zu werden.[91] So ist den Einwänden der Literaturwissenschaftler die Aussage Klaus Lüderssens entgegen zu halten:

> „Freilich – mehr als den guten Willen, Komplexität stets im Auge zu behalten, alles von allen Seiten zu betrachten, kann man demgegenüber eigentlich nicht bekunden."[92]

Dazu rechtfertigen die Juristen ihre Untersuchungen mit einem – vorrangigen – wissenschaftlichen Erkenntnisinteresse an erweiterter Wahrheitsfindung. Wenn die Literaturwissenschaftler zudem Befürchtungen äußern, dass die Juristen sich in rational-analytischer Weise den literarischen Texten nähern, wie sie dieses gegenüber ihren wissenschaftlichen Quellen gewohnt sind, so ist z. B. auch hier die von Müller-Dietz schon vor einem Jahrzehnt angemahnte Entwicklung eines „wissenschaftlichen Gespürs"[93] im Umgang mit der Literatur zu erwähnen. Auch Vormbaum empfahl das rezeptive Hören vor einer Klärung im juristischen Bereich. Andernfalls würde ja auch im Grunde alles beim Alten verbleiben, und nichts wäre gewonnen.

II.

In der Praxis befasst sich bei den Untersuchungen ein Teil der Arbeiten, häufig in Form eines juristischen und gleichzeitig literaturwissenschaftlichen Kommentars, mit bestimmten Themen der Rechtsordnung, die in einem ausgesuchten Werk der Schönen Literatur erörtert werden. In unterschiedlichen

---

89 Dieses ist der Fall bei den in Abteilung 6, „Recht in der Kunst", der Schriftenreihe zur juristischen Zeitgeschichte aufgenommenen Arbeiten. Vgl. *Vormbaum, Thomas* (1999 ff.).
90 So z. B. an der Universität des Saarlandes (vgl. *Müller-Dietz, Heinz* [2009]), aber auch bereits an der Universität St. Gallen (Schweiz) zu dem Thema „Das Scheitern des Rechts in der Literatur". Vgl. *Sánchez, Yvette; Vest, Hans* (2008).
91 Vgl. z. B. *Halft, Daniel* (2006), S. 41.
92 *Lüderssen, Klaus* (2002), S. 157.
93 *Müller-Dietz, Heinz* (1999), S. 47.

Varianten kann es dabei um Probleme des Einzelnen wie der Gesellschaft gehen. Es kann sich um das Recht als Prinzip handeln, um den Kampf gegen das Recht oder das Leiden am Recht, ferner – angefangen vom Ermittlungsverfahren – um die verschiedenen Stadien des Strafverfahrens. Desweiteren kann es die Rechtsprechung oder auch den Strafvollzug betreffen sowie die Stigmatisierung durch die Umwelt nach der Entlassung. Nicht selten sind aber auch gerade die Grenzgebiete des Rechts Gegenstand literarischer Gestaltung, wie Zurechnungsfähigkeit, Notwehr und Notstand, Fragen der Billigkeit, der Gnade oder einer höheren Gerechtigkeit. Aber auch das Aufzeigen gesellschaftlicher Veränderungen des Rechtsgefühls im Widerspruch zum geltenden Recht ist ein Thema der Literatur. Die Aufnahme des juristischen Diskurses in literarische Werke kann als rechtsgeschichtliche Spiegelung von Interesse sein. In alledem wird der Bezug des Dichters zum Recht als der Ordnung des Lebens deutlich, wobei auch anzunehmen ist, dass, soweit angebracht, Informationen innerhalb der Rechtsordnung vorausgehen.

Die dichterische Ausgestaltung des Stoffes, die den auf den Normen des Rechts beruhenden Konflikt beinhaltet, erlaubt dem Juristen, einen Blick „hinter die Kulissen des Geschehens" zu tun. In der freien schöpferischen Gestaltung des Dichters wird im Gegensatz zum normativen Charakter der Rechtsordnung die persönliche Situation der betroffenen Menschen dargestellt. Wenn das Recht aussagt, wie es sein soll, spiegelt die Literatur, wie sich dieses auf das menschliche Schicksal auswirkt. Die Intuition und eine feinsinnige Beobachtung des Dichters zeichnen neben den Persönlichkeitsstrukturen der Beteiligten auch Motivationen sowie sonstige Überlegungen nicht geäußerter oder sogar unbewusster Art auf. Außerdem ermöglicht erst die Berücksichtigung des gesamten Beziehungsgeflechtes der Personen der Umgebung eines Täters, einschließlich unbedeutend erscheinender Nebenfiguren (bei welchen sogar die Lösung des Problems verborgen sein kann), ein abgerundetes Bild zu erhalten. Der Dichter Percy Bysshe Shelley sagt über die Schöne Literatur, dass sie die Dinge aus ihrer Verhüllung befreie und den darin verborgenen Geist sichtbar mache.[94] Aus den verdunkelnden Verwicklungen der profanen Ebene herausgehoben in den Raum der Kunst, erlangen diese eine beispielartige, erhöhte Realität – gleichzeitig durchsichtig auf Sinn und stimmige Zusammenhänge. Die Literatur weiß dabei neue und andere Wege zu lebensnäheren Lösungen aufzuzeigen, als es die manchmal sich als zu starr erweisenden Regelungen des Rechts ermöglichen. Aus dem Munde des Dichters kommen auch die aus der Inspiration geborenen großen Lebensweisheiten, abgesehen

---

94 Vgl. *Shelley, Percy* (2004/1821).

von eigenständigen Argumentationen. Der Jurist findet in der Schönen Literatur jedoch in den Darstellungen menschlicher Konflikte auch die Grenzen des Rechts, seine Abgründe sowie Verfinsterungen, bei denen Recht zum Unrecht wird.

Als Beispiele der Untersuchungen werden im Folgenden aus der Abteilung „Recht in der Kunst" der Schriftenreihe Juristische Zeitgeschichte[95] einige kommentierte Werke angeführt. Diese wurden jeweils mit einem literaturwissenschaftlichen und einem juristischen Kommentar versehen:

> Die Judenbuche (1842) und die Vergeltung (1841) von Annette von Droste-Hülshoff;[96] Michael Kohlhaas (1810) von Heinrich von Kleist;[97] Die Dreigroschenoper (1928) und Dreigroschenroman (1934) von Berthold Brecht;[98] Der Fall Maurizius (1928) von Jakob Wassermann;[99] Der Proceß, Roman (1925) von Franz Kafka;[100] Verbrecher aus Infamie (1786) von Friedrich Schiller;[101] Pique Dame (1834) von Alexander Puschkin;[102] und andere.

Ein zweiter Weg besteht in der Untersuchung der Biographie eines „Dichterjuristen". Dieser Begriff fand in den fünfziger Jahren des vergangenen Jahrhunderts mit dem grundlegenden Werk des Rechtshistorikers Eugen Wohlhaupter „Dichterjuristen"[103] Eingang in die rechtswissenschaftliche Literatur. Dichter als Juristen oder auch Juristen als Dichter stellen danach eine nicht seltene Kombination dar. Da die Doppelbegabten beides, Recht und Poesie, in einer Person vereinen, kann die Beschäftigung mit ihren biographischen Daten, mit ihren persönlichen Motiven und Entwicklungen, mit ihrer gesamten Persönlichkeit, mit dem Ausdruck in ihren literarischen Werken und vor allem in ihrer unmittelbaren Beziehung zum Recht tiefere Einblicke in den Zusammenhang beider Disziplinen ermöglichen. Nach Wohlhaupter[104] zeigt sich das zweifache Lebensgeschenk in unterschiedlichen Schicksalsabläufen. So waren z. B. Dichter wie Goethe,[105] dem die Leitung eines Ministeriums in Weimar

---

95 Vgl. *Vormbaum, Thomas* (1999 ff.).
96 Vgl. *Holzhauer, Heinz; Woesler, Winfried* (2000).
97 Vgl. *Naucke, Wolfgang; Linder, Joachim* (2000).
98 Vgl. *Fetscher, Iring; Plachta, Bodo* (2001).
99 Vgl. *Vormbaum, Thomas; Schäfer, Regina* (2003a).
100 Vgl. *Kremer, Detlef; Tenckhoff, Jörg* (2006).
101 Vgl. *Müller-Dietz, Heinz; Huber, Martin* (2006).
102 Vgl. *Aufschnaiter, Barbara; Brötz, Dunja; Schroeder, Friedrich-Christian* (2007).
103 *Wohlhaupter, Eugen* (1953) (1955) (1957).
104 Vgl. *Wohlhaupter, Eugen* (1953) (1955) (1957).
105 Dass selbst der Dichterfürst erhebliche Kämpfe zwischen Antonio, dem Politiker, und Tasso, dem Dichter, in sich auszutragen hatte, wurde überliefert, wie auch sein Aus-

oblag, ferner Eichendorff, Storm, Immermann, Grillparzer und E.T.A. Hoffmann zeitlebens auch anerkannte Juristen. Ebenso gab es den Dichter in Kooperation mit einem Juristen, z. B. Brentano mit Savigny, oder die Brüder Jacob und Wilhelm Grimm – ebenfalls mit Savigny –, wobei Jacob Grimm sich später der deutschen Sprache und der deutschen Rechtsgeschichte zuwandte.[106] Auch Ludwig Uhland verließ die Jurisprudenz und wechselte zur Literaturwissenschaft, wobei er im 19. Jahrhundert zu einem bekannten Dichter seiner Zeit wurde.[107] Aus seiner Feder stammen z. B. die Ballade „Des Sängers Fluch"[108] und das Gedicht „Schwäbische Kunde" („Als Kaiser Rotbart lobesam...").[109] Als Beispiele für die „Umkehrung", nämlich die dichtenden Juristen, sind Dahn und der Strafrechtler Temme zu nennen; ganz abgesehen von den vielen Gelegenheitsdichtern. Zu den „Dichterjuristen" ist für die neuere Zeit auf zwei Sammelbände von Hermann Weber hinzuweisen: „Dichter als Juristen"[110] und „Juristen als Dichter",[111] worin beispielsweise Immermann, Wiechert, Dahn, Oppermann, Mömberg und andere vorgestellt werden. Ferner ist auf die Beiträge des Staatsrechtlers Bodo Pieroth in seinen verschiedenen Glossen zum Thema „Das juristische Studium im Literarischen Zeugnis"[112] zu verweisen. Wie er sagte, hat er sich in seinen Untersuchungen mit insgesamt 60 Dichterjuristen befasst,[113] wozu unter anderem Untersuchungen zu Heinrich von Kleist, Matthias Claudius, Franz Kafka und Joseph von Eichendorff zählen. Dichterjuristen werden auch im Werk eines Dichters dargestellt, so in dem Roman „Les Bienveillantes"[114] (Die Wohlgesinnten) von Jonathan Littell, ein Lebensbericht des SS-Offiziers Max Aue. „Der Vorle-

---

spruch in dem Sinne, dass das Geschäft der Dichtkunst nun jemand anders machen solle. Vgl. *Damm, Sigrid* (1998), S. 96.
106 Dass seine Entscheidung für Jacob Grimm richtig war, zeigt seine spätere Bedeutung nicht nur für die deutsche Rechtsgeschichte mit zahlreichen Sammlungen von Rechtsaltertümern (vgl. *Grimm, Jacob* [1828]; *Grimm, Jacob* [1840 ff.], sondern noch mehr für die deutsche Sprache im Allgemeinen (vgl. *Grimm, Jacob* [1819] [1826] [1831]). Dabei stellt die berühmte Sammlung deutscher Märchen von Jacob und dessen jüngerem Bruder Wilhelm Grimm (vgl. *Grimm, Jacob* [1812] [1815]) auch heute noch eine wichtige Fundgrube für die tiefenpsychologische Märchenforschung dar.
107 Hiervon zeugen heute noch zahlreiche Straßen, die seinen Namen tragen.
108 *Uhland, Ludwig* (1983), S. 220 ff.
109 *Uhland, Ludwig* (1983), S. 224 ff.
110 *Weber, Hermann* (2004).
111 *Weber, Hermann* (2002a).
112 *Pieroth, Bodo* (1992 ff.).
113 Vgl. *Pieroth, Bodo* (2001).
114 *Littell, Jonathan* (2006).

ser"[115] ist ein erfolgsgekrönter Roman, in welchem ein Dichterjurist eine Geschichte über einen Dichterjuristen verfasst hat. Der Autor ist Bernhard Schlink, der über seine literarische Tätigkeit hinausgehend an der Humboldt-Universität, Berlin, Jurisprudenz lehrt und auch ein hohes Richteramt ausübt. In jenem Roman findet sich ein Gedicht – bemerkenswert auch in der Beherrschung des Wortspiels –, welches Michael Berg, der literarische Dichterjurist, selbst geschrieben habe:

> „Wenn wir uns öffnen
> du dich mir und ich dir mich,
> wenn wir versinken
> in mich du und ich in dich,
> wenn wir vergehen
> du mir in und dir in ich.
> Dann
> bin ich ich
> und bist du du."[116]

Nach den Untersuchungen Bodo Pieroths ist eine herausragende Begabung jeder der beiden Seiten eines Dichterjuristen allerdings selten.[117]

Dass der Dichter in dem Dichterjuristen nicht immer mit dem Recht einverstanden war, zeigen einige überlieferte Beispiele – auch in literarischer Form. So ließ z. B. Johann Wolfgang von Goethe in seinem Faust den Schüler von Mephistopheles im Studierzimmer belehren:

> „Schüler: Zur Rechtsgelehrsamkeit kann ich mich nicht bequemen.
>
> Mephistopheles: Ich kann es Euch so sehr nicht übelnehmen,
> Ich weiß, wie es um diese Lehre steht.
> Es erben sich Gesetz' und Rechte
> Wie eine ewge Krankheit fort;
> Sie schleppen von Geschlecht sich zu Geschlechte
> Und rücken sacht von Ort zu Ort.
> Vernunft wird Unsinn, Wohltat Plage;
> Weh dir, dass du ein Enkel bist!
> Vom Rechte, das mit uns geboren ist,
> Von dem ist, leider! nie die Frage."[118]

Nach den Angaben von Pieroth hat die deutsche Theorielastigkeit Goethe zur Verzweiflung gebracht. Die von Max Halbe mit den Augen des Dichters betrachteten juristischen Definitionen hielt dieser für „harte, ungenießbare

---

115 *Schlink, Bernhard* (1995).
116 *Schlink, Bernhard* (1995), S. 57.
117 Vgl. *Pieroth, Bodo* (2001).
118 Entnommen der Goethe-Ausgabe von *Trunz, Erich* (1981), S. 64.

Brocken".[119] Heinrich Heine bekundete ein ausgesprochenes Missfallen am Römischen Recht. In der Heine-Textsammlung von Thomas Vormbaum finden sich mehrere Stellen, welche den Ruf Heines als Kritiker des Römischen Rechts durchaus rechtfertigen. Noch in den nach seinem Tod als Fragment veröffentlichten Memoiren aus seiner letzten Zeit heißt es:

> „Von den sieben Jahren die ich auf deutschen Universitäten zubrachte vergeudete ich drei schöne blühende Lebensjahre durch das Studium der römischen Casuistik. Welch ein fürchterliches Buch ist das Corpus Iuris, die Bibel des Egoismus. Wie die Römer selbst blieb mir immer verhaßt ihr Rechtskodex."[120]

Die römische Kasuistik galt für ihn als „illiberalste Wissenschaft".[121] Aus dem „Buch der Lieder" führte Thomas Vormbaum das Gedicht Heinrich Heines über den Teufel und die Jurisprudenz im allgemeinen an:

> „Ich rief den Teufel und er kam,
> Und ich sah ihn mit Verwund'rung an.
> [...]
> Er lobte mein juristisches Streben,
> Hat früher sich auch damit abgegeben."[122]

All dies klingt wie eine „böse Schelte des Rechts"; dennoch scheint es mit einem gewissen Augenzwinkern verbunden zu sein.[123] Von dem Dichter Georg Heym, der auf Drängen seiner Eltern das juristische Studium aufgenommen hatte, wird ein wortwörtlich „vernichtender" Hass gegen die Justiz (oder – tiefenpsychologisch – seine Eltern?) berichtet: Als Gerichtsreferendar beim Berliner Kammergericht soll er ihm missliebige Akten kurzerhand in der Toilette der Behörde hinuntergespült haben.[124] Pieroth sieht allerdings den Grund für das häufige Vorkommen von Dichterjuristen im 18. und 19. Jahrhundert darin, dass es zu dieser Zeit keine Berufsschriftsteller gab und die Jurisprudenz eher ein Brotstudium war.[125] Dennoch bleibt die Frage offen, ob es wirklich kein anderes „Brotstudium" gab, oder ob nicht doch ein tieferer Bezug für diese Wahl maßgebend war. Lüderssen hat sich mit dem Thema der

---

119 Zit. n. *Pieroth, Bodo* (2001), S. 1
120 Zit. n. *Vormbaum, Thomas* (2006), S. 142.
121 Zit. n. *Vormbaum, Thomas* (2006), S. 6 (mit dortiger Anmerkung 16).
122 Zit. n. *Vormbaum, Thomas* (2006), S. 8 (mit dortiger Anmerkung 29).
123 Vielleicht gibt der letzte Satz der Memoiren Aufschluss: „[...] weil ich fühlte daß Andre mich in der Advokasserie und Rabulisterey leicht überflügeln würden, hing ich meinen juristischen Doktorhut an den Nagel." Zit. n. *Vormbaum, Thomas* (2006), S. 143.
124 Vgl. *Pieroth, Bodo* (2001).
125 Vgl. *Pieroth, Bodo* (2001).

Dichterjuristen u. a. in der 1999 herausgegebenen Schrift mit dem Titel „'Die wahre Liberalität ist Anerkennung.' Goethe und die Jurisprudenz"[126] näher befasst. Er äußerte sich zu dieser außerhalb der Norm liegenden Erscheinung der Doppelbegabung folgendermaßen: „Was diese Phänomenologie im einzelnen substantiell charakterisiert, ist [...] eine [...] eigentlich erst in jüngster Zeit ernst genommene und dementsprechend mit wachsender Spannung verfolgte Frage."[127]

III.

Es verwundert wohl kaum, wenn in dieser Zeit der Umwälzungen auf vielen Gebieten im Recht Erneuerungsbestrebungen erwachsen sind. Die derzeitig festzustellende Veränderung allgemeingültiger Bewusstseinseinstellungen betrifft auch das herrschende Bild des Rechts, eine Wandlung, die – wie es scheint und auch erhofft wird – umfassendere Menschlichkeit meint. In diesem Zusammenhang neuzeitlicher Entwicklung ist auch die Recht- und Literaturbewegung neben z. B. Mediation, Rhetorik, Topik und anderen zu nennen.[128] Wenn man nach Kriterien der Bewegung fragt, ist auf die – von Heinz Müller-Dietz gewählte – Bezeichnung „Grenzüberschreitungen"[129] hinzuweisen, wobei in einer Durchbrechung der bisherigen ausschließlich mental-rationalen Perspektive das Recht um den Bereich der Literatur als zusätzlicher Quelle der Wahrheitsfindung erweitert wurde. Davor war die Beziehung der Schönen Literatur eher eine Angelegenheit neben der „eigentlichen" Berufstätigkeit. Dieses mochte sogar gelegentlich in den Ruf einer „Beschäftigung für Schöngeister" geraten. In der Recht- und Literaturbewegung ist jedoch eine veränderte Haltung sichtbar geworden, welche der Dichtkunst und ihren Aussagen Autorität zuerkennt. Wenn auch die angestrebte Vernetzung beider Wissenschaften im Sinne einer Austauschbeziehung bis jetzt nicht gelungen ist, so zeigt sich jedenfalls die interdisziplinäre Verflechtung in der Integration der Literatur im Rahmen eines Randgebietes des Rechts. Hiermit wird auch der in den literarischen Schilderungen von Schuld und Sühne (oder Verbrechen und Strafe) zum Ausdruck kommende Lebenszusammenhang in den juristischen Erkenntnisbereich einbezogen. Wie die Protagonisten der Recht- und Literaturbewegung übereinstimmend aussagen, sind die bisher meist rechtstheoretischen Quellen – insoweit auch die Rechtsphilosophie – alleine nicht

---

126 *Lüderssen, Klaus* (1999).
127 *Lüderssen, Klaus* (2002), S. 7.
128 Vgl. *Vormbaum, Thomas* (2002), S. XXVI.
129 *Müller-Dietz, Heinz* (1990).

ausreichend. Das begründete Bestreben nach weitgehender Abstraktion des Rechts hat, soweit es einseitig geworden ist, allem Anschein nach seine Möglichkeit positiver Auswirkungen erschöpft. Unter Vermeidung historischer, undifferenzierter Verquickung von Lebenspraxis und Recht werden nunmehr beide berücksichtigt.

Die Anschauung von einer Autorität der dichterischen Aussage ist nicht neu. Derartige Vorstellungen lassen sich z. B. bis zu Platons „Ion"[130] zurückverfolgen. Dieser erkannte eine göttliche Inspiration des Dichters an und schrieb ihm eine priesterliche Funktion zu: die Stellung eines Mittlers zwischen Göttern und Menschen.[131] In seinem Essay „A Defence of Poetry"[132] (1821) vertrat der englische Dichter Shelley in ähnlicher Weise die Autorität der Dichtkunst. Er sprach von göttlichen Quellen (heute würde man eher vom Unbewussten sprechen), aus welchen der Dichter Wissen und Macht zur Gestaltung der Gesellschaft schöpft. Der Dichter vermag den Zeitgeist in den Impulsen zur Veränderung der Gesellschaft zu erspüren und ihm in seinen Werken Ausdruck zu verleihen. Er zeigt gesellschaftliche Missstände auf, und Umbruch wie Neugestaltung werden gewissermaßen „programmiert". Insoweit sind nach Shelley Dichter den Gesetzgebern gleich, welche neue Regeln festlegen, nach denen die Gesellschaft sowohl handelt als auch gesteuert wird. Dichter sind jedoch die „unacknowledged legislators",[133] die „verkannten" (besser: „heimlichen") Gesetzgeber, welche in der Stille arbeiten und dabei die Gesellschaft immer wieder aufs Neue verändern. Das gleiche gilt auch für die Moral- und Sittenvorstellungen. Hierzu sei auf die zur Zeit Goethes herrschende Problematik der Kindstötung verwiesen, welche in seinem „Faust" gespiegelt wird.[134] In der neueren Zeit, als es um die Abschaffung des Abtreibungsverbotes in § 218 StGB ging, versuchte der Dichterarzt Friedrich Wolf mit seinem Schauspiel „Cyankali"[135] durch die eindrückliche Schilderung der Not der Frauen unterer sozialer Gesellschaftsschichten unmittelbar auf die politische Diskussion Einfluss zu nehmen. Am Beispiel von Fontanes Erzählung „Unterm Birn-

---

130 *Platon* (1850).

131 Vgl. *Platon* (1850), S. 25.

132 *Shelley, Percy* (2004/1821).

133 *Shelley, Percy* (2004/1821), S. 152.

134 Der Politiker Goethe hat selber ein Todesurteil gegen eine sogenannte „Kindsmörderin" Anna Katharine Höhn mit unterzeichnet, welches am 28.11.1783 in Weimar durch Enthauptung mit dem Schwert vollstreckt wurde. Sein Gretchen im Urfaust mit ihrem erschütternden Flehen zur Mutter Gottes in der Kirche und dem ergreifenden Monolog im Kerker blieben offenbar bei dieser Entscheidung unbeachtet. Vgl. *Damm, Sigrid* (1998), S. 81–97.

135 *Wolf, Friedrich* (1978/1929).

baum" wies Lüderssen nach, dass der Text sogar manchmal klüger sein kann als der Autor.[136] Für Shelley war die Dichtung ein Spiegel, in dem Moralstrukturen und universelle Wahrheiten aufgefangen werden.[137] Der Dichter hat die Aufgabe, dafür zu sorgen, dass neben dem wissenschaftlichen und materiellen Fortschritt der Menschheit der moralische nicht zu kurz kommt. Diese Aufgabe ist zwar eine andere als die der Wissenschaft, ist aber von ebensolcher Bedeutung. Dabei kommt dem Dichter eine hohe moralische Verantwortung zu. In unserer Zeit sieht der Philosoph und Psychologe Karlfried Graf Dürckheim in der Kunst eine andere Dimension unseres Lebens, welche den Begriff unseres Verstandes transzendiert.[138]

Wenn man den Erkenntnissen des Berner Philosophen und Bewusstseinsforschers Jean Gebser[139] folgt, ist die – u. U. zunächst befremdlich anmutende – Kombination „Recht und Literatur" im Einklang mit den Kriterien einer sich gegenwärtig entwickelnden neuen Bewusstseinsstruktur des westlichen Menschen. Gebser hat Mitte des vergangenen Jahrhunderts in seinem dreibändigen Werk „Ursprung und Gegenwart"[140] auf erste Anzeichen einer Änderung der seit der griechischen Antike hervorgetretenen mental-rationalen Bewusstseinsebene auf allen Gebieten des sozialen Lebens der Neuzeit hingewiesen. Die Zeitspanne von rund zweitausend Jahren, welche ihrerseits Zeitalter archaischer, magischer und mythischer Existenzweisen zur Grundlage hat, hat der Menschheit einen ungeheuren Fortschritt in wissenschaftlicher und technischer Hinsicht – inbegriffen die Mondlandung – beschert. Heute geht es jedoch nicht mehr darum, die Welt und insbesondere den Menschen nur auf einer einzigen Ebene, so die der mentalen Struktur, zu erfassen. Dieses ist aber im Recht mit seiner im Wesentlichen einseitigen Ausrichtung von „Recht = rechts, recht, richtig oder genau", wie auch „einseitig patriarchal", der Fall. Auf der Grundlage eines erweiterten, „mutierten" Bewusstseins wird der Mensch auf allen Ebenen seiner Existenz wahrgenommen. Nach Alexander Mitscherlich, einem

---

136 Vgl. *Lüderssen, Klaus* (2002), S. 216–237.
137 Vgl. *Shelley, Percy* (2004/1821).
138 Mündliche Mitteilung an die Verfasserin.
139 „Gebser, Jean *20.08.1905 Posen (heute Poznan, Polen), †14.05.1973 Bern [...], ab 1939 in der Schweiz, zuerst in Ascona (Eranoskreis von Carl Gustav Jung) [...]. 1947–1963 Dozent am Institut für Angewandte Psychologie in Zürich, 1967 Ernennung zum Honorarprof. für vergleichende Kulturlehre an der Univ. Salzburg. In seinen kulturphilosoph. Schriften [...] beschrieb er die versch. Bewusstseinsstrukturen der Menschen und wies darauf hin, dass wir uns heute in einer Zeit des Umbruchs befinden, in der eine neue, über das bloss Rationale hinausgehende Bewusstseinsmöglichkeit entsteht. Zentral für G. war die Bewusstwerdung der Zeit." *Gastpar, Huldrych* (2006).
140 *Gebser, Jean* (2007).

Schüler von Victor von Weizsäcker, hat die Tiefenpsychologie die Gewissheit erbracht, „daß der Mensch existentiell in verschiedenen Grundbereichen des Seins wurzelt"[141] und dass die Methoden, mit denen er erfasst werden soll, diesen Ebenen entsprechen müssen.[142] So ist neben der mental-rationalen ebenso auch die der Dichtung eigene Inspiration und intuitive Komponente des Menschen einzubeziehen. Dieses bedeutet keinen Rückfall in prärationale Zeiten, intendiert auch keine Addition aller Komponenten, sondern meint im Rahmen einer Integration sämtlicher Bewusstseinsebenen eine höhere Bewusstseinsstufe: das „integrale Bewusstsein".[143] Hierzu zählen auch die Strukturen vergangener Epochen; Ziel ist letztlich die Ganzheit.[144] Diese bildet bereits ein vieldiskutiertes Thema der Neuzeit; so ist z. B. innerhalb der Tiefenpsychologie C. G. Jungs die Ganzheit des Menschen – die Individuation – Entwicklungsziel psychotherapeutischer Arbeit.[145]

Im Recht wirkt sich das integrale Bewusstsein nach Gebser durch die Berücksichtigung des Zeitablaufs (die Veränderung in der Zeit), ferner die Überwindung des Dualismus sowie durch eine Tendenz zur Arationalität aus.[146] Wie das Bewusstwerden des Raumes als dritte Dimension die „Lernaufgabe" der Menschen des mental-rationalen Zeitalters war – man denke an die die damalige Welt bewegende Entdeckung der Perspektive anlässlich der Besteigung des Mont-Ventoux durch Petrarca 1336[147] –, rückt nunmehr das Thema „Zeit" in den Vordergrund. Abgesehen von der quantitativ bemessenen Uhrzeit fand die Zeit als qualitativer Aspekt bisher wenig Beachtung. Dieser Aspekt zeigt sich z. B. als Jahreszeit, Sternenzeit, biologische und Lebenszeit, als Arbeitszeit und auch in der Physik, in der er als vierte Dimension bezeichnet wird. Die „Psychische Energie", ebenfalls ein qualitativer Aspekt der Zeit, nähert sich dabei den Definitionen der Wissenschaft sowohl vom „Unbewussten" wie auch von der „Seele" an.[148] „Qui iure suo utitur, neminem laedit" (Wer sein

---

141 *Mitscherlich, Alexander* (1946), S. 51. Gebser spricht in diesem Zusammenhang von „Bewusstseinsstrukturen" (*Gebser, Jean* [2007], S. 82).

142 Vgl. *Mitscherlich, Alexander* (1946), S. 51 ff.

143 Vgl. *Gebser, Jean* (2007), S. 165 ff.

144 Dementsprechend wird es auch durch eine Kugel symbolisiert, welche aus einem Zentrum heraus das Umgebende zu einem Ganzen integriert. Vgl. *Gebser, Jean* (2007), S. 698 (Synoptische Tafel).

145 Vgl. *Jung, Carl Gustav* (1995).

146 Vgl. *Gebser, Jean* (2007), S. 561 ff.

147 Vgl. *Gebser, Jean* (2007), S. 40 ff.

148 Vgl. *Gebser, Jean* (2007), S. 382. Hier weist Gebser auf die qualitativen Zeitaspekte vitaler, psychischer, biologischer, kosmischer, rationaler, kreativer, soziologischer und technischer Art wie auch auf den physikalischen Aspekt der vierten Dimension hin.

Recht nutzt, schadet niemandem) war der Ausdruck früherer Statik, aber auch Fixiertheit des Rechts.[149] Der Einbruch des Faktors qualitativer Zeit fordert dagegen die Berücksichtigung der Rechtswirkungen, denen in der Rechtsordnung Rahmenbestimmungen und Generalklauseln entsprechen.[150] Die Ausnahmeregelung der „clausula rebus sic stantibus"[151] erhält damit neue Bedeutung. In der Verbindung von Recht und Literatur wird zudem die Erkenntnis der Juristen um neue Gesichtspunkte aus der Veränderung der Situation durch den Lauf der Zeit erweitert. Die Darstellungen der verschiedenen Formen der Literatur machen deutlich, wie sich Rechtsnormen sowohl bei einem Einzelnen als auch im Hinblick auf eine Gemeinschaft im Zeitablauf schicksalhaft auswirken können. Der Einbruch der Zeit führt auch zur Überwindung der dualistischen Struktur des auf absoluten Postulaten beruhenden rationalen Bewusstseins. Anstelle einer dualistischen Alternative von Recht einerseits und Unrecht andererseits mag man dann von „Recht und Billigkeit" sowie von „Rechten und diese einschränkenden Pflichten" im Sinne eines öffnenden „entweder-*und*-oder" sprechen. Diese Ansicht Gebsers bestätigt Adolf Arndt wie folgt:

> „Die dualistische Struktur des analytischen und kausalen Denkens in der vom Altertum bis zur Neuzeit reichenden Epoche einer rationalen Geisteswelt arbeitet axiomatisch mit der Alternative des Entweder-Oder. Ist nicht die Stunde reif für ein Überwinden dieses gespaltenen Denkens...?"[152]

In der Literatur ist die Entwicklung der Geschichte, d. h. damit auch die Bewegung in der Zeit, ein grundlegender Aspekt, welcher einen rational verfestigten Dualismus nicht zur Geltung kommen lässt. Im Übrigen zeigt die Verbindung von Rechtswissenschaft und Literatur die Bereitschaft, Gegensätze wie z. B. „abstrakt und konkret", „unpersönlich und persönlich", „rational und schöpferisch", „statisch und beweglich" zu integrieren. Desweiteren ist mit einer Tendenz zur Arationalität keinesfalls eine vollständige Ausschaltung der kausal fundierten Rationalität des Rechts gemeint. Es geht vielmehr um die Entstehung eines „offenen" Rechts, worunter die Befreiung vom Systemzwang sowie von einem eingrenzenden Gitterwerk der Begriffe durch indeterminierte, unbestimmte, auch beispielhafte Regelungen zu verstehen ist.[153] Es handelt sich somit um eine Abkehr lediglich von der Ausschließlichkeit der statisch-

---

149 Vgl. *Gebser, Jean* (2007), S. 561.
150 Vgl. *Gebser, Jean* (2007), S. 561 ff., wonach dieses in der Physik der Unschärferelation entspricht.
151 Zit. n. *Gebser, Jean* (2007), S. 562.
152 *Arndt, Adolf* (1955), S. 17.
153 Vgl. *Gebser, Jean* (2007), S. 568 ff.

rationalen Ordnung.[154] In der Recht- und Literaturbewegung findet eine entsprechende Öffnung für die Aussagen auf der schöpferischen Ebene der Dichtkunst statt – in deren erhöhter Realität gleichnisartig und niemals festlegend. In dieser Öffnung vermag der Jurist in dem zeitlichen Verlauf einer Geschichte zu dem Thema Verbrechen und Strafe jene erweiterten Erkenntnisse zu finden, nach welchen er im Interesse ganzheitlicher Beurteilung einer Rechtssache sucht.

Ein Blick auf die Doppelwissenschaften bildenden Disziplinen Psychologie und Somatologie, wie auch Quantenphysik und Biologie zeigt prototypische Formen neuartiger wissenschaftlicher Entwicklung, welche für die Recht- und Literaturbewegung bedeutsam sein könnten. Nach Jean Gebser werden in Zukunft Doppelwissenschaften, welche auf die Überwindung dualistischer Grundsätze – überhaupt des Ausschließlichkeitsanspruches rationaler Denkweise – schließen lassen, vermehrt auftreten.[155] Es geht dabei nicht darum, zwei unvereinbar erscheinende Wissensgebiete nebeneinander zu stellen, sondern – abgesehen von fachspezifischen Methoden – um eine „wechselseitige Erläuterung" im Interesse einer gesamtheitlichen Erkenntniserweiterung. Nach Viktor von Weizsäcker sind hiermit nicht ausschließlich wissenschaftliche Erklärungen gemeint, sondern die Erläuterung kann unter verschiedenen Aspekten erfolgen, wozu er wörtlich ausführt:

> „Die erklärende Wissenschaft steht dabei am einen, die Poesie am anderen Ende einer Reihe, die man nicht absichtlich zu zerreißen braucht."[156]

In Analogie hierzu erläutert in der Recht- und Literaturbewegung das Recht die allgemeinverbindliche Ordnung des Lebens auf der Grundlage der jeweils betreffenden Normen, und die Literatur weist auf deren Auswirkungen im individuellen Schicksalsverlauf hin. Basierend auf dieser wechselseitigen Durchdringung von Recht und Literatur untersucht die vorliegende Arbeit den Kriminalrechtsfall „Kaspar Hauser" und seine Rezeption in dem Roman von Jakob Wassermann „Caspar Hauser oder Die Trägheit des Herzens" (1908).

---

154 Nach *Gebser* (2007, S. 562 f.) ist es eines der größten Missverständnisse, anzunehmen, dass es sich um den Fortfall der gesamten mental-rationalen Struktur handle, wobei das Recht primordial betroffen wäre.
155 Vgl. *Gebser, Jean* (2007), S. 593 ff.
156 *Weizsäcker, Viktor* (1946), S. 23.

Erstes Kapitel
Der Kriminalrechtsfall auf der Grundlage historischer Dokumente

„Das eindeutig Klare wird festgestellt und beiseite gelegt, das Geheimnisvolle lockt zu immer neuer Prüfung."[1] Manches in der heute schier unübersichtlich gewordenen Literatur über Kaspar Hauser[2] ist emotional gefärbt oder dogmatisch festgelegt in „Hauserianer" oder „Antihauserianer"[3]. Die Kaspar-Hauser-Geschichte gibt es nicht, nur mehr oder weniger variierende Darstellungen. Hermann Pies[4] hielt bereits 1925 geschichtlich-sachliche Untersuchungen für angezeigt, da die regierenden Dynastien in Deutschland in Fortfall gekommen, die Beteiligten längst verstorben und materielle Interessen wohl kaum noch existent waren.[5] Aus den im Staatsarchiv in München gelagerten umfänglichen historischen Nürnberger und Ansbacher Gerichtsakten übermittelte Pies in seinem fünfbändigen Standardwerk über Kaspar Hauser die geschichtlichen Quellen des Rechtsfalls in originalgetreuer Abschrift – ein lebenslanges Bemühen.[6] Die besondere Bedeutung dieser Arbeit sollte sich zeigen, als im Zweiten Weltkrieg bei einem Bombenangriff auf München die im Staatsarchiv gelagerten historischen Akten nahezu vollständig verbrannten.[7]

---

1 *Pies, Hermann* (1985/1925), S. 13.
2 Vgl. z. B. die Literaturverzeichnisse von *Peitler, Hans; Ley, Hans* (1927); *Flechtner, Ulrich* (2010); *Weckmann, Berthold* (1993), S. 511–562. Jeffrey Masson zufolge umfaßt die Literatur über Hauser „mehr als 3000 Bücher und mindestens 14000 Aufsätze". *Masson, Jeffrey* (1995), S. 343. „Man hat einmal geschrieben, es sei um Hauser keine Literatur, sondern ein Schlachtfeld." *Schreibmüller, Walther* (1991), S. 43.
3 *Pies, Hermann* (1985), S. 14. In der Psychoanalyse ist der Begriff „Kaspar-Hauser-Komplex" bekannt, der charakterisiert ist durch z. B. Vereinsamung und mitmenschliche Isolation. Vgl. *Mitscherlich, Alexander* (1950), S. 16.
4 Hermann Pies (1887–1983) war promovierter, professoraler Studienrat an einem Saarbrücker Gymnasium und gilt „als Nestor der Kaspar-Hauser-Forschung". *Pies, Hermann* (1985), vord. Klappentext.
5 Vgl. *Pies, Hermann* (1985), S. 14f.
6 Band 1 (1925/²1985), Band 2 (1956/²1987), Band 3 (1973), Band 4 (1928), Band 5 (1966). Vgl. Editionsplan der ersten Gesamtausgabe „nach Maßgabe eines biographisch-thematischen Bezugs". *Mayer, Johannes* (1985), S. 8f.
7 Gemäß schriftlicher Mitteilung des Hauptstaatsarchivs München vom 25. Juni 2010 an die Verfasserin konnten nur zwei Archivalien zu Kaspar Hauser ermittelt werden. Das Archiv verweist auf die z. B. von Hermann Pies vor der Zerstörung edierten Akten.

Erstes Kapitel

Auch die folgende Darstellung des Kriminalrechtsfalles gründet im Wesentlichen auf Augenzeugenberichten, Selbstzeugnissen, Vernehmungsprotokollen, amtlichen Bekanntmachungen und weiteren geschichtlichen Quellen.[8]

I. Das Erscheinen Kaspar Hausers in Nürnberg

Gemäß der Darstellung Paul Johann Anselm Ritter von Feuerbachs,[9] zu jener Zeit Präsident des Appellationsgerichts Ansbach, ereignete sich am 26. Mai 1828 Folgendes:[10] Zwischen 16 und 17 Uhr befand sich der Schuhmacher Georg Leonhard Weickmann vor seiner Wohnung am Unschlittplatz in Nürnberg und beabsichtigte, zum Neuen Tor, einem der Stadttore Nürnbergs, zu gehen. Er bemerkte in geringer Entfernung einen jungen Menschen, gekleidet wie ein Bauernbursche, der sich einem Betrunkenen ähnlich vorwärts zu gehen bemühte. Beim Näherkommen hielt dieser ihm einen Brief mit der Aufschrift entgegen:

„An Titl. Hrn. Wohlgebohrner Rittmeister bei 4ten Esgataron bei 6ten Schwolische Regiment Nürnberg."[11]

Da Rittmeister Friedrich von Wessenig in der Nähe des Neuen Tores wohnte, nahm Weickmann den Fremden mit sich zur dortigen Wache. Von dort gelangte Kaspar gegen 19 Uhr zur Wohnung des Rittmeisters. Wessenig war abwesend; dem Bediensteten überreichte Kaspar den Brief mit den Worten: „Ä sechtene möcht ih wähn, wie mei Vottä wähn is."[12] Auf Fragen wiederholte er Ähnliches oder antwortete: „Woas nit!"[13] Er deutete weinend auf seine schmerzenden Füße und war hungrig und durstig. Bier und ein Stück Fleisch spie er jedoch mit Entsetzen aus; schwarzes Brot und frisches Wasser nahm er freudig an. „Er schien zu hören, ohne zu verstehen, zu sehen, ohne etwas zu bemerken, sich mit den Füßen zu bewegen, ohne sie zum Gehen gebrauchen zu können."[14] Man hielt ihn für einen Wilden und brachte ihn bis zur Rückkehr des Rittmeisters in den Pferdestall. Dieser las in dem Brief:

---

8 Auf die historischen Quellen bezieht sich außerdem *Berthold Weckmann* ([1993], S. 75–148) in seinem Kapitel „Der Fall Kaspar Hauser".
9 Vgl. *Feuerbach, Anselm* (1987).
10 Diese Angaben bestätigte Kaspar Hauser später in seinen Selbstbiographien, z. B. „Das älteste größere Fragment der 'Selbstbiographie'" von Anfang November 1828. In: *Pies, Hermann* (1985), S. 439–448.
11 Zit. n. *Feuerbach, Anselm* (1987), S. 2.
12 Zit. n. *Feuerbach, Anselm* (1987), S. 3 f.
13 Zit. n. *Feuerbach, Anselm* (1987), S. 4.
14 *Feuerbach, Anselm* (1987), S. 4.

Der Kriminalrechtsfall auf der Grundlage historischer Dokumente 27

„Von der Bayerschen Gränz daß Orte ist unbenannt 1828.

Hochwohlgebohner Hr. Rittmeister!

Ich schücke ihner ein Knaben der möchte seinen König getreu dienen verlangte Er, dieser Knabe ist mir gelegt worden, 1812 den 7. Ocktober, und ich selber ein armer Taglöhner, ich habe auch selber 10 Kinder, ich habe selber genug zu thun daß ich mich fortbringe, und seine Mutter hat nur um die erziehung daß Kind gelegt, aber ich habe sein Mutter nicht erfragen können, jezt habe ich auch nichts gesagt, daß mir der Knabe gelegt ist worden, auf den Landgericht. Ich habe mir gedenkt ich müßte ihm für mein Sohn haben, ich habe ihm Christlichen Erzogen, und habe ihn Zeit 1812 Keinen Schrit weit aus den Haus gelassen daß Kein Mensch nicht weiß davon wo Er auf erzogen ist worden, und Er selber weiß nichts wie mein Hauß Heißt und daß ort weiß er auch nicht, sie derfen ihm schon fragen er kann es aber nicht sagen, daß lessen und schreiben habe ich ihm schon gelehrt er kann auch mein Schrift schreiben wie ich schreibe, und wan wir ihm fragen was er werde, so sagte er will auch ein Schwolische werden waß sein Vater gewesen ist, Will er auch werden, wen er Eltern häte wie er keine hate wer er ein gelehrter bursche worden. Sie derfen im nur was zeigen so kan er es schon, Ich habe im nur bis Neumark geweißt da hat er selber zu ihnen hingehen müssen ich habe zu ihm gesagt wenn er einmal ein Soldat ist, kome ich gleich und suche ihm heim sonst häte ich mich von mein Hals gebracht Bester Hr. Rittmeister sie derfen ihm gar nicht tragtiren er weiß mein Orte nicht wo ich bin, ich habe im mitten bei der nacht fort geführt er weiß nicht mehr zu Hauß, Ich empfehle mich gehorsamt Ich mache mein Namen nicht Kentbar den ich Konte gestraft werden, Und er hat Kein Kreuzer Geld nicht bey ihm weil ich selber nichts habe wen Sie im nicht Kalten (behalten) so müssen Sie im abschlagen oder in Raufang auf henggen."[15]

Dem Brief lag ein Zettel bei mit den Worten:

„Das Kind ist schon getauft Sie heist Kasper in (d. h. einen) Schreibname misen Sie im Selber geben das Kind moechten Sie aufziehen Sein Vater ist ein Schwolische gewesen wen er 17 Jahr alt ist so schicken Sie im nach Nirnberg zu 6ten Schwolische Regiment da ist auch sein Vater gewesen jch bitte um die erziehung bis 17. Jahre gebohren ist er im 30. Aperill 1812 im Jaher ich bin ein armes Mägdlein ich kan das Kind nicht ernehren sein Vater ist gestorben."[16]

Da eine Verständigung mit dem Fremdling nicht möglich war, ließ ihn der Rittmeister zur städtischen Polizei bringen. Bei der auf der Wachtstube erfolgten Vernehmung zeigte sich Ähnliches.[17] Die anwesenden Polizeisoldaten waren sich nicht einig, ob man ihn für wahnsinnig, blöde, halb wild oder gar für einen Betrüger halten sollte. Letzterer Verdacht verstärkte sich, als er mit deutlichen Schriftzügen den Namen „Kaspar Hauser" schreiben konnte. Nachdem alle Bemühungen um weitergehende Angaben zu seiner Person

---

15   Zit. n. *Feuerbach, Anselm* (1987), S. 12–14.
16   Zit. n. *Feuerbach, Anselm* (1987), S. 14 f. (sog. „Mägdleinzettel"; *Pies, Hermann* (1987), S. 54).
17   Vgl. *Feuerbach, Anselm* (1987), S. 6 f.

vergeblich waren, wurde ein Polizeidiener angewiesen, Kaspar Hauser – so wurde er jetzt genannt – auf den für Polizeisträflinge, Vagabunden und Sonstige bestimmten Vestnerturm zu bringen.[18]

Das in den Polizeiakten fehlende „Signalement"[19] Kaspar Hausers bestand nach Feuerbach aus folgenden Merkmalen:

> „4 Schuhe, 9 Zolle groß", etwa 16 bis 17 Jahre alt, mit Bartansatz um Kinn und Lippen. Körperbau untersetzt und breitschultrig. Bäuerlich geschnittene hellbraune lockige Haare. Das Gesicht nicht frisch, auch nicht krankhaft blass, wirkte anfangs gemein. Bläuliche Augen zeigten den Ausdruck tierischer Stumpfheit, verstärkt durch Hervortreten der unteren Gesichtsteile.[20] Sein Weinen bestand in hässlicher Verzerrung des Mundes; sein Lächeln gewann alle Herzen. Die Haut weiß und fein, die Glieder zart gebaut. An beiden Armen befanden sich Impfnarben.[21] Die weichen Füße waren mit Blutblasen bedeckt. Am rechten Arm eine verschorfte Wunde. – Wie Feuerbach desweiteren berichtet, trug Kaspar Hauser bei seiner Ankunft über Hemd und Weste eine graue Bauernjacke[22] sowie tuchene Reithosen.[23] Aus den zerrissenen Halbstiefeln ragten seine Zehen hervor.[24] Auf dem Etikett seines Filzhutes war das halb ausgekratzte Bild der Stadt München zu sehen. Sein Schnupftuch war mit den Buchstaben K. H. gezeichnet. Neben einigen Lappen, einem Schlüssel und in Papier eingeschlagenem Goldsand fanden sich in seiner Tasche ein Rosenkranz und katholische geistliche Druckschriften, eine davon mit dem Titel „Kunst, die verlorne Zeit und übel zugebrachten Jahre zu ersetzen".[25]

Die Angaben[26] der Zeugen vom ersten Tag Kaspar Hausers in Nürnberg wurden 1829 und 1834 Gegenstand eidlicher Vernehmungen vor dem Königl. Kreis- und Stadtgericht Nürnberg.[27] Die Aussagen dieser Zeugen, die Kaspar

---

18 Ähnlich auch die Bindersche „Bekanntmachung" vom 7. Juli 1828. In: *Pies, Hermann* (1985), S. 456–465.

19 *Feuerbach, Anselm* (1987), S. 15–19.

20 Feuerbach schlug vergeblich vor, Kaspar Hauser in diesem Zustand portraitieren zu lassen; tatsächlich veränderte sich seine Physiognomie innerhalb weniger Monate. Vgl. *Feuerbach, Anselm* (1987), S. 16 f.

21 Vgl. *Feuerbach, Anselm* (1987), S. 16. Vgl. Gutachten des Dr. Preu vom 3. Dezember 1830. In: *Pies, Hermann* (1966), S. 184.

22 Anlässlich eines Lokaltermins des Nürnberger Gerichts vom 3. Dezember 1829 in Neustadt war der Schneidermeister Willibald Reinwald der Ansicht, dass die Jacke ein abgeschnittener Frack sei. Vgl. *Pies, Hermann* (1987), S. 287.

23 Vgl. *Feuerbach, Anselm* (1987), S. 10 ff.

24 Leider wurden Stiefel und Hemden ohne Berücksichtigung ihres Indizienwertes fortgeworfen. Vgl. *Feuerbach, Anselm* (1987), S. 10.

25 Zit. n. *Feuerbach, Anselm* (1987), S. 12.

26 Die polizeilichen Akten über die Vernehmung der Zeugen von 1828 waren seit Ende der 1860er, Anfang 1870er Jahre verschollen. Vgl. *Pies, Hermann* (1987), S. 53.

27 Vgl. *Pies, Hermann* (1987), S. 55 ff. sowie S. 214 ff.

Hauser nur kurze Zeit wahrgenommen hatten, standen zum Teil im Widerspruch zu den Resultaten der später im Vestnerturm über Wochen und Monate von diversen Fachleuten vorgenommenen Untersuchungen. Zum Beispiel war nach den eidlichen Erklärungen des Schusters Weickmann das Sprachvermögen Kaspar Hausers nicht auf wenige, papageienhaft wiederholte Redewendungen beschränkt. Der Zeuge erklärte am 4. November 1829 und bestätigte am 5. Mai 1834:

> „Unterwegs frug ich den Hauser: 'Wo er denn hergekommen', worauf er 'Regensburg' aussprach."[28]

Als Weickmann vorschlug, bei der Wache am Neuen Tor das Haus des Rittmeisters zu erfragen, habe Hauser geantwortet:

> „Wach– –Wach– –, Neue Tor g'wiß erst baut worden."[29]

Nach Feuerbach sind diese Protokolle bzgl. der näheren Umstände „Zweifeln historischer Kritik unterworfen".[30] Er wies auf die Möglichkeit von Hör-Missverständnissen im Hinblick auf die stereotypen Äußerungen Kaspars hin.[31] Derartige Zeugenaussagen gaben aber auch Anlass zu Zweifeln an der Glaubwürdigkeit Kaspar Hausers.[32]

II. Im Vestnerturm

Wie Andreas Hiltel,[33] Gefangenenwärter im Nürnberger Turm auf der Veste, angab, wurde Kaspar Hauser am Tag seines Erscheinens zwischen 22 und 23 Uhr mit der Anweisung eingeliefert, den verdächtigen Findling zu beobachten.[34] Der erfahrene Gefangenenwärter berichtete später, er habe Hauser bei Tag und Nacht auf alle Weise beobachtet, jedoch nie auch nur das mindeste Verdächtige bemerkt; Kaspar sei wie ein pures Kind gewesen.[35] Der Gerichts-

---

28 Zit. n. *Pies, Hermann* (1987), S. 56.
29 Zit. n. *Pies, Hermann* (1987), S. 55; ähnlich S. 215.
30 *Feuerbach, Anselm* (1987), S. 2.
31 Vgl. *Feuerbach, Anselm* (1987), S. 3. Auch der Gymnasialprofessor Georg Friedrich Daumer war der Ansicht, dass das Nachplappern unbekannter Worte zu Missverständnissen führen konnte. Vgl. *Daumer, Georg* (1873), S. 189.
32 Vgl. z. B. *Stanhope, Philip* (1835), S. 32. Ferner *Meyer, Julius* (1872), S. 32 f. Eine gegenteilige Position vertrat z. B. auch *Daumer, Georg* (1873), S. 188 ff.
33 Der Gefangenenwärter Hiltel heißt im Roman „Gefängniswärter Hill". *Wassermann, Jakob* (2005a), S. 12.
34 Vgl. Vernehmungsprotokoll vor dem Nürnberger Gericht vom 3. November 1829. In: *Pies, Hermann* (1987), S. 61 ff.
35 Vgl. *Daumer, Georg* (1873), S. 149 ff.

arzt Dr. Preu prüfte im Auftrag des Magistrats, ob der Legitimationslose blödsinnig oder ein Betrüger sei.[36] Preu stellte fest:

> „Man brauchte eine kurze Zeit ihn zu beobachten, um sich zu überzeugen, daß er selbst weder ein Betrüger noch auch das Werkzeug zu einem zu spielenden Betrug sein könnte [...], daß Hauser aller menschlichen Gesellschaft beraubt, bei gutem Verstande, in jeder Art menschlichen Unterrichts und menschlicher Ausbildung versäumt worden sei, folglich einem in der Wildnis aufgewachsenen Tiermenschen zu vergleichen sei."[37]

Der Polizeisoldat Joseph Blaimer, täglicher Begleiter Kaspars bei Ausgängen, erklärte Ähnliches.[38] Gymnasialprofessor Georg Friedrich Daumer fand bei seinem Besuch Kaspars „mehr, als ich erwartet hatte";[39] er führte ihn in die Grundzüge des Lesens, Schreibens und Rechnens ein. Magistratsassessor Gottlieb Freiherr von Tucher beschrieb Kaspar Hauser:

> „So wie ich diesen Menschen gefunden [...] habe, mit seiner natürlichen, unmittelbaren Reinheit und Selbstbewußtlosigkeit gab er im vollkommensten Grade das Bild des ersten Menschen im Paradiese vor dem Sündenfall."[40]

Da die Umstände mysteriös erschienen, übernahm der Erste Bürgermeister Nürnbergs, Jakob Friedrich Binder, Vorstand des Polizeisenats, die – mühsame – Vernehmung Kaspars. Das Ergebnis stimmte nicht nur mit Dr. Preus Gutachten überein, sondern es waren zahlreiche sachkundige Beobachter gleicher Ansicht.[41] Am 7. Juli 1828 erschien die „Bindersche 'Bekanntmachung' (Einen in widerrechtlicher Gefangenschaft aufgezogenen und gänzlich verwahrlosten, dann aber ausgesetzten jungen Menschen betr.)".[42] Gegenstand der

---

36 Vgl. Gutachten Dr. Preu vom 11. November 1829. In: *Pies, Hermann* (1987), S. 65 f. Darüber hinaus gab es „damals niemanden, der aus dem Umgang mit Kaspar Hauser auf die Idee gekommen wäre, daß er ein Betrüger sein könnte". *Tradowsky, Peter* (1983), S. 8.

37 Zit. n. *Pies, Hermann* (1987), S. 65. Dabei zeigte sich, wie leicht die Befragung des Findlings Irrtümern unterworfen sein konnte: Der Gutachter vernahm, Kaspar habe ein weißes Ross gefüttert – es war ein hölzernes Spielpferdchen. Auch konnte er nicht notdürftig lesen und einige Worte schreiben – er plapperte nur einen auswendig gelernten Text und konnte lediglich Namen und einzelne Buchstaben nachmalen. Vgl. Aufsatz Dr. Preu. In: *Pies, Hermann* (1987), S. 63 f.

38 Vgl. *Blaimer, Joseph*: Verhör vom 10. Mai 1834 vor dem Nürnberger Gericht. In: *Pies, Hermann* (1987), S. 230.

39 *Daumer, Georg* (1983), S. 21.

40 *Tucher, Gottlieb*. Zit. n. *Daumer, Georg* (1873), S. 123.

41 Vgl. Die Bindersche „Bekanntmachung". In: *Pies, Hermann* (1987), S. 41 f.

42 Die Bindersche „Bekanntmachung". In: *Pies, Hermann* (1987), S. 40–48. Pies nannte diese die „Keimzelle der ganzen späteren Kaspar Hauserschen Geschichte". *Pies, Hermann* (1987), S. 39.

Der Kriminalrechtsfall auf der Grundlage historischer Dokumente

„Bekanntmachung" war neben der Darstellung jüngster Ereignisse der Bericht über die Umstände der vermuteten Gefangenhaltung Kaspars:

Demzufolge war der Ort der Gefangenhaltung Kaspar Hausers ein enger, niedriger Raum, dessen Boden aus festgestampfter Erde, die Decke aus ineinandergeschobenen und befestigten Brettern bestand. Zwei kleine Fenster waren mit geschichteten Holzstößen verdeckt. Der Zugang war durch eine kleine Tür verriegelt. Ein Ofen wurde von außen beheizt. Das Lager war ein auf dem Boden liegender Strohsack, auf welchem er mit am Knie gebundenen, durch Träger gehaltenen Hosen und einem Hemd saß: „Wenn er sich aufsetzte, so fühlte er, daß ihn etwas hinderte, sich nur etwa stark vorwärts gegen die Knie hin zu beugen, noch weniger konnte er fortrutschen oder gar aufstehen."[43] Sein Spielzeug bestand aus zwei kleinen hölzernen Pferden und einem ebensolchen Hund, die er mit Bändern schmückte und mit denen er sprach, soweit sein Sprachvermögen dies zuließ. Nicht weit von seinem Strohsack befand sich in einer Bodenvertiefung ein „Hafen"[44] mit einem Deckel zur Verrichtung seiner körperlichen Bedürfnisse. Mit Einbruch der Dunkelheit schlief er ein und erwachte am frühen Morgen. Neben sich fand er dann schwarzes Brot und frisches Wasser; auch war der Hafen geleert. Seine Haare und Nägel schienen während des Schlafens geschnitten zu werden. Kein Laut drang zu ihm, und niemals hatte er jemanden erblickt. Er wusste nicht, wie lange dieser Zustand gedauert hatte.[45]

Eines Tages erschien ein Unbekannter, der erklärte, Kaspar solle nun Lesen und Schreiben lernen und bald zu seinem Vater kommen, der ein Reiter gewesen sei. Auch Kaspar solle ein Reiter werden. Nicht lange darauf weckte ihn der Mann in der Nacht, um ihn fortzuführen. Er trug Hauser ins Freie, sodann einen langen hohen Berg hinauf, bis es Tag wurde. Nach eigenen Angaben hatte Kaspar geschlafen, als er am Morgen abgesetzt wurde und Gehen zu lernen hatte. Da er genötigt war, ständig auf den Boden zu blicken, nahm er von seiner Umgebung nichts wahr. Unterwegs lehrte ihn der Mann das „Vater unser" und ein weiteres Gebet sprechen. Als sie sich Nürnberg näherten, übergab der Begleiter ihm einen Brief an den Rittmeister mit der Anweisung, diesen dort einem „Buben" zu zeigen. Dann wies der Unbekannte Kaspar zum

---

43 Aufzeichnungen Professor Dr. Hermanns über Hausers Leben in seinem Käfig und seine Reise von da nach Nürnberg. In: *Pies, Hermann* (1985), S. 449. Vgl. auch *Feuerbach, Anselm* (1987), S. 42.

44 Die Bindersche „Bekanntmachung". In: *Pies, Hermann* (1987), S. 42.

45 Vgl. Die Bindersche „Bekanntmachung". In: *Pies, Hermann* (1987), S. 43.

Eingang in das „große Dorf".[46] und verschwand mit der Versicherung, nachzukommen. Kaspar fand sodann jenen Bürger, der ihn weiterführte.

Ungeachtet anfänglicher Zweifel an der Glaubwürdigkeit der Angaben zeigten sich auffallende Eigentümlichkeiten im Verhalten Kaspars, z. B. Beschränkung seiner Nahrung auf Wasser und Brot, schwankender, mühsamer Gang, muskuläre Schwäche bei kräftigem Körperbau, außergewöhnliche Sinneswahrnehmungen, abnorme Dürftigkeit in Worten, Vorstellungen und Begriffen. Dieses und das sich in zahlreichen Prüfungen wie z. B. durch Hiltel,[47] Daumer,[48] Hermann[49] und anderen bewährende unschuldige Wesen Kaspars, in Verbindung „mit den herrlichsten Anlagen des Geistes, Gemüths und Herzens"[50] führten zur Annahme eines Verbrechens der „widerrechtlichen Gefangenschaft" sowie des „Betrugs am Familienstande".[51] Hierdurch seien Kaspar

> „vielleicht seine Eltern, [...] wenigstens seine Freiheit, sein Vermögen, [...] die Vorzüge vornehmer Geburt, in jedem Falle aber neben den unschuldigen Freuden einer frohen Kinderwelt die höchsten Güter des Lebens geraubt, und seine physische und geistige Ausbildung gewaltsam unterdrückt und verzögert worden".[52]

Da Kaspar mit seinen Spielpferden – unbeholfen – zu sprechen vermochte, schien der Beginn des Verbrechens im zweiten bis vierten Lebensjahr zu liegen. Die „Bekanntmachung" schloss mit der Aufforderung an die Behörden und an „alle diejenigen, welche ein menschliches Herz im Busen tragen",[53] jegliche Anzeichen, die zur Entdeckung des Verbrechens führen könnten, der Polizeibehörde mitzuteilen. Es unterzeichnete Jakob Friedrich Binder, Erster Bürgermeister Nürnbergs.[54]

Die Regierung hielt die Bindersche „Bekanntmachung" für verfrüht und kritisierte zu viele Vermutungen bei zu wenigen Tatsachen.[55]

---

46 Die Bindersche „Bekanntmachung". In: *Pies, Hermann* (1987), S. 41.
47 Vgl. Vernehmungsprotokoll vor dem Nürnberger Gericht vom 3. November 1829. In: *Pies, Hermann* (1987), S. 61 ff.
48 Vgl. *Daumer, Georg* (1983), S. 17.
49 Vgl. *Pies, Hermann* (1985), S. 448 ff.
50 Die Bindersche „Bekanntmachung". In *Pies, Hermann* (1987), S. 47.
51 Die Bindersche „Bekanntmachung". In: *Pies, Hermann* (1987), S. 47.
52 Die Bindersche „Bekanntmachung". In: *Pies, Hermann* (1987), S. 47.
53 Die Bindersche „Bekanntmachung". In: *Pies, Hermann* (1987), S. 47.
54 Vgl. Bindersche „Bekanntmachung". In: *Pies, Hermann* (1987), S. 48.
55 Vgl. Brief „Das kgl. Appellationsgericht für den Rezatkreis an die kgl. Regierung, Kammer des Innern" vom 15. Juli 1828. In: *Pies, Hermann* (1987), S. 86 f. Offen blieb die Frage, ob bei dem geringen Ausdrucksvermögen Kaspars evtl. etwas in ihn hineininterpretiert wurde.

Präsident Feuerbach persönlich suchte am 11. Juli 1828 den Findling aus „menschlichem und wissenschaftlichem Interesse [auf], um diesen in seiner Art einzigen Erscheinung zu beobachten".[56] Kaspar war inzwischen zum Gegenstand der Neugier und Schaulust von ganz Europa geworden.[57] Man konnte ihn berühren, Experimente an ihm vollziehen und führte ihn sogar auf Bestellung in Gaststätten vor. Dr. Osterhausen sprach in einem in den Magistratsakten enthaltenen Gutachten von gewaltsamer Erschütterung des Nervensystems Kaspars, welcher mit einem Mal in die Welt der Menschen geworfen worden sei.[58] Er konstatierte als Folgen u. a. ein Zucken der Gesichtsmuskeln, Zittern der Hände, Entzündungen der Augen, Hypersensibilität bei Berührungen und lauten Geräuschen.[59] Feuerbach gewann bei seinem Besuch im Vestnerturm die Überzeugung, dass Kaspar „entweder an einem Nervenfieber sterben, oder in Wahnsinn oder Blödsinn untergehen müsse, wenn nicht bald seine Lage geändert werde".[60]

III. Bei Daumer. Das Nürnberger Attentat

Kaspar Hauser wurde auf Veranlassung Feuerbachs am 18. Juli 1828 vom Magistrat der Stadt Nürnberg dem Gymnasialprofessor Georg Friedrich Daumer „zur Erziehung und häuslichen Pflege übergeben";[61] er lebte dort bis Januar 1830.[62] Nach der Aufnahme in die aus dem Junggesellen Daumer, seiner verwitweten Mutter Elisabetha Johanna sowie seiner Schwester Anna Katharina Daumer bestehenden Familie besserte sich der Zustand Kaspars. Einfühlsam beschäftigte Daumer ihn zunächst mit leichten handwerklichen Arbeiten und Bewegung in frischer Luft; geistige Tätigkeit verschlimmerte den überforderten Zustand Kaspars. Seine Wahrnehmung war weiterhin außergewöhnlich. Beispielsweise vermochte er Menschen wie Tiere selbst in größerer Entfernung hinter seinem Rücken zu erspüren. Er entdeckte – von Daumer vor

---

56 *Feuerbach, Anselm* (1987), S. 63.
57 Vgl. Aufsatz *Dr. Preu.* In: *Pies, Hermann* (1987), S. 64.
58 Vgl. Gutachten Dr. Osterhausen (ohne Datumsangabe) aus den verschollenen Magistratsakten. Vgl. *Feuerbach, Anselm* (1987), S. 88 ff.
59 Kurt Kramer sieht hierin Symptome einer Hypnotisierung Kaspars, welche der Verlies-Theorie widersprechen würde. Vgl. *Kramer, Kurt* (2008), S. 201–223.
60 *Feuerbach, Anselm* (1987), S. 88.
61 *Feuerbach, Anselm* (1987), S. 90.
62 Georg Friedrich Daumer (1800–1875), Pädagoge (krankheitshalber vorübergehend vom Schuldienst freigestellt), Religionsphilosoph und Lyriker, bekannt durch Übersetzungen des persischen Dichters Hafiz (1325–1390). Vgl. z. B. *Hafiz, Samsaddin* (1912). Vgl. *Daumer, Georg* (o. J.). Vgl. auch *Kluncker, Karlhans* (1984).

ihm verborgene – unterschiedliche Metalle. Tuchstücke dunkler Farbe unterschied er im Finstern.[63] Auch sein Gedächtnis war bemerkenswert; längere Zahlenreihen wiederholte er fehlerfrei. Vieles Alltägliche, sogar Teile seines Körpers – wie seine Ohren –, war ihm unbekannt.[64] Als bedeutsames Indiz seiner Herkunft erschien ein Traum Kaspars in der Nacht zum 31. August 1828, in welchem er sich in einem „Großhaus" befand mit einer bis in die Details gehenden Darstellung des Inneren eines Schlosses; in Nürnberg konnte er dergleichen nicht gesehen haben.[65] Wie andere Menschen, welche Kaspar zu dieser Zeit begegneten, wurde auch Daumer durch dessen von der Welt ungetrübte reine Menschlichkeit, die sich in Gerechtigkeits- und Wahrheitsliebe, insbesondere aber als Mitgefühl mit allem Lebendigen zeigte, beeindruckt.[66] Über die geistige und körperliche Entwicklung Kaspar Hausers bei Daumer heißt es in einem Bericht des Magistrats vom 20. April 1829 an die Königl. Regierung des Rezatkreises, Kammer des Innern, dass, „obschon es an aller Erfahrung gebrach, […] die für ihn passendste Methode der Pflege, der Erziehung und des Unterrichtes"[67] entdeckt worden sei. In der Vorrede zu seinen „Mitteilungen über Kaspar Hauser"[68] rechtfertige Daumer seine wissenschaftliche Intention, im Kreise sachkundiger Mitarbeiter die von Kaspar gezeigten außergewöhnlichen Phänomene einer Prüfung zu unterziehen.[69] Dadurch glaubte er, „vor jeder Art von Täuschung sicher genug zu sein, um einen für das Interesse der Wissenschaft nicht ganz ungeeigneten Berichterstatter abgeben zu können".[70] Dennoch wurden die Experimente Daumers – nicht zuletzt unter Hinweis auf seine Neigung zum Okkultismus – Gegenstand literarischer Kritik, insbesondere seine in Verbindung mit dem Nürnberger Arzt Dr. Preu an Kaspar durchgeführten homöopathischen Experimente.[71] Ebenso befremdete,

---

63 Ferner erlebte er die Berührung seines Körpers als Schlag; ähnliche Empfindsamkeit bestand bei Geräuschen, Gerüchen, Weinbeeren, Spinnen, Schlangen, aber auch bei Gewitter und Vollmond. Vgl. *Daumer, Georg* (1983), S. 28 ff. und S. 140 ff.

64 Das Phänomen des Spiegelbildes war schwer verständlich. Ein beschneites Dach im Winter hielt er für weiß angestrichen. Einen Turm musste ein großer Mann gebaut haben. Der Mond schien ihm am Himmel angeklebt. Und wer hatte dort die vielen Lichter aufgestellt? Vgl. *Daumer, Georg* (1983), S. 50 ff.

65 Vgl. eidliche Vernehmung des Gottlieb von Tucher. In: *Pies, Hermann* (1966), S. 53 f.

66 „Wenn er vollends jemand […] züchtigen sah, so vergoß er Tränen". *Daumer, Georg* (1983), S. 119.

67 In: *Pies, Hermann* (1966), S. 55 f.

68 *Daumer, Georg* (1983/1832).

69 Vgl. *Daumer, Georg* (1983), S. 17 ff.

70 *Daumer, Georg* (1983), S. 17.

71 Vgl. *Pies, Hermann* (1966), S. 46 ff.

dass Daumer Kaspar veranlasste, seine Fähigkeiten vor einem staunenden Publikum zu demonstrieren. Der dänische Professor der Physiologie, Daniel Friedrich Eschricht, wertete dieses Vorgehen als „Unverstand und schlechte Erziehung".[72]

Von dem am 17. Oktober 1829 in seinem Haus auf Kaspar verübten Attentat berichtete Daumer in seinen „Mitteilungen":[73]

> Als Kaspar sich gegen 10:45 Uhr in dem unter der Treppe des Hauses gelegenen Abtritt befand, trat ein Mann, der Gesicht und Haare schwarzverhüllt hatte, auf ihn zu. Er führte mit einem Hackmesser einen Hieb auf Kaspar, der ihn abgeschwächt an der Stirn traf.[74] Kaspar sank zu Boden und musste dort längere Zeit gelegen haben, wie die entstandene Blutlache auswies. Anhand blutiger Spuren wurde Kaspar bewusstlos im Keller des Hauses entdeckt, in den er sich in Todesangst geflüchtet hatte. Nach Wiedererlangung des Bewusstseins berichtete er in stockenden Worten Daumer das Geschehene.

Für die Tat selbst gab es keine Zeugen. Folgende Personen sagten vor dem Nürnberger Gericht über die näheren Umstände des Geschehens aus:

> Die Schwester Daumers, Anna Katharina Daumer, welche blutige Fußspuren entdeckte. Daumers Mutter, die Witwe Elisabetha Johanna Daumer, die Kaspar am Mittagstisch vermisste. Georg Friedrich Daumer, der nach einem Arzt schickte. Der Student und Sohn des Hauseigentümers Johann Gottfried Bernhard Wilhelm Haubenstricker, der Kaspar aus dem Keller nach oben in das Zimmer trug.[75]

Weitere Zeugen hatten an jenem Tag einen oder beide der Beschreibung des Magistrats entsprechende Männer beobachtet.[76] 1873 erwähnte Daumer eine – damals noch lebende – Person, welche zur Tatzeit in die Daumersche Wohnung Milch gebracht hatte und sich erinnerte, hinter der halbgeöffneten Tür des Abtritts einen Mann mit schwarzverhülltem Gesicht und einem blinkenden Beil in der Hand gesehen zu haben.[77] Die Angaben der seinerzeit Neunjährigen

---

72 *Eschricht, Daniel* (1857).
73 Vgl. *Daumer, Georg* (1983), S. 69ff. Ders. (1873), S. 315 ff.
74 Vgl. *Daumer, Georg* (1983), S. 72. Nach Feuerbach soll der Täter auf den Hals gezielt haben. Vgl. *Feuerbach, Anselm* (1987), S. 135.
75 Erst am Nachmittag des 17. Oktober 1829 erfolgten die Aussagen der Familie Daumer vor dem Magistrat. Die Vernehmungen der Katharina und der Witwe Daumer vor dem Nürnberger Gericht erfolgten am 21. Oktober 1829, diejenige Daumers am 26. Oktober 1829. Hinsichtlich der Vernehmung Haubenstrickers fehlen nähere Angaben zum Datum der Vernehmung. Vgl. *Pies, Hermann* (1966), S. 57 ff.
76 Die öffentliche Bekanntgabe des Magistrats vom 19. Oktober 1829 enthielt nähere Angaben. Vgl. *Pies, Hermann* (1966) S. 70–74.
77 Demzufolge hatte der Täter Kaspar dort aufgelauert. Vgl. *Daumer, Georg* (1873), S. 320 ff. Andererseits hatte sich nach Angaben Kaspars der Täter in der neben dem

seien aber gerichtlicherseits nicht verfolgt worden.[78] Der Nürnberger Kreis- und Stadtgerichtsarzt Dr. Preu stellte bei Kaspar eine oberflächliche Stirnwunde fest.[79] Dennoch folgten auf das traumatische Ereignis heftige Reaktionen.[80] Anlässlich seiner häuslichen Vernehmung durch eine Gerichtskommission am 28. Oktober 1829 beschrieb Kaspar den Täter wie folgt:

> Mittlere Körpergröße, breite Statur, Gesicht und Haare mit einem schwarzen Tuch bedeckt. Bekleidet mit einem Überrock und langen Beinkleidern in dunkelblauer, -grüner oder schwarzer Farbe. Gewichste Stiefel und gelblederne Handschuhe.[81]

Kaspar glaubte, in der verstellten Stimme des maskierten Mannes seinen Kerkermeister erkannt zu haben, der geäußert haben soll: „Du mußt doch noch sterben, ehe du aus der Stadt Nürnberg kommst."[82] Insgesamt vier Verhöre Kaspars nach der Tat erbrachten keine über die Bindersche „Bekanntmachung" hinausgehenden Erkenntnisse.[83] Präsident Feuerbach, welcher Kaspar zwei Tage nach dem Attentat zu Hause aufsuchte, beschrieb die Daumersche Wohnung als „ein wahres Labyrinth von finstern [...] Schlupfwinkeln".[84] Er sah in der Ankündigung der Selbstbiographie Kaspars den Grund für das Attentat.

Meldung bei der Polizei und deren Einsatz erfolgten um Stunden verspätet; somit war wichtige Zeit zur Spurensicherung und Verfolgung des Täters versäumt worden.[85] Da kein Täter gefasst werden konnte, kamen Zweifel an der Realität eines Attentats auf. Einige meinten, Kaspar habe sich die Wunde selber zugefügt, um sich interessant zu machen.[86] Der Berliner Polizeirat Johann Friedrich Karl Merker veröffentlichte sein Buch „Caspar Hauser, nicht unwahrscheinlich ein Betrüger".[87] Ein Anonymus D. M. verwies die Darstel-

---

Eingang zur Wohnung befindlichen Holzkammer versteckt. Vgl. häusliche Vernehmung Kaspars am 28. Oktober 1829. In: *Pies, Hermann* (1966), S. 68.

78 Vgl. *Daumer, Georg* (1873), S. 320 ff.
79 Vgl. Protokoll vom 20. Oktober 1829 des Königl. Kreis- und Stadtgerichts Nürnberg. Vgl. *Pies, Hermann* (1966), S. 64 f.
80 Unter anderem Delirien mit tobsuchtsähnlichen Anfällen, bei welchen er von mehreren Männern gehalten werden musste. Vgl. *Daumer, Georg* (1983), S. 74 ff.
81 Vgl. *Pies, Hermann* (1966), S. 68 f. Vgl. im Übrigen *Daumer, Georg* (1983), S. 71–79.
82 Zit. n. *Pies, Hermann* (1966), S. 69.
83 Vgl. *Pies, Hermann* (1966), S. 51.
84 *Feuerbach, Anselm*. Zit. n. *Pies, Hermann* (1966), S. 66.
85 Vgl. *Pies, Hermann* (1966), S. 74.
86 Mit wachsender Anpassung an die Umwelt waren die außergewöhnlichen Fähigkeiten Kaspars versiegt und es war ruhig um ihn geworden. Vgl. *Pies, Hermann* (1966), S. 57.
87 *Merker, Johann* (1830).

lung Kaspar Hausers „in das Reich seiner Träume am hellen Tage".[88] Pies bezeichnete das Nürnberger Attentat als „eines der so zahlreichen Hauser-Rätsel – und nicht das kleinste".[89]

IV. Bei Biberbach[90]

Da der Aufenthalt im Hause Daumers nicht sicher genug erschien, der Gesundheitszustand Daumers sich außerdem verschlechtert hatte, erfolgte von Januar bis Mai 1830 die Aufnahme Kaspars in die Familie des Kaufmanns und Magistratsrates Johann Christian Biberbach und seiner Frau Klara.[91] Seit der Denunziation eines Dompredigers in Preßburg behaupteten einige Zeitungen, Kaspar stamme aus Ungarn.[92] Daraufhin unternahm der preußische Gardeoffizier Otto von Pirch, der auf einer Ungarnreise einige Kenntnisse der Sprache erworben hatte, im März 1830 mit Kaspar die sog. ungarischen Sprachversuche.[93] Es stellte sich dabei heraus, dass dieser einige Worte ungarischer wie auch polnischer Sprache verstand, vorwiegend aus dem Bereich der Familie, der Zahlen, aber auch Fluchworte, welche er von dem Mann, der ihn nach Nürnberg gebracht hatte, gehört haben wollte. Ähnliche Überprüfungen wurden im August des gleichen Jahres von dem in Ungarn geborenen Schriftsteller Moritz Gottlieb Saphir unternommen.[94] Jedoch blieben zwei Ungarnreisen zur Klärung der Herkunft Kaspars ohne Ergebnis.[95] Später vermutete man, Kaspar habe seine Kinderfrau, Anna Dalbonne,[96] ungarische und polnische Worte sprechen hören.[97] Am 3. April 1830 gab der laut Kuratorium vom 31.

---

88 Zit. n. *Pies, Hermann* (1966), S. 76.

89 *Pies, Hermann* (1966), S. 76.

90 In Wassermanns Roman heißt Familie Biberbach „Behold". Vgl. *Wassermann, Jakob* (2005a), S. 14.

91 Vgl. *Pies, Hermann* (1966), S. 77. Georg Daumer widerspricht dabei der Angabe, er sei mit Kaspar „so arg zerfallen, daß ich ihn nicht mehr haben mochte und gleichsam aus dem Hause stieß". *Daumer, Georg* (1873), S. 45.

92 Vgl. *Sittenberger, Hans* (1925), S. 216. Vgl. *Kovács, Kálmán* (2000), S. 39 ff. Vgl. *Pies, Hermann* (1966), S. 79 f.

93 Vgl. *Kovács, Kálmán* (2000), S. 39 ff.

94 Vgl. *Pies, Hermann* (1966), S. 90 ff.

95 Erste Reise Juli 1831 mit Kaspar und Tucher sowie Gendarmerieleutnant Joseph Hickel; bei Preßburg zwang eine Cholera-Epidemie zur Rückkehr. Zweite Reise Januar 1832 Hickel alleine, ohne Kaspar. Vgl. *Kovács, Kálmán* (2000), S. 43 ff.

96 Zur Person der Anna Dalbonne vgl. z. B. *Mehle, Ferdinand* (1995), S. 80 ff.

97 Vgl. *Kovács, Kálmán* (2000), S. 44 f.

Dezember 1829 gerichtlich bestellte Vormund Kaspars,[98] Gottlieb Freiherr von Tucher, vor dem Königl. Kreis- und Stadtgericht Nürnberg den am gleichen Tag erfolgten Pistolenunfall seines Schutzbefohlenen im Hause Biberbach zu Protokoll.[99] Der Besitz einer Pistole war Kaspar im Interesse seiner Sicherheit gestattet; er war seit Herbst 1829 mit einer solchen Waffe vertraut. Der Unfall geschah, als sich in der Folge eines Sturzes Kaspars aus dessen geladener Pistole ein Schuss gelöst hatte, welcher ihn oberhalb des rechten Ohres leicht verletzte. Tucher sah sich zu der Anzeige genötigt – „sei es auch nur aus dem Grunde, um etwaige[n] Folgen verkehrter und falscher Gerüchte […] vorzubeugen".[100] Der Aufenthalt Kaspars bei Biberbach bedurfte schon bald einer Änderung: Kaufmann Biberbach war berufsbedingt zumeist abwesend und Frau Biberbach war eine kranke, von triebhafter Unruhe beherrschte Frau.[101] Als Kaspar sich ihr zunehmend entzog, wurde sie zu seiner lebenslänglichen Feindin. Noch am 19. Februar 1832 – knapp zwei Jahre nach Kaspars Auszug – schrieb sie einen verleumderischen Brief an die Frau des Lehrers Meyer[102] in Ansbach.[103]

V. Bei Tucher

Ab Mai 1830 lebte Kaspar eineinhalb Jahre im Haus Gottlieb von Tuchers, seines Vormunds.[104] Zum Stand der Vormundschaft erklärte dieser am 5. Dezember 1830 zu Protokoll des Nürnberger Gerichts,[105]

> Kaspar sei jetzt in seinem Entwicklungsstand einem 11- bis 12jährigen Knaben zu vergleichen. Seine geistigen Fähigkeiten seien zwar nicht überragend, jedoch sei „sein Zustand nicht der einer Geistesschwäche, sondern nur einer Verwahrlosung […], die Folge eines Abgeschlossenseins ist, wie wir sie an dem Unglücklichen mit der evidentesten Gewißheit annehmen".[106]

---

98 Vgl. *Pies, Hermann* (1966), S. 81.
99 Vgl. *Pies, Hermann* (1966), S. 84 f.
100 Zit. n. *Pies, Hermann* (1966), S. 84.
101 Vgl. *Daumer, Georg* (1873), S. 442. Frau Biberbach sollte später ihrem Leben durch den Sturz aus einem Fenster ihres Hauses ein Ende setzen. Vgl. Ders. (1873), S. 297.
102 In Wassermanns Roman heißt der Lehrer Meyer „Quandt". Vgl. *Wassermann, Jakob* (2005a), S. 239.
103 Vgl. *Pies, Hermann* (1966), S. 85 ff.
104 Vgl. *Daumer, Georg* (1873), S. 45.
105 Vgl. *Pies, Hermann* (1966), S. 89 f.
106 Zit. n. *Pies, Hermann* (1966), S. 90.

Daumer zufolge geschahen die Erziehungsmaßnahmen Tuchers in „liebreicher, aber ernster Weise".[107] In Betracht der von Kaspar entwickelten Lügenhaftigkeit und Eitelkeit hätte es nach Tuchers Bericht „nur einiger Aufsicht und konsequenter, kräftiger Behandlung bedurft [...], um ihn [...] wieder auf die rechte Bahn zu leiten".[108] In Kaspars Charakter habe er keinerlei Bösartigkeit entdeckt. Bei einem streng geregelten Tagesablauf entwickelte sich Kaspar bei Tucher zu dessen voller Zufriedenheit – bis sich dies seit Mai 1831 unter dem Einfluss Lord Stanhopes änderte. Besorgt erwähnte Tucher mit Schreiben vom 26. September 1831 an den Obervormund, Präsident Feuerbach, die von Stanhope in Kaspar erweckten maßlosen Hoffnungen auf Schlösser, Reichtümer und Untertanen in Ungarn:

> „Wenn ihn (Kaspar) das nicht rein verrückt macht, so hat er wahrlich große Gnade von Gott. Es blutet Einem das Herz, welch' unsägliches Mißgeschick auf der Ausbildung des armen Jungen liegt."[109]

Als Kaspar sich seinem Vormund, der ihn jetzt häufiger tadeln musste, schließlich entfremdete, sah dieser sich veranlasst, im November 1831 seine Vormundschaft niederzulegen.[110]

VI. Lord Stanhope

Philip Henry Lord Stanhope[111] (1781–1855), Pair of England, hielt sich bereits 1829, einige Tage nach dem auf Kaspar verübten Attentat, in Nürnberg auf, ohne an dem Ereignis auch nur das geringste Interesse zu zeigen. Ab Mai 1831 trat er als ein von Mitgefühl bewegter Mäzen in Erscheinung, der nicht zuletzt durch Zuwendungen und Versprechungen sowohl Kaspar als auch die Behörden für sich einnahm. In einer Urkunde vom 2. Juni 1831 setzte Stanhope eine Prämie von 500 Florinen[112] für die Entdeckung oder Möglichkeit der Bestrafung eines oder mehrerer Täter der an Kaspar Hauser begangenen Verbrechen

---

107 *Daumer, Georg* (1873), S. 45.

108 Gottlieb von Tucher – unter Eid – in seinem nach Kaspars Tod erfolgten Gutachten vom 8. Februar 1834, verhandelt vor dem Städt. Kriminalamt Stuttgart am 20. Februar 1834. Zit. n. *Pies, Hermann* (1966), S. 97.

109 Zit. n. *Daumer, Georg* (1873), S. 443.

110 Vgl. Gutachten vom 8. Februar 1834. Vgl. *Pies, Hermann* (1966), S. 97. Vgl. *Ders.* (1987), S. 201.

111 Lord Stanhope war ein englischer Aristokrat, dessen Familiensitz auf Schloss Chevening in England war und der im Leben Kaspar Hausers eine entscheidende Rolle spielte. Vgl. *Mayer, Johannes* (1988), S. 7 und S. 15.

112 „Florinen und Dukaten [waren] begehrte Handelsmünzen." *Albers, Willi* (1981), S. 366.

aus.[113] Dieser Betrag sollte als Stammvermögen Kaspar Hauser in dem Falle zukommen, dass Entdeckung und Bestrafung nicht innerhalb von drei Jahren erfolgt sein würden. Außerdem waren sichere Anlegung und Verwendung der Zinsen für Kaspar geregelt.[114] Stanhope plante ferner eine Kollekte in England, deren Renten das Auskommen Kaspars sichern sollten.[115] Auch wollte er Kaspar zu sich nach England nehmen.[116] Nachdem Stanhope eine bedeutende Summe für eine Reise nach Ungarn – seinerzeit Kaspars vermutetes Herkunftsland – gestiftet hatte, stellte er diesem darüber hinaus eine Zukunft als ungarischer Magnat in Aussicht.[117] Stanhope überhäufte Kaspar mit Geschenken; Johannes Mayer berichtet von 49 Geschenken in wenigen Wochen: etwa die Anfertigung eines Portraits Kaspars durch einen renommierten Maler, eine goldene Uhr, vornehme Kleidungsstücke, dazu 100 Florinen Taschengeld.[118] Am 21. November 1831 erklärte Stanhope – unter der Voraussetzung der Übergabe Kaspars an ihn – rechtsverbindlich:

> „Ich bin daher nach reiflicher Überlegung entschlossen, die Sorge für Kaspar Hausers Existenz über mich zu nehmen und für dessen Erziehung und Unterhalt nicht nur während meines Leben zu sorgen, sondern auch dessen Subsistenz für den Fall meines Todes zu sichern."[119]

Kaspar antwortete im Protokoll vom 24. November 1831 vor dem Nürnberger Gericht unter Tränen:

> „Ich habe mich überzeugt, daß Herr Graf Stanhope an meinem Schicksale so warmen Anteil nimmt, als ihn nur immer ein Vater für seinen Sohn nehmen kann. [...] Ich stelle deshalb meinerseits den Antrag, mich dem Herrn Grafen Stanhope zur weiteren Erziehung zu überlassen."[120]

Dagegen beklagte er sich laut Protokoll über seinen Vormund Gottlieb von Tucher: Dieser habe nicht mehr die gleiche Liebe für ihn. Er müsse allein in seinem Zimmer sitzen, habe niemanden, den er bei seiner Arbeit um Rat fragen könne. Auch gebe es kein Familienleben. Tucher rechtfertigte jedoch

---

113 Vgl. *Pies, Hermann* (1987), S. 192.
114 Vgl. *Pies, Hermann* (1987), S. 192 f.
115 Vgl. *Mayer, Johannes* (1988), S. 334.
116 Diese Erklärung bestätigte sich allerdings in keinem seiner Briefe an seine Familie in England. Vgl. *Mayer, Johannes* (1988), S. 401, welcher über 1000 bisher unveröffentlichte Briefe und zeitgenössische Quellen Stanhope betreffend eingesehen hat. Vgl. a.a.O., S. 8.
117 Vgl. *Mayer, Johannes* (1988), S. 364.
118 Vgl. *Mayer, Johannes* (1988), S. 364 ff.
119 Zit. n. *Pies, Hermann* (1987), S. 194 f.
120 Zit. n. *Pies, Hermann* (1987), S. 195 f.

seine von zwei Pädagogen begleiteten Erziehungsmaßnahmen Kaspars:[121] Nach einem Jahr Aufenthalt in Nürnberg habe Kaspar gegenüber seinen Erziehern zunehmend Lügenhaftigkeit, Falschheit und Heuchelei gezeigt. Ihm sei es jedoch gelungen, Kaspar aus Verwahrlosung und Leichtsinnigkeit „auf die Bahn der Ordnung zu führen".[122] Die rücksichtslose, blinde Liebe[123] des Grafen Stanhope werde dem tatsächlichen Reifezustand Kaspars – nach den Gutachten der Ärzte vom Dezember 1830 einem Kind von 10–12 Jahren gleich[124] – nicht gerecht. Seit dem Aufenthalt des Grafen habe Kaspar häufiger getadelt werden müssen. „Ein unartiges Kind hält nun freilich stets die Verweise seiner Erzieher für Mangel an Liebe und Teilnahme."[125]

Als untere wie obere Instanzen keine Einwendungen erhoben, wurde nach der Niederlegung der Vormundschaft durch Tucher Stanhope im November 1831 gerichtlich bestellter Pflegevater Kaspar Hausers.[126] Dank dieser Position hatte Stanhope auch Zugang zu den Nürnberger Magistrats- und Gerichtsakten.[127] In Ansbach vermochte Stanhope, sich durch Feuerbach unbeschränkte Einsicht in die dortigen Akten zu verschaffen und war dadurch über Amtliches und Außeramtliches in der Sache Kaspar Hauser vollständig informiert.[128] Hermann Pies verweist diesbezüglich auf die als Pflegevater Kaspars ungehinderte Möglichkeit Stanhopes, sämtliche Zeugen auszuforschen.[129]

VII. Bei Lehrer Meyer[130]

Am 10. Dezember 1831 brachte Lord Stanhope Kaspar nach Ansbach in die Obhut des Lehrers Johann Georg Meyer und dessen Frau Henriette Magdalena. Auf Kosten seines Pflegevaters erhielt Kaspar dort Unterkunft und Verpfle-

---

121 Vgl. *Pies, Hermann* (1987), S. 199.
122 Zit. n. *Pies, Hermann* (1987), S. 198. Nach Kurt Kramer bedeutete für Gottlieb von Tucher Distanz keine Lieblosigkeit, sondern Erziehungsmaßnahme. Dieser sei zeitlebens ein Freund und Fürsprecher Kaspars geblieben. Vgl. *Kramer, Kurt* (2008), S. 19.
123 Vgl. *Pies, Hermann* (1987), S. 199.
124 Gutachten des Dr. Preu vom 3. Dezember 1830 und des Dr. Osterhausen vom 30. Dezember 1830. Vgl. *Pies, Hermann* (1987), S. 158 ff. und S. 163 ff.
125 Zit. n. *Pies, Hermann* (1987), S. 200.
126 Vgl. *Pies, Hermann* (1966), S. 94.
127 Vgl. *Stanhope, Philip* (1835), S. 114.
128 Vgl. *Pies, Hermann* (1966), S. 94.
129 Vgl. *Pies, Hermann* (1928), S. 300.
130 In Wassermanns Roman heißt der Lehrer Meyer „Quandt". Vgl. *Wassermann, Jakob* (2005a), S. 239.

gung sowie Unterricht durch Lehrer Meyer.[131] Kaspar war – wie schon in Nürnberg – auch in Ansbach Gegenstand allgemeinen Interesses.[132] Präsident Feuerbach, Beschützer Kaspars, schilderte dessen Zustand zu jener Zeit: Er erschien „als ein Gemisch von Kind, Jüngling und Mann".[133] In seinem Gesicht zeigte sich gewinnende Freundlichkeit bei bedächtigem Ernst und leichtem Anflug von Melancholie. Durch Sorge und Gram merklich verändert wies es Furchen vorzeitigen Alters auf.[134] Eine vordem fast übernatürliche Erhöhung der Sinne war auf ein normales Maß herabgesunken.[135] In Kaspars Geist befanden sich keine Anzeichen von Genialität, auch nicht von besonderer Begabung.[136] Darüber hinaus erkannte Feuerbach die Tragik der Lebensumstände Kaspars: Sein Leben bestand in „Ohnmacht, Schwäche und Unbehülflichkeit gegen die Macht der über sein Schicksal gebietenden Umstände, vor allem [...] Abhängigkeit seiner Person von der Gunst oder Ungunst der Menschen".[137] Wie man im Hause Meyer über Kaspar dachte, zeigte die Antwort Jette Meyers vom 18. April 1832 auf den Brief Klara Biberbachs vom 19. Februar 1832:[138]

> Lehrer Meyer fand Kaspar schon bei seinem ersten Besuch „nicht frei von Verstellung".[139] Er hielt ihn für einen Schmeichler; er küsse und streichle den Grafen „wirklich auf eine zu übertrieben freundliche Weise".[140] Zu den wenig guten Eigenschaften Kaspars zählte er außerdem lächerliche Eitelkeit, die sich nach dem Gerücht seiner hohen Abkunft zu gemeinem Hochmut gesteigert habe. Auch wurden Unwahrheiten, Eigensinn, Heimlichtuerei, falsche Tränen, aber auch sein Misstrauen beklagt. Feuerbach versuche, das Verhalten Kaspars „auf alle mögliche Weise zu entschuldigen".[141]

Stanhope widmete sich Kaspar in Ansbach lediglich noch bis zum 19. Januar 1832. Nach seiner Abreise richtete er zunächst innige Briefe an seinen „gelieb-

---

131 Vgl. *Pies, Hermann* (1966), S. 101.
132 So berichtete Pfarrer Fuhrmann: Als er am 20. Mai 1833 konfirmiert wurde, versammelten sich „die angesehensten hiesigen Familien [...] in die zum Erdrücken angefüllte Capelle". *Fuhrmann, Heinrich* (1834), S. 48. Vgl. ferner *Fuhrmann, Heinrich* (1833), S. I f.
133 *Feuerbach, Anselm* (1987), S. 140.
134 Vgl. *Feuerbach, Anselm* (1987), S. 139.
135 Vgl. *Feuerbach, Anselm* (1987), S. 150.
136 Vgl. *Feuerbach, Anselm* (1987), S. 140 und S. 151.
137 *Feuerbach, Anselm* (1987), S. 143.
138 Vgl. *Pies, Hermann* (1966), S. 106 ff.
139 Zit. n. *Pies, Hermann* (1966), S. 106.
140 Zit. n. *Pies, Hermann* (1966), S. 107.
141 Zit. n. *Pies, Hermann* (1966), S. 107.

ten Pflegesohn".¹⁴² In einem solchen hieß es am 19. April 1832 – im Stile jener Zeit:

> „Die Empfindungen, die du mir schilderst, haben mich unendlich erfreut, und ich schätze mich sehr glücklich, daß ich deine Zufriedenheit und dein Wohlsein, mein geliebter Pflegesohn, befördert habe. [...] Ganz gewiß weiß ich, daß ich deine Liebe und Freundschaft, die mir so sehr das Leben versüßen, immer genießen werde, wie auch, daß ich niemals aufhören werde sie zu verdienen, und dein Glück wird immer das meinige vermehren."¹⁴³

Niemand ahnte, dass Kaspar seinen Pflegevater nicht mehr wiedersehen würde. Ulrich Flechtner spricht in diesem Zusammenhang von der „Laune eines adligen Pädophilen als Mentor".¹⁴⁴ Der Graf mochte sich auch der eigenen verlorenen Jugendjahre erinnert haben, des Eingesperrtseins im Haus seines Vaters.¹⁴⁵ Johannes Mayer vermutet sogar hinter Stanhopes Reisetätigkeit einen Auftraggeber.¹⁴⁶ Die Mitnahme Kaspars nach England, die für Mai 1832 geplant war, danach von Monat zu Monat erwartet wurde, fand auch nach Jahresablauf nicht statt.¹⁴⁷ Feuerbach ließ Kaspar vorsorglich zu dessen finanzieller Absicherung auf dem Appellationsgericht zunächst zum Schreiber vorbereiten.¹⁴⁸ Das von Beginn an ungute Verhältnis zwischen Lehrer Meyer und Kaspar Hauser sollte sich verschlechtern.

VIII. Feuerbach und Kaspar Hauser

Anselm Ritter von Feuerbach, neben Savigny bedeutendster Jurist des 19. Jahrhunderts in Deutschland, war zur Zeit Kaspars erster Präsident des Appellationsgerichts Ansbach.¹⁴⁹ Er verkörperte die höchste richterliche Instanz des

---

142 Zit. n. *Pies, Hermann* (1966), S. 106.
143 Zit. n. *Linde, Antonius* (1887), Bd. 1, S. 251 f.
144 *Flechtner, Ulrich* (2010), S. 24, dort in der Anmerkung zu Stanhopes „Materialien".
145 Vgl. *Pies, Hermann* (1987), S. 191.
146 Vgl. *Mayer, Johannes* (1988), S. 66 und S. 173.
147 Hermann Pies ist der Ansicht, die Familie des Lords sei – wohl aus finanziellen Gründen – darum bemüht gewesen, dessen Beziehung zu Kaspar zu unterbinden. Vgl. *Pies, Hermann* (1966), S. 106. Hierauf deutet ein Briefwechsel zwischen Johann Ludwig von Klüber, einem Fürsprecher Kaspars, und Freiherrn von Wessenberg, Freund der Familie Stanhope, hin. Vgl. *Pies, Hermann* (1966), S. 106. Vgl. auch *Linde, Antonius* (1887), Bd. 1, S. 281 f.
148 Vgl. Vermerk des Lehrers Meyer von Juli 1833 zu dem Konzept eines Berichtes an den Grafen Stanhope. Vgl. *Meyer, Julius* (1872), S. 312.
149 Feuerbach wurde am 14. November 1775 in Hainichen bei Jena als Sohn des späteren Advokaten Johann Anselm Feuerbach und der Sophie Sibylle Christina Krause geboren (zur Biographie vgl. z. B. *Radbruch, Gustav* [1957]. Vgl. auch *Marquardsen, Heinrich*

Rezatkreises und war somit für den Fall Kaspar Hauser von Amts wegen zuständig. Sein kriminalpsychologisches Interesse zeigten bereits seine Untersuchungen „Merkwürdige Criminal-Rechtsfälle"[150] mit der erstmaligen Beschreibung kriminalpsychologischer Fakten – später überarbeitet als „Aktenmäßige Darstellung merkwürdiger Verbrechen".[151] Feuerbach erkannte neben dem strafrechtlichen auch das psychologische Phänomen des Falles Kaspar Hauser und sah „die Armseligkeit, Gemeinheit und selbst Inhumanität der meisten Menschen"[152] in der Behandlung des Findlings. Pies zufolge war es vor allem das dem gesamten Schaffen Feuerbachs zugrundeliegende freiheitlich-humane Rechtsdenken, welches ihn in der Zeit des dynastischen Absolutismus sich dem Einzelnen zuwenden ließ.[153] Armin Forker sah Feuerbach stets veranlasst, „'Dunkelmännertum' bloßzustellen [...] und die Verbrechen der Mächtigen anzuprangern".[154] Der Freundin Elise von der Recke bekannte Feuerbach, dass er „fortwährend amtlich und außeramtlich den innigsten Anteil"[155] am Schicksal Kaspar Hausers nehme.

Wie Pies feststellte, gaben „Dutzende von Aktenbänden [...] Aufschluß über die vielen vergeblichen Recherchen nach Hausers Herkunft".[156] Schließlich las

---

[1968]). Nach Absolvieren seines 1792 begonnenen Studiums der Philosophie an der Universität Jena folgte ein Studium der Rechte. Ab 1801 lehrte er Rechtswissenschaft in Jena, dann auch an anderen Universitäten, so 1802 in Kiel und 1804 in Landshut. 1805 in das Justizdepartement München berufen, setzte er sich u. a. für die Abschaffung der Folter in Bayern ein. Er war der Schöpfer des Bayerischen Strafgesetzbuches von 1813. Sein Schrifttum ließ ihn zum Begründer einer bis weit in das nächste Jahrhundert gültigen, von Humanisierung des Rechts bestimmten, neuen deutschen Strafrechtslehre werden. Feuerbachs freiheitliche Ansichten stießen auf Widerstand konservativer Kreise, insbesondere des bayrischen Außenministers Montgelas (mit Aufstieg „zur ministeriellen Alleinherrschaft". *Weis, Eberhard* (2005), S. 7); dies führte 1814 zur Versetzung auf einen Außenposten als zweiter Präsident am Appellationsgericht Bamberg. Seit 1817 bekleidete Feuerbach das Amt des ersten Präsidenten des Appellationsgerichts in Ansbach.

150 *Feuerbach, Anselm* (1808) (1811).
151 *Feuerbach, Anselm* (1828 f).
152 Anselm von Feuerbach in einem Brief aus dem Nachlass an Elise von der Recke vom 13. Oktober 1828. Zit. n. *Feuerbach, Ludwig* (1976), S. 533.
153 Vgl. *Pies, Hermann* (1985), S. 15 f. Vgl. Ders. (1966), S. 243.
154 *Forker, Armin* (1987), S. I.
155 Anselm von Feuerbach in einem im Nachlass vorgefundenen Brief an Elise von der Recke vom 20. September 1828. Zit. n. *Feuerbach, Ludwig* (1976), S. 527. Die baltische Gräfin Elise von der Recke hatte einen Kreis durch Geist und Rang hervorragender Persönlichkeiten um sich gebildet, zu denen Feuerbach zählte. Vgl. *Radbruch, Gustav* (1957), S. 121 ff.
156 *Pies, Hermann* (1966), S. 235.

man im Münchener Cotta-Blatt am 27. November 1829 unter dem Titel „Vermutungen über Kaspar Hauser in Nürnberg und die an ihm ergangenen Mordversuche",

> „daß die Motive des Verbrechens in den Hindernissen zu suchen sind, die das Dasein des Hauser den Zwecken eines Dritten in den Weg legt. [...] Gewiss [hat] die öffentliche Meinung recht, welche den Verbrecher unter Leuten einer höheren Klasse sucht, die durch Stand und Vermögen auf die eine oder andere Weise bei der Entfernung eines Familienmitgliedes interessiert sein könnten."[157]

Auch für den Nürnberger Gerichtsrat August Alexander von Roeder gewann diese Ansicht „immer mehr Wahrscheinlichkeit".[158] Am 13. Dezember gleichen Jahres wurde zudem in einer anonymen Anzeige – ähnlich einer 1828 bei Bürgermeister Binder in Nürnberg eingereichten – ein diesbezüglicher Hinweis auf das Haus Baden gegeben.[159] Feuerbach notierte am 4. Januar 1832 in sein Tagebuch:

> „Ich entdecke Kaspar Hausers wahrscheinliche Herkunft als Prinz des B(adenschen) Hauses und lasse der Königin von Bayern (Mutter) auf ihr Begehren (gegen Fürstenwort auf Verschwiegenheit) ein Mémoire von mir überreichen, welches das grauenvolle Geheimnis enthüllt."[160]

Das der Königin Caroline von Bayern, Tochter der Markgräfin Amalia von Baden, übersandte Mémoire[161] enthielt den Schlüssel zu der von Feuerbach entwickelten Erbprinzentheorie. In der Schlussfolgerung heißt es dort:

> „Kaspar Hauser ist das eheliche Kind fürstlicher Eltern, welches hinweggeschafft worden ist, um andern, denen er im Wege stand, die Sukzession zu eröffnen."[162]
> „Das Kind, in dessen Person der nächste Erbe oder der ganze Mannsstamm seiner Familie erlöschen sollte, wurde heimlich beiseite geschafft, um nie wieder zu erscheinen. Um aber den Verdacht eines Verbrechens zu entfernen, wurde diesem Kinde [...] ein anderes, bereits verstorbenes oder sterbendes Kind untergeschoben, dieses alsdann als tot ausgestellt und begraben und so Kaspar angeblich in die Totenliste gebracht."[163] Es „ist nur *ein Haus* bekannt, auf welches nicht nur mehrere

---

157 Zit. n. *Pies, Hermann* (1966), S. 235.
158 Bericht des August Alexander von Roeder an das Appellationsgericht Ansbach vom 5. Dezember 1829. Zit. n. *Pies, Hermann* (1966), S. 235.
159 Vgl. *Pies, Hermann* (1966), S. 236.
160 Zit. n. *Pies, Hermann* (1966), S. 237. Diese Tagebucheintragung wurde Hermann Pies von dem Urenkel Feuerbachs, Anselm Feuerbach, zur Einsicht überlassen. Vgl. a.a.O., S. 236.
161 Vgl. *Feuerbach, Ludwig* (1976), S. 567–578. In Bezug auf die Unterschiedlichkeit zwischen der historischen und der literarischen Darstellung hinsichtlich des Adressaten vgl. Kap. 6.II.1. der vorliegenden Arbeit.
162 Zit. n. *Feuerbach, Ludwig* (1976), S. 571.
163 Zit. n. *Feuerbach, Ludwig* (1976), S. 574.

zusammentreffende allgemeine Verdachtsgründe hinweisen, sondern welches auch durch einen ganz besonderen Umstand speziell bezeichnet ist, nämlich [...] – das Haus B."[164]

Feuerbach nahm darauf Bezug, dass im Hause Baden in den beiden letzten Geschlechterreihen auffallend die männlichen Erben verstarben und dadurch eine zunächst nicht erbberechtigte Nebenlinie zur Herrschaft gelangen konnte.[165] Für Pies erschien diese Vermutung Feuerbachs – ein juridisch gültiger Beweis war nicht vorhanden – nicht abwegig, da zu der Zeit eines monarchischen Absolutismus „Herrscher von Gottes Gnaden"[166] zu sein, Macht und Reichtum verhieß.[167] Das zu Lebzeiten Feuerbachs unpublizierte Mémoire mit nicht ungefährlichem Inhalt – wenn auch lediglich eine Meinung Feuerbachs[168] – wurde aus Familienrücksichten erst 1852 durch seinen Sohn Ludwig Feuerbach veröffentlicht.[169] Pies sieht darin die Bestärkung seiner Annahme, dass das Mémoire vor dem Tod Feuerbachs weder revidiert noch überholt worden war.[170]

Die erstmalig 1832 erschienene Schrift Feuerbachs „Kaspar Hauser. Beispiel eines Verbrechens am Seelenleben des Menschen"[171] lenkte europaweit die Aufmerksamkeit auf diesen Fall.[172] Innerhalb seiner Darstellung der Person und Geschichte Kaspar Hausers bezeichnete Feuerbach auch die nach Bayerischem Strafgesetzbuch von 1813 an dem Findling begangenen Verbrechen[173]:

---

164 Zit. n. *Feuerbach, Ludwig* (1976), S. 574 f.

165 Vgl. *Feuerbach, Ludwig* (1976), S. 575.

166 *Pies, Hermann* (1966), S. 243. Zu den damaligen, teilweise demoralisierten Zuständen am badischen Hof siehe die zeitgenössischen Schilderungen (vgl. *Pies, Hermann* [1966], S. 244 ff.), u. a. des preußischen Geschäftsträgers in Karlsruhe von 1816–19, Karl August Varnhagen von Ense. Vgl. a.a.O., S. 251.

167 Verdächtig war insofern auch die am 23. Oktober 1816 von einem Fischer im Rhein bei Groß-Kemps im Elsaß entdeckte Flaschenpost, die den Hilferuf eines eingekerkerten Thronberechtigten oder auch eine Drohung gegen einen der Mittäter enthalten konnte. Vgl. *Pies, Hermann* (1966), S. 281 ff. Vgl. auch *Mehle, Ferdinand* (1995), S. 69 ff. Vgl. desweiteren *Wagler, Ludwig* (1926).

168 „Eine sehr starke *menschliche Vermutung*, wo nicht vollständige *moralische Gewißheit.*" *Feuerbach, Anselm.* Zit. n. *Feuerbach, Ludwig* (1976), S. 567.

169 Dies zeigt ein Briefkonzept Ludwig Feuerbachs an seinen Verleger Vieweg, welches von Gustav Radbruch zur Kenntnis Hermann Pies' gelangte. Vgl. *Pies, Hermann* (1966), S. 243.

170 Vgl. *Pies, Hermann* (1966), S. 242 f.

171 *Feuerbach, Anselm* (1987).

172 Vgl. z. B. *Mayer, Johannes; Tradowsky, Peter* (1984).

173 Vgl. *Feuerbach, Anselm* (1987), S. 53 ff. Vgl. auch Kap. 6.II.2.b) der vorliegenden Arbeit.

I. Das Verbrechen widerrechtlicher Gefangenhaltung gem. StGB Teil I, Art. 192–195.

Dieses doppelt ausgezeichnet

a) hinsichtlich Dauer (von frühester Kindheit bis anscheinend in das Jünglingsalter)

b) hinsichtlich besonderer Misshandlungen (körperverkrüppelndes Lager, einseitige Ernährung mit Wasser und Brot, vor allem Entziehung aller Mittel geistiger Entwicklung und Ausbildung, widernatürliches Zurückhalten einer menschlichen Seele im Zustand vernunftloser Tierheit)

II. Objektiv zusammen mit durch Lebensgefährlichkeit ausgezeichnete Aussetzung gem. StGB Teil I, Art. 174.

Dabei erkannte Feuerbach, dass hier

„zum allergrößten Theil der Thatbestand des Verbrechens in dem Grund einer Menschenseele ruht, wo derselbe auf rein psychischem Wege zu erforschen und nur durch Beobachtung der Geistes- und Gemüthsäusserungen des Beschädigten zu begründen und festzustellen ist."[174]

Diesem spezialisierten Tatbestand gegenüber erschien Feuerbach dessen Subsumption unter ein anderes Delikt, etwa „Verstandesberaubung",[175] zu beschränkt. Für das Verbrechen am Seelenleben des Menschen war ein der Eigenart des Verbrechens entsprechender Schutz des Gesetzes nicht vorgesehen. Feuerbach widmete seine Schrift Lord Stanhope, dem Pflegevater Kaspar Hausers; er glaubte,

„in der großen Wüste unserer Zeit, wo unter den Gluthen eigensüchtiger Leidenschaft die Herzen immer mehr verschrumpfen und verdorren, endlich wieder einem wahren Menschen begegnet zu sein."[176]

Die Schrift über Kaspar Hauser war Feuerbachs letztes Werk.[177] Er war früh gealtert und sein Gesundheitszustand erheblich beeinträchtigt.[178] Im Frühjahr 1833 besuchte er – in Begleitung seiner Tochter Leonore[179] – seine Schwester Rebekka in Frankfurt, um sich mit ihr nach einem längeren Streit auszusöhnen. Außerdem bestand die verborgene Absicht, nähere Informationen zu Kaspars Herkunft durch den am Main lebenden badischen Staatsrat Johann Ludwig von

---

174 *Feuerbach, Anselm* (1987), S. 60.
175 *Feuerbach, Anselm* (1987), S. 56.
176 *Feuerbach, Anselm* (1987), einleitende Widmung an Lord Stanhope.
177 Eine als Krönung seines Schaffens geplante „Weltgeschichte des Rechts" konnte er nicht mehr vollenden. Vgl. *Marquardsen, Heinrich* (1968), S. 745.
178 Vgl. *Radbruch, Gustav* (1957), S. 187 ff.
179 Vgl. *Radbruch, Gustav* (1957), S. 208.

Klüber (1762–1837) zu erhalten.[180] Am 27. Mai, von einem Ausflug nach Königstein zurückkehrend, befiel ihn Unwohlsein, in dessen Verlauf sich ein Schlaganfall ereignete. Bis zuletzt bei klarem Bewusstsein, verstarb Anselm von Feuerbach am 29. Mai 1833 in Frankfurt und wurde auf dem dortigen Friedhof beigesetzt. In der Öffentlichkeit verbreitete sich das Gerücht, der Präsident sei im Zusammenhang mit dem Kaspar-Hauser-Fall vergiftet worden.[181] Kaspar Hauser verlor mit Anselm von Feuerbach seinen wichtigsten Fürsprecher und Helfer.[182]

IX. Das Ende

Kaspar Hauser war in den letzten beiden Jahren seines Lebens – zumal nach dem Tod Feuerbachs – im Hause Meyer einer feindlichen Umgebung ausgesetzt. In seinen „Notizen"[183] bezweifelte der Lehrer das Besondere des Falles und vermutete in Kaspar sogar einen Betrüger von außergewöhnlicher Verstellungskunst.[184] Er sah die in Erscheinung getretenen Widersetzlichkeiten Kaspars nicht in dessen verwahrlostem Zustand, nicht – wie Feuerbach – „in Nothwehr abgedrungene[r] Fertigkeit"[185] und auch nicht – wie Tradowsky – in nachgeholten Entwicklungsstufen.[186] Stattdessen hatte Lehrer Meyer mehrere naive Schwindeleien und Wichtigtuereien Kaspars als Zeichen seines angeblich schlechten Charakters akribisch vermerkt.[187] Dabei verstieg er sich zu

---

180 Vgl. *Mayer, Johannes* (1988), S. 451.
181 Vgl. *Radbruch, Gustav* (1957), S. 209. Vgl. auch Kap. 6.II.3. der vorliegenden Arbeit.
182 Vgl. *Kramer, Kurt* (2008), S. 27.
183 „Notizen über Kaspar Hauser von J[ohann] G[eorg] Meyer" vom 26. Mai 1834, übergeben an das Ansbacher Königl. Kreis- und Stadtgericht. Vgl. *Pies, Hermann* (1966), S. 122–132. Hermann Pies fand in diesen erstmalig 1872 von Dr. Julius Meyer (Sohn des Lehrers Meyer) veröffentlichten Notizen an 35 Stellen Fälschungen des Herausgebers. Vgl. *Pies, Hermann* (1966), S. 122.
184 Vgl. *Mayer, Johannes*; *Tradowsky, Peter* (1984), S. 151. Vgl. *Pies, Hermann* (1966), S. 124 f. Vgl. *Daumer, Georg* (1873), S. 298.
185 *Feuerbach, Anselm* (1987), S. 143.
186 Vgl. *Mayer, Johannes*; *Tradowsky, Peter* (1984), S. 161. Nach Tradowsky ist die Entwicklung Kaspar Hausers in den letzten zwei Jahren nur in dem Wissen verständlich, dass hier „kindliche, kindische, pubertäre, jugendlich unreife und trotzige Reaktionen noch ganz unausgeglichen nebeneinanderstehen" (ebd.), sich dazwischen aber auch Hinweise auf die zukünftige Persönlichkeit erkennen lassen.
187 Hingegen wird Kaspars kindlich-unschuldiges Empfinden in dessen Schreiben vom 12. September 1833 an Caroline Kannewurf, die Schwester der Frau Binder, deutlich. Kaspar lernte Caroline Kannewurf anlässlich seines Aufenthalts in Nürnberg im August 1833 kennen und befreundete sich mit ihr. Vgl. *Pies, Hermann* (1966), S. 117 ff. Die

kränkenden Herabsetzungen seines Schülers.[188] Das pädagogisch problematische Verhalten Meyers zeigte sich besonders deutlich eines Abends, als Kaspar verbotenerweise das Licht in seinem Zimmer brennen ließ. Da er auf das Klopfen Meyers nicht öffnete, trat dieser wutentbrannt mit den Stiefeln gegen die Tür und griff anschließend sogar zu einem Beil.[189] Eines Pädagogen unwürdig war auch die Anfertigung eines Nachschlüssels, um in Kaspars Zimmer das Tagebuch zu finden, in welchem er die Erhellung von dessen vermutetem Geheimnis zu entdecken hoffte.[190] Für Tradowsky war Meyer ein „prädestinierter geistig-seelischer Kerkermeister, […] dem ein selbstkritischer, sich selbst anzweifelnder Gedanke nie kommt".[191] Vergebens verlangte auch Lord Stanhope Einblick in das Tagebuch; er hatte den Gendarmerie-Oberleutnant Joseph Hickel beauftragt, es notfalls gewaltsam an sich zu nehmen.[192] Doch Kaspar behauptete, es verbrannt zu haben.[193] Stanhope hatte sich vom fürsorglichen Pflegevater zum erbitterten Gegner Kaspars gewandelt. Sein Vertrauen in Kaspar war seinen Angaben zufolge durch die Ergebnislosigkeit der Ermittlungen in Ungarn erschüttert worden. Noch in seinem Schreiben an Meyer vom 27. März 1834[194] erklärte Stanhope, zu Beginn seiner Pflegschaft nicht gewusst zu haben, dass Kaspar so wenig glaubwürdig sei.[195] Stanhope ignorierte auch das dringende Ersuchen Hickels, Kaspar aus dem Haus des Lehrers Meyer zu entfernen, da er dort Schaden nehme; Kaspars Hoffnung, durch Stanhope aus seiner erdrückenden Lage befreit zu werden, hatte sich zerschlagen.

Am 14. Dezember 1833, nachmittags zwischen 15 und 16 Uhr, wurde Kaspar Hauser im Ansbacher Hofgarten durch einen Dolchstich in die linke Brustseite tödlich verletzt.[196] Nach dem Bericht des Ansbacher Kreis- und Stadtge-

---

historische Caroline Kannewurf wird in Wassermanns Roman „Clara von Kannawurf" genannt. *Wassermann, Jakob* (2005a), S. 338.
188 Vgl. *Pies, Hermann* (1966), S. 126 ff.
189 Vgl. *Daumer, Georg* (1873), S. 287.
190 Handlungsweise". Ders. (1859), S. 184.
191 *Mayer, Johannes; Tradowsky, Peter* (1984), S. 148. „Dieser arme verwahrloste Jüngling, der erst seit Kurzem den ersten Blick in die Welt gethan" hatte, erlitt – so Feuerbach – im regulären Schulunterricht „seine zweite Gefangenschaft". *Feuerbach, Anselm* (1987), S. 144 f.
192 Vgl. *Daumer, Georg* (1859), S. 185 f. Vgl. auch *Pies, Hermann* (1966), S. 152.
193 Vgl. *Daumer, Georg* (1873), S. 285.
194 Vgl. „Auszug eines Briefes des Grafen Stanhope an den Herrn Schullehrer Meyer in Ansbach; datirt Carlsruhe, den 27. März 1834". *Stanhope, Philip* (1835), S. 107 ff.
195 Vgl. *Stanhope, Philip* (1835), S. 110.
196 Vgl. *Pies, Hermann* (1966), S. 133 ff.

richtrats Michael Waltenmair an den bayrischen Justizminister[197] wurde Kaspar an jenem Tag um 9:15 Uhr im Innenhof des Gerichtsgebäudes von einem ihm unbekannten Mann angesprochen. Dieser überbrachte die angebliche Nachricht des Hofgärtners, er möge nach 15 Uhr in den Hofgarten kommen,[198] dort seien die unterschiedlichen Tonschichten am artesischen Brunnen zu besichtigen.[199] Gegen 14:30 Uhr begab Kaspar sich von der Wohnung des Pfarrers Fuhrmann aus in den Hofgarten. Wie es in dem offiziellen Bericht hieß, ging Kaspar

> „gerade auf den artesischen Brunnen zu und als er dortselbst niemanden antraf, weiter den Weg gegen das dem Dichter Uz gesetzte Denkmal hin. In der Nähe dieses Denkmals, wo sich zwei Sitzsteine befinden, trat H.'s Aussage zufolge ein ihm unbekannter Mann, den er vorher nicht bemerkt haben wollte, plötzlich hervor und auf ihn zu, drückte ihm einen Beutel in die Hand, welcher dem H. (dem Anfassen nach) leer schien, und versetzte ihm in demselben Augenblick einen Stich in die linke Seite der Brust."[200]

Kaspar ließ den Beutel fallen und lief fluchtartig nach Hause. In seiner ersten Vernehmung vom 14. Dezember 1833 beschrieb er den Täter:

> „großer Mann, schwarzer Backenbart und schwarzer Schnurrbart, mehr alt als jung, hatte einen Mantel an"[201].

Für die Tat selbst gab es keine Zeugen; jedoch erfolgten mehrere Angaben über eine verdächtige Person, die kurz vor und nach der Tat beobachtet wurde.[202] Lehrer Meyer berichtete in seiner Vernehmung am selben Tag, er habe,

---

197 Bericht Michael Waltenmairs vom 12. Januar 1834. Vgl. *Pies, Hermann* (1928), S. 244 ff.

198 Nach den Angaben des Romans wurde Kaspar erst „kurz nach zwölf [...] von einem fremden Herrn angesprochen" (*Wassermann, Jakob* (2005a), S. 452), der ihn auf „morgen nachmittag um vier Uhr" (a.a.O., S. 453) in den Hofgarten bestellte.

199 Kaspar zufolge sei er auch schon am 11. Dezember von einem Unbekannten angesprochen und auf 15 Uhr in den Hofgarten bestellt worden. Vgl. *Pies, Hermann* (1928), S. 244.

200 Zit. n. *Pies, Hermann* (1928), S. 244 f.

201 Zit. n. *Pies, Hermann* (1985), S. 497.

202 Vgl. *Pies, Hermann* (1966), S. 134 ff. Sämtliche Vernehmungen erfolgten vor dem Königl. Kreis- und Stadtgericht Ansbach. Vgl. z. B. Vernehmungen des Salzmagazinarbeiters Joseph Leich am 22. und 26. Dezember 1833, der gegen 14:30 Uhr Kaspar mit einem Fremden in den Hofgarten gehen sah (in: *Pies, Hermann* (1928), S. 28 ff. und S. 32 f.). Nach der Tat gehörten zu den wichtigsten Zeugen, welche anscheinend den Fluchtweg des Täters beobachteten, der Tagelöhner Johann Stadl (vgl. Protokoll des Magistrats vom 23. Dezember und des Königl. Kreis- und Stadtgerichts Ansbach vom 28. Dezember 1833. In: *Pies, Hermann* (1928), S. 52 f. und 55 f.) und die Näherin Susanna Margaretha Weiß (vgl. Protokoll des Magistrats vom 23. Dezember und des Kreis- und Stadtgerichts Ansbach vom 27. Dezember 1833. In: *Pies, Hermann* (1928), S. 52 f. und 54 f.); sie sahen, wie kurz nach 16 Uhr der beschriebene Mann sich dem

als Kaspar am 14. Dezember 1833 gegen 15:30 Uhr in größter Not bei ihm erschienen sei, an dessen linker Brustseite eine Stichwunde festgestellt. Da die Wunde ihm nicht gefährlich erschien, sei er dem Verlangen Kaspars, ihm auf die Straße zu folgen, nachgekommen. Unterwegs habe Kaspar mühsam gestammelt:

> „Hofgarten gegangen – Mann – Messer gehabt – Beutel geben – gestochen – ich laufen was könnt, Beutel noch dort liegen. [...] Mann – bestellt – Vormittag – Stadtgericht [...] soll Nachmittag ½3 Uhr Hofgarten kommen, mir was zeigen."[203]

Als Kaspar jedoch vor dem Hofgarten zusammenbrach, veranlasste ihn der Lehrer unter Androhung von Zuhilfenahme der Polizei, aufzustehen und mit ihm nach Hause zurückzukehren. Meyer rügte ihn: „Diesmal haben Sie den dümmsten Streich gemacht",[204] worauf Kaspar antwortete: „Gott wissen".[205] Zeugen sahen den von Meyer geführten Weinenden und über Schmerzen Klagenden.[206] Im Haus angelangt, wurde Kaspar vom Hauseigentümer Michael Karl Adam Vogel[207] und dessen Sohn Ernst[208] zu Bett gebracht, während Meyer Anzeige erstattete. Er veranlasste auch den Polizeisoldaten Herrlein zu Nachforschungen im Hofgarten, welcher dort Fußspuren und in der Nähe des dem Dichter Uz gewidmeten Denkmals einen kleinen lilafarbenen Stoffbeutel fand.[209] Der darin enthaltene Zettel enthielt in Spiegelschrift die Botschaft:

> „Hauser wird es euch ganz genau erzählen können, wie ich aussehe, und wo her ich bin. Den Hauser die Mühe zu ersparen will ich es euch selber sagen woher ich komme – – – ich komme – – – ich komme von von – – – der Baierischen Gränze – - am Fluße – – – – – Ich will euch sogar noch den Namen sagen M. L. Ö."[210]

---

am Rand des Hofgartens gelegenen Haus näherte und sich dann eiligst über den Rezatsteg in Richtung der Nürnberger Straße entfernte.
203 Erste Vernehmung des Lehrers Meyer vom 14. Dezember 1833 vor dem Nürnberger Gericht. Zit. n. *Pies, Hermann* (1928), S. 13.
204 Zit. n. *Pies, Hermann* (1928), S. 13.
205 Zit. n. *Pies, Hermann* (1928), S. 13.
206 Vgl. z. B. die Vernehmung der Näherin Louise Dürrbeck vom 2. Januar 1834 vor dem Nürnberger Gericht. In: *Pies, Hermann* (1928), S. 36 ff.
207 Vgl. Vernehmung des Hauseigentümers, Konditormeister Michael Karl Adam Vogel, vom 24. Dezember 1833 vor dem Nürnberger Gericht. In: *Pies, Hermann* (1928), S. 86 ff.
208 Vgl. Vernehmung des Konditors Ernst Vogel vom 13. Januar 1834 vor dem Königl. Kreis- und Stadtgericht Nürnberg. In: *Pies, Hermann* (1928), S. 93.
209 Vgl. Vernehmung des Polizeisoldaten Johann Konrad Herrlein vom 15. Dezember 1833 vor dem Nürnberger Gericht. In: *Pies, Hermann* (1928), S. 16 f.
210 Zit. n. *Pies, Hermann* (1966), S. XXV. Der Fund des Beutels bekräftigte den Verdacht, Kaspar sei nicht wegen des artesischen Brunnens in den Hofgarten gegangen, sondern in Erwartung einer Mitteilung über seine Herkunft. Vgl. Schreiben des Innenministers

Nach übereinstimmender Ansicht der Ansbacher Ärzte[211] erfolgte die Verwundung Kaspars durch ein spitzes, zweischneidiges Werkzeug.

> „Das verletzende Instrument war [...] in die Brusthöhle eingedrungen, hatte den Herzbeutel mit Verletzung der Spitze des Herzens durchschnitten, war durch den fleischigen Teil des Zwerchfells in die Höhle des Unterleibes gedrungen, hatte den Rand des linken Leberlappens penetriert und sich im Magen [...] eine Oeffnung gebahnt."[212]

In dem Gutachten vom 31. Dezember 1833 wies Dr. Albert auf die tödlichen Folgen dieser Koexistenz von Verletzungen lebenswichtiger Organe hin.[213] Den später von einem Gartenarbeiter im Hofgarten entdeckten Dolch bezeichnete er als eines der gefährlichsten Mordinstrumente, ein sog. „Banditenmesser".[214] Hingegen hegte Lehrer Meyer Zweifel an einem Mordanschlag; auch vertrat ein Teil der Bevölkerung die Ansicht, Kaspar habe sich die Verletzung selbst zugefügt, um sich interessant zu machen.[215] Die Ärzte zogen angesichts der Beschaffenheit der Wunde eine Fremdverletzung, jedoch auch die Absicht eines Selbstmordes in Betracht.[216] Der Ansbacher Untersuchungsrichter Waltenmair vertrat in seinem Schreiben vom 11. Januar 1834 an das Appellationsgericht die Meinung, die Angaben Kaspars hätten durch die erhobenen Zeugenaussagen manches an Glaubwürdigkeit verloren.[217] Wie sehr Kaspar von solchen Verdächtigungen betroffen war, zeigte die Beobachtung des Zeugen Ernst Vogel: Am Abend seines Todes richtete sich Kaspar im Bett auf

---

Ludwig Kraft Karl Fürst von Öttingen-Wallerstein an den Regierungspräsidenten Franz Joseph Wigand von Stichaner vom 23. Januar 1834. In: *Pies, Hermann* (1928), S. 228 ff.

211 Vgl. die „Äußerungen der Ansbacher Ärzte" (Landgerichtsarzt Dr. Albert, Kreis- und Stadtgerichtsarzt Dr. Horlacher, Landarzt Koppen). In: *Pies, Hermann* (1928), S. 144 ff.
212 Gutachten Dr. Albert vom 31. Dezember 1833. Zit. n. *Pies, Hermann* (1928), S. 158.
213 Vgl. *Pies, Hermann* (1928), S. 160.
214 Zit. n. *Pies, Hermann* (1928), S. 163. Banditenmesser: Seine Abbildung zeigt Gravierungen von Todessymbolen wie auch eine Libelle – anscheinend als Sinnbild der Unsterblichkeit. Vgl. *Schötz, Hartmut* (2010), S. 66. Vgl. *Mayer, Johannes; Tradowsky, Peter* (1984), S. 634.
215 Vgl. vierte Vernehmung des Lehrers Meyer vor dem Ansbacher Gericht vom 6. Januar 1834. In: *Pies, Hermann* (1928), S. 104.
216 Vgl. *Pies, Hermann* (1966), S. 224. Vgl. auch Vernehmung des Dr. Horlacher vom 6. Januar 1834. In: *Pies, Hermann* (1928), S. 152. Vgl. ebenso Gutachten des Dr. Albert. In: *Pies, Hermann* (1928), S. 157 und S. 161. Vgl. desweiteren *Heidenreich, Friedrich* (1834), S. 25 ff.
217 Vgl. *Pies, Hermann* (1928), S. 193 f.

und rief – mit aufgerissenen Augen und ausgebreiteten Armen: „Ach Gott, ach Gott, so abkratzen müssen in Schimpf und Schande."[218]

Der Zustand Kaspars verschlimmerte sich; die Entzündungen der inneren Wunden zeigten das nahende Ende an. Am 17. Dezember 1833 gegen 20 Uhr ließ die Krankenwärterin Karoline Lorenz Pfarrer Fuhrmann, den Beichtvater Kaspars, zu dem Sterbenden rufen. Der Pfarrer berichtete über die letzten Stunden Kaspar Hausers, dieser habe auch jetzt gegenüber dem, was die Menschen ihm angetan hatten, keinen Groll gehegt. Er habe Lehrer Meyer die Hand gereicht und sich für das Gute, was er an ihm getan habe, bedankt.[219] Meyer, der noch ein Geständnis Kaspars über dessen vermeintlichen Betrug zu erreichen hoffte, drängte: „Lieber H., haben Sie mir nichts zu sagen?"[220] Darauf antwortete Kaspar in abgerissenen Worten:

> „Viel, recht viel hätte ich Ihnen zu sagen, aber kann nicht sagen. [...] Sünde – Verderben – nicht mehr losmachen, das Ungeheuer stärker als ich. [...] Ich will ja gerne verzeihen, aber weiß nicht, wer mir's getan hat."[221]

Um 22 Uhr verschied Kaspar Hauser bei vollem Bewusstsein.[222] Er wurde am 20. Dezember 1833 auf dem Johannisfriedhof in Ansbach beerdigt. Pfarrer Fuhrmann hielt die Grabrede.[223] Tausende von Menschen drängten sich an seinem Grab.[224]

Kaspar Hausers Angaben über seine Gefangenhaltung wurden durch die nach seinem Tod durchgeführte Obduktion vom 19. Dezember 1833[225] bestätigt.[226]

---

218 Vernehmung des Ernst Vogel vom 13. Januar 1834. Zit. n. *Pies, Hermann* (1928), S. 93. Vgl. auch Vernehmung der Krankenwärterin Karoline Lorenz vom 14. Januar 1834. In: *Pies, Hermann* (1928), S. 93 f.

219 Vgl. Vernehmung des Pfarrers Heinrich Fuhrmann vom 23. Dezember 1833 vor dem Nürnberger Gericht. In: *Pies, Hermann* (1928), S. 77 ff.

220 Dritte Vernehmung des Lehrers Meyer vom 29. Dezember 1833. Zit. n. *Pies, Hermann* (1928), S. 100.

221 Bericht des Gerichtsrats Michael Waltenmair vom 12. Januar 1834 an den Justizminister. Zit. n. *Pies, Hermann* (1928), S. 248. Dieses waren die einzigen Worte Kaspars zum Tatgeschehen vor seinem Tod. Gemäß Schreiben des Innenministers Ludwig von Öttingen-Wallerstein an den Regierungspräsidenten Franz von Stichaner vom 23. Januar 1834 wusste Kaspar zwar nichts über seine Herkunft, jedoch mehr als eingestanden über den Ort seiner Gefangenhaltung sowie über seinen Kerkermeister. Vgl. *Pies, Hermann* (1928), S. 229.

222 Vgl. Vernehmung des Dr. Horlacher vom 6. Januar 1834. In: *Pies, Hermann* (1928), S. 155.

223 Vgl. *Fuhrmann, Heinrich* (1833a).

224 Vgl. *Fuhrmann, Heinrich* (1834), S. 75.

225 Vgl. *Pies, Hermann* (1928), S. 249.

Danach wandelte sich die negative Meinung eines Teils der Bevölkerung über Kaspar. Jedoch wurde – teilweise mit kuriosen Argumenten, gelegentlich mit bedenkenswerten Einwänden[227] – von einigen Autoren weiterhin die Ansicht vertreten, Kaspar sei ein Betrüger,[228] eine Ansicht, die jahrzehntelang die öffentliche Meinung beherrschte.[229] Nach wie vor kursierten zudem unterschiedlichste Herkunftstheorien,[230] die von niederer Abstammung[231] bis zur Feuerbachschen badischen Erbprinzentheorie[232] reichten.[233] Wie schon Feuerbach[234] fand auch Pies für die letztere viele Indizien, jedoch keinen juridisch gültigen Nachweis.[235] Selbst der DNA-Abgleich des Instituts für Gerichtsmedizin und Pathologie der Universität Münster von 2002 vermochte nicht die erhoffte Lösung des fast 200 Jahre ungeklärten Kriminalfalles zu bringen.[236]

---

226 So berichtete beispielsweise der bei der Obduktion anwesende Arzt Dr. Friedrich Wilhelm Heidenreich, die hypertrophische Leber deute auf lange Bewegungslosigkeit und einseitige Broternährung hin. Desweiteren wiesen der vom Scheitel gegen die Stirn zu herabfallende Schädel bei relativer Kleinheit des großen und bedeutender Größe des Kleinhirns auf durch Reizarmut bedingte ungenügende Weiterentwicklung des Gehirns hin, das bzgl. seiner „materielle[n] Entwicklung" (*Heidenreich, Friedrich* (1834), S. 33) den Naturgesetzen entsprechend auf der Stufe eines 7jährigen Kindes stehengeblieben war. „Daher lassen sich die reissenden Fortschritte und glänzenden Anlagen erklären, die Hauser anfangs verriet, weil für sie das Hirnorgan schon gereift war […], daher aber auch sein alsbaldiges Stehenbleiben an der Gränze des Mittelmässigen und Gewöhnlichen, weil das Hirn für höheres geistiges Leben nicht mehr umgebildet werden konnte." A.a.O., S. 34 f.

227 Vgl. z. B. *Lang, Heinrich* (1833), S. 550.

228 Zur Auseinandersetzung mit „Fälschungen, Falschmeldungen und Tendenzberichte[n]" vgl. *Pies, Hermann* (1973).

229 Zur negativen Kritik im Schrifttum zählen z. B. die Veröffentlichungen von *Merker, Johann* (1830); *Lang, Heinrich* (1833); *Stanhope, Philip* (1835); *Meyer, Julius* (1872); *Linde, Antonius* (1887).

230 Vgl. z. B. *Linde, Antonius* (1887), S. 260 ff.

231 Vgl. z. B. *Lang, Heinrich* (1833), S. 550.

232 Vgl. z. B. *Feuerbach, Anselm*: „Memoire über Kaspar Hauser". In: *Feuerbach, Ludwig* (1976), S. 567–578. Vgl. auch *Pies, Hermann* (1966), S. 235 ff. Vgl. auch *Klee, Fritz* (2004).

233 Außer dynastischen Erbfolgegründen kommen dabei auch politische Motive ins Spiel (vgl. z. B. *Klee, Fritz* (2004), S. 63 ff.) – Kaspar Hauser als „Napoleonide" (vgl. *Mayer, Johannes* (1988), S. 95 und S. 171).

234 Vgl. *Feuerbach, Anselm*. In: *Feuerbach, Ludwig* (1976), S. 567.

235 Vgl. *Pies, Hermann* (1966), S. 8 und S. 235 ff.

236 Gemäß Prof. Bernd Brinkmann, Direktor des Institutes für Gerichtsmedizin und Pathologie der Universität Münster, ergaben die Untersuchungen „eine einzige Abweichung" zwischen den „Hauser-Proben" und dem Vergleichsmaterial. *Brinkmann, Bernd* (2006), S. 3.

Auch die Inschrift auf dem Grabstein Kaspar Hausers verweist auf das unverändert gültige Geheimnis:[237]

AENIGMA SUI TEMPORIS
IGNOTA NATIVITAS
OCCULTA MORS

---

237 Vgl. *Mehle, Ferdinand* (1995), S. 283.

Zweites Kapitel
Der Dichter Jakob Wassermann

I. Frühe Jugendzeit

In seinem Geleitwort zur Biographie „Jakob Wassermann. Bild, Kampf und Werk" von Marta Karlweis[1] nannte Thomas Mann Wassermann einen Welt-Star des Romans.[2] Dazu sagte er, dass der Charakter der Romane Wassermanns das Leben ihres Autors widerspiegeln würde, wenn man nicht umgekehrt sagen wolle, sie seien von dessen romanhaftem Talent gefärbt und sein Leben selbst komme einem Wassermannschen Romane gleich.[3]

Karl Jakob Wassermann wurde am 10. März 1873 als ältester Sohn des Ehepaares Adolf und Henriette (Jette) Wassermann, geb. Traub, im fränkischen Fürth geboren. Die jüdische Herkunft der Familie und das Schicksal, ganz Deutscher und ganz Jude zu sein, sollten in der Zukunft für ihn ein Stachel unausrottbaren Leidens, jedoch auch wesentlicher Ansporn zu einer außergewöhnlichen Schriftstellerkarriere werden.[4] Die Stadt Fürth war zur Zeit seiner Geburt eine aufstrebende Handels- und Gewerbestadt mit etwa 27.000 Einwohnern. Der Vater, Adolf Wassermann (1844–1901), war ein Gemischtwarenhändler.[5] Die Mutter Jette (1850–1882) schilderte Wassermann als eine schöne blonde Frau von stillem Wesen. Er sagte über seine Eltern, diese hätten eigentlich nicht in ihre Zeit gepasst, sondern seien verspätete Romantiker gewesen: der Vater von optimistischem, die Mutter hingegen von eher schwererem Naturell.[6] Karl Jakob wuchs mit seiner Schwester Jenny (geb. 1875) und seinem Bruder Hugo (geb. 1877) auf.[7] Zwei weitere Brüder, Albert und Alfred, verstarben kurz nach der Geburt. Von 1883 bis 1889 besuchte Wassermann die sechsklassige Königlich-Bayerische Realschule Fürth, in welcher die Schüler

---

1   *Karlweis, Marta* (1935). Marta Karlweis war Wassermanns zweite Ehefrau und seine Biographin. Vgl. *Müller-Kampel, Beatrix* (2007), S. 12
2   Vgl. *Mann, Thomas* (1935), S. 7.
3   Vgl. *Mann, Thomas* (1935), S. 6.
4   Vgl. *Wassermann, Jakob* (2005), S. 131.
5   Vgl. *Reich-Ranicki, Marcel* (2005), S. 138.
6   Vgl. *Wassermann, Jakob* (2005), S. 10 ff.
7   Dieser wanderte 1892 15jährig nach Amerika aus.

in den höheren Klassen auch mit den bekanntesten Dichtern vertraut gemacht wurden.[8]

In der Schrift „Selbstbetrachtungen"[9] (1933) offenbarte Wassermann seine damalige tiefe Berührung durch die Dichtkunst, wobei eine erste Ahnung seiner Berufung auftauchte. Er schrieb:

> „Vielleicht […] gibt es Wirkungen von Kunstwerken oder bloßen Geschichten, die im kindlichen Gemüt die spontane, tief sich einbohrende Begierde erwecken, solche Wirkungen selbst hervorzubringen."[10]

Neben der frühen Lektüre des Don Quijote, den er siebenmal las, sowie von Sagen und Indianerbüchern befasste sich der 16jährige intensiv mit der Bibel sowie mit den Werken von Shakespeare und Schopenhauer. Außerdem versuchte er sich in dieser Zeit an einer Hamlet-Übersetzung.[11] Schon früh deuteten sich die Ressourcen Wassermanns an, die er selber als „die Landschaft und das Wort"[12] benannte. Er liebte die Ferien bei der Schwester seiner Mutter im ländlichen Gunzenhausen; mit zehn Jahren unternahm er weite Spaziergänge in die umgebende Landschaft von Fürth. Und wenn die Kinder der Mutter beim Linsenlesen halfen, begann der sonst so stille Jakob im Alter von sieben Jahren manchmal phantastische Geschichten zu erzählen:

> „Es kam vor, dass ich dabei plötzlich zu phantasieren anfing, in den Linsenhaufen hinein Schrecken, Unbill und Abenteuer dichtete, Gespenstergraus und Wunder."[13]

Als er neun Jahre alt war, verstarb 1882 mit 31 Jahren seine Mutter.[14] Dieser Verlust mag bei dem sensiblen Jungen – vielleicht zusammen mit einem mütterlichen Erbteil – die lebenslange Melancholie, die sein Wesen kennzeichnete, verursacht haben. In seiner Novelle „Schläfst Du, Mutter?"[15] (1897) ließ er sein literarisches „alter ego" angesichts der verstorbenen Mutter fassungslos diese Frage stellen. Aus der 1882 geschlossenen zweiten Ehe des Vaters mit Flora Wannbacher stammten drei weitere Kinder: Theodor, Armin

---

8 Zur Jugend Wassermanns in Fürth vgl. *Wassermann, Jakob* (2005), S. 9 ff. sowie z. B. *Kraft, Thomas* (2008), S. 9 ff.; vgl. auch *Koester, Rudolf* (1996), S. 5 ff.
9 *Wassermann, Jakob* (1933).
10 *Wassermann, Jakob*, (2006), S. 80.
11 Vgl. *Wassermann, Jakob* (1933), S. 79–81 und S. 83.
12 *Wassermann, Jakob* (2005), S. 19.
13 *Wassermann, Jakob* (2005), S. 24.
14 Vgl. *Wassermann, Jakob* (2005), S. 11.
15 *Wassermann, Jakob* (1897).

und Henri.[16] Die Stiefmutter versuchte, der beständigen Geldnot in der Familie durch drastische Sparmaßnahmen Herr zu werden.[17] Vergehen bestrafte sie auch mit Prügeln. Nach Wassermann war die Stiefmutter den Kindern aus erster Ehe zudem nicht wohlgesonnen.[18] Vom vermögenden Bruder der verstorbenen Mutter, Max Alfred Traub, der mit Unterhaltsbeträgen half, erhielt Wassermann als Ältester darüber hinaus wöchentlich eine Mark Taschengeld für den Kauf von Esswaren für sich und seine Geschwister. Da er von diesem Geld auch Lesestoff erwarb, sicherte er sich das Schweigen seines Bruders Hugo durch abendliches Erzählen selbsterfundener Geschichten, die er – ähnlich der Schahrazâd in „Märchen aus 1001 Nacht"[19] – jeweils an den spannendsten Stellen abbrach. Diese Erzählungen wiesen ihn „auf den Weg und auf die Wurzeln",[20] wobei er die

> „wichtige Erfahrung machte, daß ein Mensch zu binden ist, zu 'fesseln' [...], indem man sich seiner Einbildungskraft bemächtigt, daß man ihn sogar vom Schlechten abbringen kann [...]; daß man Freude, Furcht, Überraschung, Rührung, Lächeln und Lachen in ihm zu erregen vermag."[21]

Wassermann entdeckte sein Talent des Fabulierens sowie seine Zuflucht im Wort und in der Gedankenwelt. Wie von selbst wurde es ihm zum Bedürfnis, die eine oder andere Geschichte aufzuschreiben. Der in dieser Zeit zum ersten Mal bekundete Vorsatz, Schriftsteller zu werden, rief bei seinem Vater, der ihn als Nachfolger des wohlhabenden Onkels in Wien betrachtete, heftigen Ärger hervor; die Stiefmutter verbrannte alle Blätter, deren sie habhaft werden konnte. Ihr Verhalten verkörperte Wassermann später in der Gestalt der Philippine Schimmelweis in dem Roman „Das Gänsemännchen"[22] (1915). Im Alter von 14 Jahren schrieb er heimlich nachts, wenn der Mond schien, seinen ersten Roman.[23] Er reichte ihn in eigener Initiative bei der Redaktion des Fürther Tagblattes ein; dort erschien in einer der nächsten Auflagen ein Auszug unter Nennung des vollen Namens des Autors einschließlich zahlreicher

---

16 Mit seinem Stiefbruder Armin verband Wassermann eine tiefe Zuneigung; er sollte ihm, der Schauspieler und Rezitator in Berlin wurde, später dort wieder begegnen (vgl. *Koester, Rudolf* (1996), S. 7).

17 Sie zählte z. B. die Zuckerstücke in der Dose und versah die Brotlaibe mit Zeichen (vgl. *Koester, Rudolf* (1996), S. 7).

18 Vgl. *Wassermann, Jakob* (2005), S. 24.

19 Hrsg. v. *Grotzfeld, Heinz* (1993).

20 *Wassermann, Jakob* (2005), S. 26.

21 *Wassermann, Jakob* (2005), S. 26.

22 *Wassermann, Jakob* (1915).

23 Titel und Inhalt dieses Erstlings sind nicht überliefert.

Schreibfehler. Wassermann erhielt dafür vom Schuldirektor zwölf Stunden Karzer. Die Königlich-Bayerische Realschule Fürth war mit ihrer damaligen Pädagogik nicht in der Lage, den Anlagen und Fähigkeiten des phantasie- und erzählbegabten Jungen gerecht zu werden. Zu Hause wagte er nur nachts, von einem leidenschaftlichen inneren Zustand getrieben, Blatt um Blatt zu füllen.[24] Sein frühes Kinderleid fand Ausdruck in seiner preisgekrönten Novelle „Hier ruht das kleine Öchselein"[25] (1896). Er schrieb über diese Zeit:

> „Schwer und dunkel waren die Jahre des Werdens."[26]

Der einzige Gedankenaustausch fand mit zwei Freunden in Gunzenhausen statt, von denen einer in München die Rechte studierte. In dieser Zeit ging Wassermann in seinem inneren Sturm und Drang an die Verfertigung von Trauerspielen, an jene „erfundene Welt voll Mord, Blutdurst, Raserei".[27] Es ist anzunehmen, dass der 15jährige hierbei auch seinen eigenen aufgestauten Emotionen Ausdruck verleihen konnte.

II. Lehrjahre

Nach Absolvierung der Realschule mit – trotz aller Schicksalshindernisse – durchschnittlich zufriedenstellendem Abschluss trat Wassermann 1889 die kaufmännische Lehre in der Fächerfabrik seines Onkels in Wien an. Äußerungen Wassermanns zu seiner frühen Jugend machen deutlich, dass einer, dem es zum Fatum wurde, dem Unbedingten, welches in ihm fordernd erwuchs, zu folgen, für die bürgerliche „Normalität" verloren ist:[28]

> „Hiervon wurde meine Phantasie ins Uferlose, Bodenlose, Firmamentlose gerissen, und ich stand schwach und armselig vor diesem Unbedingten, das mir einerseits Verführung wurde, andererseits Fatum [...]."[29]

Dabei seien ihm zwei Tatsachen unverrückbar geblieben:

> „Erstens daß ich mitten in einer deutschen Stadt in einem Verhältnis zur Welt stand wie Robinson auf seiner Insel; zweitens, daß ich diese dauernde und düstere Isolierung nur ertrug, weil ich wie die Seidenraupe in einer Schutzkapsel lebte, in

---

24 Auch bzgl. Wassermanns erster schriftstellerischer Arbeit stellt *Hans Aufricht* ([1923], S. 233) fest: „Die frühen Werke des Dichters zeigen ihn hingenommen vom Rausch seiner Einbildungskraft."
25 *Wassermann, Jakob* (1896a).
26 *Wassermann, Jakob* (2005), S. 28.
27 *Wassermann, Jakob* (2005), S. 29.
28 „Es kehrt nicht um, wer an einen Stern gebunden ist." *Leonardo da Vinci*, Notiz. Zit. n. *Neumann, Erich* (1980), S. 76.
29 *Wassermann, Jakob* (2005), S. 36.

einem animalischen Hindämmern, Hinwarten, [...] traumempfindlich, gleich einem, in dem sich etwas erschafft, woran er bloß den Anteil hat, der durch seine Existenz gegeben ist, während er sonst Werkzeug ist."[30]

In seiner 1921 erschienenen Autobiographie „Mein Weg als Deutscher und Jude"[31] sagte Wassermann in Erinnerung an die Zeit seiner Wiener Lehre:

> „Ich entsprach den Erwartungen nicht. Ich zeigte mich bei der mir zugewiesenen Arbeit lustlos und unverläßlich, entschlüpfte bei jeder Gelegenheit dem starren Kreis, um im Verborgenen einer Neigung zu frönen, die für befremdlich, schädlich, ja verbrecherisch geachtet wurde; die Tage verbrachte ich in einer verworrenen, ja somnambulen Gemütsverfassung, die Nächte, oft bis zum Morgengrauen, fiebernd, berauscht, entselbstet vor meinen Manuskripten."[32]

Vom Hausarzt, einem Freund des Onkels, wurde nach Einsicht in die schriftstellerischen Erzeugnisse Wassermanns diesem der Rat erteilt, besser zu studieren. Daraufhin brach Wassermann Anfang 1890, nach kaum sieben Monaten, eigenmächtig seine kaufmännische Lehre ab und flüchtete zu seinem Gunzenhausener Freund, der in München das Jurastudium zu Ende führte.[33] Der wenig erbaute Onkel stellte einen monatlichen Unterhaltsbetrag von 50 Mark zur Verfügung. Wassermann lernte in München Latein, welches er in seinen späteren Texten anwandte.[34] Von der Aufnahme eines Studiums ist nichts zu vernehmen. Der Freund teilte nach drei Monaten dem Onkel mit, dass seiner Ansicht nach dem Neffen die akademische Laufbahn verschlossen sei. Darauf stellte dieser seine Zahlungen ein.[35] Wie Karlweis berichtete, war Wassermanns Grundhaltung nicht vom Rationalen, sondern

> „bestimmt durch das Unbewusste, die Instinktwelt oder das, was die Romantik die Nachtseite des Lebens genannt hat".[36]

---

30 *Wassermann, Jakob.* Zit. n. *Karlweis, Marta* (1935), S. 102.
31 *Wassermann, Jakob* (1921).
32 *Wassermann, Jakob* (2005/1921), S. 31. Zum Hervortreten des schöpferischen Unbewussten sagt Erich Neumann: „Wir wissen, daß die schöpferische Gewalt des Unbewußten das Individuum mit der autonomen Kraft eines Triebes ergreift und von ihm Besitz nimmt [...]. Die Rangordnung der Phänomene des schöpferischen Ergriffenseins reicht dabei von den tiefsten und unbewußtesten Stufen der Besessenheit und Somnambulie [Worte, mit denen Wassermann in seiner Jugendzeit seine Gemütsverfassung in seinem noch unentwickelten Bewußtseinszustand treffend ausdrückt] bis zur höchsten Stufe des bewußten Annehmens bei voller Verantwortung und bei stärkster Beteiligung eines mitgestaltenden und interpretierenden Bewußtseins." *Neumann, Erich* (1980), S. 98.
33 Vgl. *Wassermann-Speyer, Julie* (1923), S. 15 f.
34 Vgl. *Bing, Siegmund* (1929), S. 36.
35 Vgl. *Müller-Kampel, Beatrix* (2007), S. 23.
36 *Karlweis, Marta* (1935), S. 211.

Dementsprechend lautete eine Tagebucheintragung Wassermanns in Form eines Gespräches:

> „A. Woran denkst du?
>
> I. An nichts.
>
> A. An nichts?
>
> I. Ich will nicht denken.
>
> A. Das klingt vorwurfsvoll oder – drohend.
>
> I. Ich kann nicht denken.
>
> A. Du kannst nicht denken, wie?
>
> I. Ich meine ganz im allgemeinen. Meine Gedanken, sofern sie irgend eine geistige Wirklichkeit haben, sind fern von mir, schweben wie die Wolken über mir, und ich lasse sie ziehen. Die 'nahen' Gedanken aber, als da sind Geschäfte, Ängste, Überlegungen usw., diese kleben an mir wie ein schweißbedecktes Hemd.
>
> A. Also ganz Sinnenmensch?
>
> I. Ja, ganz Kreatur, oder wenn du willst: Werkzeug."[37]

In späterer Zeit der Reife erfolgten eigenständige Erörterungen und eingehende historische, medizinische und psychologische Studien der Werke von Frazer, Lévy-Bruhl, Freud, Kretschmer, Jung u. a., sowie Studien des Rechts, der Rechtsphilosophie und europäischer Literatur.[38]

Bevor Wassermann, zu dieser Zeit 17 Jahre alt, nach einem Aufenthalt von Mai bis August 1890 München wieder verließ, legte er dem renommierten Dichter Paul Heyse sein in dieser Zeit angefertigtes umfangreiches Opus in Blankversen zur Begutachtung vor. Auch dieser erkannte die Begabung Wassermanns nicht und gab den Rat, sich ernsthaft der kaufmännischen Ausbildung zuzuwenden. So war das, was Wassermann aus seinem Innersten zu tun drängte, ihm nicht möglich, und andererseits konnte er das, was man von ihm verlangte, nicht leisten. Verzweifelt wandte er sich an seinen jetzt in Würzburg ansässigen Vater, der ihn zu einem Entschuldigungsbrief an den Onkel veranlasste. Dieser vermittelte ihm eine Anstellung in einer Exportfirma in Wien; aber nach zehn Monaten verweigerte Wassermann die Fortsetzung der Arbeit wegen interner Bürointrigen.[39] Als letztes Mittel, dem verträumten und disziplinlosen Jüngling zur Anpassung zu verhelfen, hatte dieser nach

---

37 Zit. n. *Karlweis, Marta* (1935), S. 211.

38 Vgl. *Müller-Kampel, Beatrix* (2007), S. 199 f.

39 Böswillige Kollegen hatten im Pult Wassermanns pornographische Fotografien versteckt (vgl. *Kraft, Thomas* (2008), S. 23).

Beschluss des Familienrates 1891 einen einjährigen Militärdienst in Würzburg zu leisten, den er auch absolvierte – wie zur Schulzeit und auch unter den Studenten in München im schmerzlichen Gefühl eines Außenseiters. Ende 1892, als Korrespondent bei der Nürnberger Versicherung, geriet Wassermann in Nürnberg auf der Suche nach geistigen Erfahrungen in einen Kreis von Rand- und Halbweltexistenzen – wie er es nannte, eine „Kloake des Geistes".[40] Aus der Gefahr, in solcherart Bohème abzugleiten, befreite ihn ein Nürnberger Freund; Wassermann verfasste zwei Theaterstücke, die an den Fischer-Verlag und das Lessing-Theater, allerdings erfolglos, eingereicht wurden. Seine Nürnberger Zeit fand Ausdruck in seinem zum größten Teil in Nürnberg spielenden Künstlerroman „Das Gänsemännchen"[41] (1915). Ferner ist im ersten Teil des Romans „Caspar Hauser oder Die Trägheit des Herzens"[42] (1908) Nürnberg der Ort des Geschehens. In Nürnberg eröffnete sich für Wassermann eine Welt der Kunst, des Schöpferischen überhaupt: Aus dem Urbanen lernte er

> „das Architektonische einer Dichtung, einer Erzählung, eines Romans, ihren Aufbau, ihre Gliederung und Steigerung".[43]

Wassermann führte den Erfolg seines Werkes auf frühe Sensibilisierung seiner Wahrnehmung künstlerischer Formensprache zurück, welche sich in Nürnberg in Fülle darbot

> „in der Anschauung all der Kunstwerke [...], der Erker, Chöre und Rosetten, der Denkmäler, Skulpturen und Plastiken, der Kirchen und Bürgerhäuser, dazu die geistige Atmosphäre von Konrad Celtis, Hans Sachs und den Meistersingern".[44]

Mit Erreichen der Volljährigkeit im März 1894 und Auszahlung des restlichen mütterlichen Erbteils kündigte Wassermann den Arbeitsvertrag, um in München seiner Berufung als Schriftsteller zu folgen. Nach kurzer Zeit waren in dem anregenden Leben der Großstadt, den Nächten im Künstlerviertel Schwabing seine finanziellen Reserven erschöpft, so dass er gezwungen war, im Mai 1894 ein Arbeitsverhältnis im Büro einer Generalagentur im badischen Freiburg einzugehen. Dieses wurde bereits Anfang Juni des gleichen Jahres beendet – Wassermann gibt antisemitische Kränkungen an. Danach erwartete Wassermann eine Zeit, in der er weder Erwerb noch Obdach hatte. Einem Vagabunden gleich wanderte er ziellos in den Wäldern des Schwarzwaldes

---

40 *Wassermann, Jakob.* Zit. n. *Kraft, Thomas* (2008), S. 24.
41 *Wassermann, Jakob* (1915).
42 *Wassermann, Jakob* (1908).
43 *Wassermann, Jakob.* Zit. n. *Kraft, Thomas* (2008), S. 26.
44 *Kraft, Thomas* (2008), S. 26.

umher, übernachtete in Hütten der Holzfäller oder in Bauernscheunen. Schulkinder aus der Gegend des Titisees, denen er auf dem Nachhauseweg Geschichten erzählte, brachten ihm Brot und Milch, welches ihn vor dem Verhungern bewahrte.[45] Im dunklen Dickicht der Tannen ergriff ihn einmal die Panik, nicht mehr an das Licht des Tages zu gelangen. Dieses Erlebnis gestaltete er in der Erzählung „Finsternis"[46] (1896). Schließlich verkaufte er seine letzte persönliche Habe und wanderte zu Fuß nach Zürich (Kraft berichtet: „barfuß"[47]); dort fand er bei seinem Freund aus der Nürnberger Zeit, der inzwischen ohne Anstellung war, eine Bleibe „à la Bohème". Beide verschliefen fast den ganzen Tag, um am Abend in einem Café der Innenstadt Zürichs bis spät in die Nacht und weiter in ihrer Unterkunft bis zum Morgengrauen zu diskutieren. Ein mitleidsvoller Kellner brachte ihnen Milchkaffee „auf Kredit",[48] wozu sie Unmengen Weißbrot verzehrten – manchmal die einzige Mahlzeit für 24 Stunden. Als Wassermann keine Anstalten zu eigener Lebensführung machte, überreichten ihm seine Freunde einen Betrag zum Kauf einer Fahrkarte nach München zu seinem Vater.[49] In München kam für ihn eine Zeit völliger Einsamkeit und größter materieller Not. Nach einem Disput mit der Stiefmutter, bei welchem er die Beherrschung verlor, war ihm auch die Wohnung des Vaters verschlossen. Seine Unterkunft bestand aus einer engen Mansarde. Durch Gelegenheitsarbeiten, so mit der Herstellung von Abschriften bei einem Archivar, konnte er mit seiner auffallend kleinen und exakten Handschrift geringe Beträge verdienen. Beim Schachspielen in Winkelcafés betrug der Gewinn 20 oder 30 Pfennige. Sein besorgter Vater, selber in bescheidenen Verhältnissen lebend, sandte heimlich in Briefen Postwertzeichen. Wassermann ernährte sich nur dürftig, manchmal erbarmte sich seine Nachbarin. Er vernachlässigte sein Äußeres und sogar seine Gesundheit.[50] Karlweis berichtete von Magenblutungen und auch Halluzinationen.[51] Wie Wassermann in seiner Autobiographie sagte, stand er am Rand der Gesellschaft, „haarbreit neben dem Abgrund".[52] Dass er physisch wie auch psychisch der Gefahr nicht erlag, verdankte er nach Karlweis seiner großen Gegenkraft des Beharrens. Dazu berichtete sie folgende Äußerung Wassermanns:

---

45 Vgl. *Kraft, Thomas* (2008), S. 28.
46 *Wassermann, Jakob* (1896b).
47 *Kraft, Thomas* (2008), S. 29.
48 *Koester, Rudolf* (1996), S. 12.
49 Vgl. *Kraft, Thomas* (2008), S. 29.
50 Vgl. *Wassermann, Jakob* (2005), S. 64; vgl. auch *Koester, Rudolf* (1996), S. 13.
51 Vgl. *Karlweis, Marta* (1935), S. 98 f.
52 *Wassermann, Jakob* (2005) S. 67.

„Was ich äußerlich zu erdulden hatte, schien mir in keiner Beziehung zu dem zu stehen, was ich innerlich war. Ich setzte dem zu Erduldenden Geduld entgegen, sonst nichts."[53]

III. Erste Erfolge

In dieser Zeit größter Verzweiflung bahnte sich die Schicksalswende an, als Wassermann 1894 Sekretär des Schriftstellers Ernst von Wolzogen, eines Vorreiters der Moderne, wurde. Dieser erkannte in dessen vernachlässigter Erscheinung das Talent.[54] Wassermann sagte in seiner Autobiographie, dass Wolzogen der erste Mensch gewesen sei, der ihn ermunterte, für ihn warb und für ihn wirkte.[55] Karlweis berichtete, für Wassermann habe es Rettung und Erlösung bedeutet, dass dieser ihn als Dichter uneingeschränkt ernst nahm.[56] In der Zeit, in der München ein Zentrum des Literaturwandels war, empfahl Wolzogen ihn dem Verleger Albert Langen, welcher ihn 1896 in das Lektorat der von ihm gegründeten Münchner Zeitschrift „Simplicissimus"[57] aufnahm.[58] Dort lernte er u. a. Thomas Mann,[59] Frank Wedekind, Rainer Maria Rilke und Hugo von Hofmannsthal kennen wie auch die nordischen Dichter Björnstjerne Björnson und Knut Hamsun.[60]

1896 erschien Wassermanns erster Roman bei Langen, „Melusine",[61] ein Liebesroman im Stil und Geschmack der damaligen Zeit mit autobiographischem Hintergrund. Als erster Band der „Kleinen Bibliothek Langen" erschienen 1897 die u. a. aus seinem Jugenderlebnis hervorgegangene Novelle „Schläfst Du, Mutter?" sowie eine weitere Novelle „Ruth".[62] Ein weiterer Novellenband „Die Schaffnerin. Die Mächtigen"[63] erschien bei Langen 1898. In den frühen Heften des Simplicissimus war er auch mit Lyrik und erzählen-

---

53 Zit. n. *Karlweis, Marta* (1935), S. 100.
54 Wolzogen war der Dichter des „Lumpengesindel" und Autor von Unterhaltungsromanen wie „Die Kinder der Exzellenz", „Die tolle Komtess", „Die kühle Blonde". Zit. n. *Bing, Siegmund* (1929), S. 67.
55 Vgl. *Wassermann, Jakob* (2005), S. 68.
56 Vgl. *Karlweis, Marta* (1935), S. 104.
57 Hrsg. v. *Langen, Albert* (1896 ff.).
58 Vgl. *Koester, Rudolf* (1996), S. 14.
59 Dieser war zeitweise ebenfalls Lektor beim „Simplicissimus", woraus sich eine lebenslange Verbindung entwickelte.
60 Vgl. *Koester, Rudolf* (1996), S. 14 f.
61 *Wassermann, Jakob* (1896).
62 *Wassermann, Jakob* (1897).
63 *Wassermann, Jakob* (1898).

den Texten vertreten,[64] so mit der preisgekrönten Novelle „Hier ruht das kleine Öchselein".[65] Im Einklang mit der sozialkritischen Tendenz des Simplicissimus wurden hierin schulische Missstände und Herzlosigkeit der Erzieher beleuchtet. Die aus eigenem Erleiden hervorgegangene Anteilnahme am Kinderschicksal wurde auch in späteren Werken – insbesondere in dem Roman „Caspar Hauser" – deutlich. Mit dem Roman „Die Juden von Zirndorf"[66] (1897) gelang es Wassermann zum ersten Mal, eine breitere Leserschaft zu gewinnen. Von 1895 bis 1898 bestand die Beziehung zum „Langen-Kreis". In der Anfang 1896 von dem Verleger Georg Hirth gegründeten Zeitschrift „Jugend. Münchner illustrierte Wochenschrift für Kunst und Leben",[67] die als „Sprungbrett für junge Künstler und Literaten"[68] galt, gab Wassermann Ende Februar 1896 mit der Erzählung „Finsternis"[69] sein literarisches Debüt. 1898 erschienen im Rubinverlag, München, zwei seiner Bühnenwerke, „Lorenza Burgkmair"[70] und die Komödie „Hockenjos".[71]

IV. Welt-Star des Romans[72]

Die Frankfurter Zeitung schickte Wassermann im Mai 1898 als Theaterberichterstatter nach Wien; er nahm dies zum Anlass, nach Wien überzusiedeln und sich gleichzeitig aus seiner seelischen Krise in der Beziehung zu „Melusine" zu befreien.[73] Wien lebte zu dieser Zeit seine eigene Art des „Fin de siècle" als Hauptstadt auch der östlichen Reichsgebiete und als vibrierende Weltstadt. Es war, ähnlich München, auch Literaturzentrum, in welchem die Dichter des „Jung-Wien", u. a. Hugo von Hofmannsthal, Hermann Bahr, Richard Beer-Hofmann, Felix Salten, Arthur Schnitzler, den Naturalismus der Literatur ablehnten und Kunstströmungen der Moderne – wie Impressionismus, Symbolismus, Neuromantik – vertraten.[74] Wassermann erhielt in der von

---

64 Vgl. *Koester, Rudolf* (1996), S. 14.
65 *Wassermann, Jakob* (1896a).
66 *Wassermann, Jakob* (1897a).
67 Hrsg. v. *Hirth, Georg* (1896–1940).
68 *Koester, Rudolf* (1996), S. 13.
69 *Wassermann, Jakob* (1896b).
70 *Wassermann, Jakob* (1898a).
71 *Wassermann, Jakob* (1898b).
72 Vgl. *Mann, Thomas* (1935), S. 7.
73 Aus der erotischen Verstrickung, in welche Wassermann geraten war, „gab es am Ende keine Rettung als Bruch und Flucht". Zit. n. *Koester, Rudolf* (1996), S. 21.
74 Vgl. *Kraft, Thomas* (2008), S. 69 ff. Vgl. *Frenzel, Herbert* (1964), S. 127 f.

Hermann Bahr herausgegebenen Zeitschrift „Die Zeit. Wiener Wochenschrift für Politik, Volkswirtschaft, Wissenschaft und Kunst"[75] einen Platz für seine Essays, Kritiken und Portraits, z. B. über Rainer Maria Rilke. 1899 wurde er Autor des angesehenen Berliner S.-Fischer-Verlages, in welchem 1900 sein Roman „Die Geschichte der jungen Renate Fuchs"[76] herausgegeben wurde. Die Dichter des Jung-Wien nahmen den aus München zugereisten Franken, mit dessen Dialekt sie ihn neckten, in ihren Kreis auf. Es entstanden private Kontakte insbesondere zu Arthur Schnitzler, Hugo von Hofmannsthal, Felix Salten, Richard Beer-Hofmann[77] wie auch zur Gesellschaft Wiens. 1901 heiratete Wassermann Julie Speyer, die Tochter des Textilfabrikanten und Hofrates Albert Speyer, und erhielt damit Zugang zu einer der kultivierten und vermögenden Familien Wiens. Aus der Ehe entstammten vier Kinder: Adolf Albert, geb. 1901, Georg Maximilian, geb. 1903, Judith, geb. 1906, und Eva Agathe, geb. 1915.[78] In das Jahr 1901 fällt auch der Tod seines Vaters, welcher ausgesöhnt mit seinem erfolgreichen Sohn verstarb.[79]

Neben seiner journalistischen Tätigkeit verfasste Wassermann erzählerische Arbeiten und Essays, so u. a. „Die Kunst der Erzählung"[80] (1904), ferner historische Texte, wie den Roman „Alexander in Babylon"[81] (1905), und die Erzählung „Die Schwestern"[82] (1906). Wie Karlweis berichtete, entstand mit „Caspar Hauser oder Die Trägheit des Herzens"[83] (1908)

> „zum ersten Male jener hohe Grad von Arbeitsdisziplin [...], der die Entstehung des gesamten Lebenswerkes erst ermöglicht hat."[84]

In „Die Kunst der Erzählung"[85] – ein Dialog zwischen „Der Junge" und „Der Alte" – ließ Wassermann den Jungen sagen:

---

75 *Bahr, Hermann* (1894 ff.).
76 *Wassermann, Jakob* (1900).
77 Vgl. *Kraft, Thomas* (2008), S. 80.
78 Vgl. *Kraft, Thomas* (2008), S. 87.
79 Vgl. *Kraft, Thomas* (2008), S. 91.
80 *Wassermann, Jakob* (1904). *Marta Karlweis* (vgl. (1935), S. 202) zufolge erweiterte Wassermann 1908 diese Erzählung. Vgl. *Wassermann, Jakob* (1928c).
81 *Wassermann, Jakob* (1905).
82 *Wassermann, Jakob* (1906).
83 *Wassermann, Jakob* (1908).
84 *Karlweis, Marta* (1935), S. 200.
85 *Wassermann, Jakob* (1928c).

„Ich will Gestalten geben, deren Seele das reinste und empfindlichste Instrument ist für das unbegreifliche Spiel des Schicksals."[86]

Aus dem reichhaltigen Schrifttum der folgenden Jahre kann nur auf die im Rahmen der vorliegenden Arbeit relevanten Werke hingewiesen werden.[87] Von der Kritik lobend hervorgehoben wurden insbesondere die Erzählungen „Der goldene Spiegel. Erzählungen in einem Rahmen".[88] In dem Roman „Der Mann von vierzig Jahren"[89] setzte Wassermann sich auch mit seinem eigenen Alter auseinander. Erst mit dem Roman „Das Gänsemännchen"[90] geschah der Durchbruch zum Erfolgsautor.[91] Zu den beliebtesten – die meisten Verkaufszahlen bringenden – Werken gehörten auch die Romane „Christian Wahnschaffe. Roman in zwei Bänden",[92] „Laudin und die Seinen",[93] vor allem aber der Roman „Der Fall Maurizius",[94] mit dem zweiten Teil „Etzel Andergast"[95] und dem letzten Teil der Trilogie „Joseph Kerkhovens dritte Existenz".[96] Wie Wassermanns Biograph Thomas Kraft berichtet, sprach man hier von Könnerschaft, literarischer Größe und sogar Weltdichtung.[97] Hinzu kam, dass in jener Zeit die Kritik an der Justiz ein vieldiskutiertes Thema wurde. Der amerikanische Schriftsteller Henry Miller äußerte sich in einem Nachwort zu „Etzel Andergast":

„Ich glaube, ich habe über den 'Fall Maurizius' mehr nachgedacht als über jedes andere Buch."[98]

Im privaten Bereich erfolgte 1926 die Scheidung von Julie Wassermann, geb. Speyer. Die Brüchigkeit der mehr als 25 Jahre bestehenden Ehe war schon zutage getreten, als Wassermann 1919 das Familienhaus in Grinzing verließ und sich in Altaussee (Steiermark) mit seiner neuen Lebensgefährtin Marta

---

86 *Wassermann, Jakob* (1928c), S. 584.
87 Im Übrigen findet sich eine umfassende Darstellung der Werke Wassermanns bei *Kraft, Thomas* (2008), S. 231 ff.
88 *Wassermann, Jakob* (1911).
89 *Wassermann, Jakob* (1913).
90 *Wassermann, Jakob* (1915).
91 Vgl. *Reich-Ranicki, Marcel* (2005), S. 139.
92 *Wassermann, Jakob* (1919).
93 *Wassermann, Jakob* (1925).
94 *Wassermann, Jakob* (1928).
95 *Wassermann, Jakob* (1931).
96 Posthum: *Wassermann, Jakob* (1934).
97 Vgl. *Kraft, Thomas* (2008), S. 187.
98 *Miller, Henry* (2002), S. 626 f.

Karlweis[99] niederließ. Er heiratete diese noch 1926.[100] Aus der Verbindung stammte der Sohn Karl Ulrich (geb. 1924). Wassermann widmete ihm die Erzählung „Der Aufruhr um den Junker Ernst".[101]

Wassermann wurde in Deutschland zum beliebtesten und meistgelesenen Autor der Wilhelminischen Epoche. In Vorträgen und Lesungen suchte er den persönlichen Kontakt zu seinen Lesern. Seit 1910 wurde er auch in das europäische Ausland – Belgien, Schweiz, Schweden, Dänemark und Niederlande – eingeladen. Überall drängten sich die Menschen, um ihn zu hören.[102] Seine Bücher wurden in verschiedene Sprachen übersetzt. Bei regelmäßigen Besuchen des S.-Fischer-Verlages in Berlin, bei Uraufführungen der Kollegen und Soireen der Gesellschaft knüpfte Wassermann Kontakte zur geistigen und gesellschaftlichen Elite. So begegnete er in Stuttgart bei der Uraufführung der Strauss-Hofmannsthalschen „Ariadne auf Naxos"[103] Richard Strauss, Max Reinhard und Frank Wedekind. Er erhielt auch persönliche Einladungen, so nach Frankfurt in das Haus Mathilde Rothschilds. Neben Hermann Hesse und Thomas Mann gehörte Jakob Wassermann zum – auflagenstärksten und meistverdienenden – Dreigestirn des S.-Fischer-Verlages. 1927 führte ihn eine Reise auf Einladung eines Deutschamerikaners in die USA; hiermit wurde die friedliche Verbindung beider Völker demonstriert. 1929 erschien die Biographie „Christoph Columbus, der Don Quichote des Ozeans. Ein Portrait",[104] wobei auch diese, gemessen an den verkauften Exemplaren (30.000), ein Erfolg war. 1932 folgten „Bula Matari. Das Leben Stanleys"[105] und die „Rede an die Jugend über das Leben im Geiste",[106] welche er 1930 im Zuge einer Reise in die Schweiz an der Universität Zürich gehalten hatte. 1933, dem Jahr des 60. Geburtstages Wassermanns, wurden als letztes Werk im S.-Fischer-

---

99 Marta Karlweis, geschiedene Stross, war die Tochter des damaligen Direktors der Südbahn in Wien, Karl Weiß. Unter dem Pseudonym C. Karlweis verfasste dieser Theaterstücke im Wiener Dialekt (vgl. *Kraft, Thomas* (2008), S. 139).

100 Der Eheroman „Laudin und die Seinen" (*Wassermann, Jakob* [1925]) trägt insoweit autobiographische Züge.

101 *Wassermann, Jakob* (1926).

102 Vgl. *Karlweis, Marta* (1935), S. 353.

103 „Ariadne auf Naxos. Oper in einem Aufzuge. Zu spielen nach dem 'Bürger als Edelmann' des Molière (Hugo von Hofmannsthal) op. 60 […]; 25. Okt 1912 Stuttgart, Kleines Haus des Hoftheaters; Dirigent: R. Strauss" (http://www.operone.de/ opern/ ariadnenaxos. html, abgerufen am 7.07.2013).

104 *Wassermann, Jakob* (1929).

105 *Wassermann, Jakob* (1932). „Felsenbrecher nannten ihn die Schwarzen, bula matari." *Wassermann, Jakob* (1919), S. 358.

106 *Wassermann, Jakob* (1932a).

Verlag die „Selbstbetrachtungen"[107] herausgegeben, eine autobiographische Rückschau auf sein Leben und ein Überblick über sein gesamtes Lebenswerk.

Zu seinem 60. Geburtstag am 10. März 1933 erhielt Wassermann „Hunderte von Telegrammen und Briefen. Schöne Geschenke".[108] In dem seiner Person gewidmeten März-Heft der Neuen Rundschau gratulierten ihm auch seine Dichterfreunde; Arthur Schnitzler und Hugo von Hofmannsthal waren schon nicht mehr unter den Lebenden. Auf dem Vorsatzblatt des März-Hefts lautete die Widmung Heinrich Manns:

> „Jakob Wassermann ist der Romancier von Geblüt. [...] Der Roman behauptet bei ihm seinen volkstümlichsten Sinn, Spannung, Geheimnis, Enthüllung, großer Aufbau, die Befriedigung durch deutliche Handlungen; – und in dem allen schlägt fortwährend ein Herz, wacht immer ein menschlich bemühter Geist und offenbart sich ein herrlicher Dichter."[109]

Stefan Zweig stellte fest, dass bei Wassermann das Extravagante zuchtvoll gebändigt worden sei und das Geistige immer mehr Oberhand über das Flutend-Visionäre gewonnen habe.[110] Hermann Hesse hob die Humanität und die künstlerische Gesinnung Wassermanns hervor.[111] Alfred Döblin bedankte sich bei Wassermann für die ihm vor Jahren zuteil gewordene herzlich-menschliche Teilnahme – vielleicht ein zu wenig gewürdigter Charakterzug Jakob Wassermanns.[112] Bei seinem großen Erfolg blieb der Tadel nicht aus. Das „Etikett des zielstrebigen Erfolgsschriftstellers"[113] haftete ihm an. Der Lektor[114] Moritz Heimann vom S.-Fischer-Verlag ermunterte ihn, sich von ethischer Überlast und schlechtem Gewissen zu lösen.[115] Zum Teil wurde ihm mangelnde gedankliche Durchdringung vorgeworfen.[116] Dieser Kritik, welche Wassermann zufolge einer „Entfabelung"[117] des Romans – einer „Auflösung ins Geistige"[118]

---

107 *Wassermann, Jakob* (1933).
108 *Wassermann, Jakob*. Zit. n. *Müller-Kampel, Beatrix* (2007), S. 260.
109 *Mann, Heinrich* (1933).
110 Vgl. *Zweig, Stefan* (1933).
111 Vgl. *Hesse, Hermann* (1933).
112 Vgl. *Döblin, Alfred* (1933).
113 *Kraft, Thomas* (2008), S. 188. „Er blüht nicht, er [ist] heiß vom Feuer eines großen und edlen Ehrgeizes." Frank Thieß zu Wassermanns „Etzel Andergast". Zit. n. *Müller-Kampel, Beatrix* (2007), S. 243.
114 Vgl. *Kraft, Thomas* (2008), S. 148.
115 Vgl. *Heimann, Moritz* (1919), S. 373.
116 So z. B. Viktor Zuckerkandl als Rezensent (vgl. *Müller-Kampel, Beatrix* (2007), S. 215 f.).
117 *Wassermann, Jakob*. Zit. n. *Müller-Kampel, Beatrix* (2007), S. 205.
118 *Müller-Kampel, Beatrix* (2007), S. 205.

– gleichgekommen wäre, widersetzte er sich. Für ihn bedeutete die Fabel, worin er Meister war,[119] das Herzstück der Erzählung. Diese, wie auch antisemitische Kritiken schmälerten seine Beliebtheit bei der Leserschaft nicht. Wassermann hat in drei Werken zu der Frage des Judentums Stellung genommen: in „Die Kunst der Erzählung",[120] „Mein Weg als Deutscher und Jude"[121] und in seinen „Selbstbetrachtungen".[122]

V. Der Sturz

Der 60. Geburtstag sollte in Wassermanns Leben der letzte sein. Aufwändige Lebenshaltungskosten und erhebliche Unterhaltsverpflichtungen, welche wiederholt zu gerichtlichen Auseinandersetzungen mit seiner geschiedenen Frau Julie führten, trieben ihn finanziell in die Enge. Gesundheitliche Probleme erschwerten seine letzten Jahre. Der endgültige Sturz kam jedoch mit der Veränderung der politischen Situation in Deutschland, dem Hauptabnehmer seiner Werke. 1933 erfolgte der Ausschluss Wassermanns aus der Preußischen Akademie der Künste; seine Bücher erschienen in der Schwarzen Liste des deutschen Buchhandels, woraufhin sich auch der S.-Fischer-Verlag von ihm distanzierte. Den letzten Teil der Trilogie, „Joseph Kerkhovens dritte Existenz",[123] übergab Wassermann 1933 dem holländischen Querido-Verlag, in welchem er 1934 posthum erschien.

Jakob Wassermann verstarb am 1. Januar 1934, im Zusammenbruch seiner beruflichen Existenz und der Vernichtung seiner Hoffnungen, an einem Anfall von Angina Pectoris. Er wurde auf dem Friedhof von Altaussee bestattet. Sein Anwesen wurde zwangsversteigert. Seine Frau Marta emigrierte nach Kanada; dort führte sie bis an ihr Lebensende eine psychotherapeutische Praxis.[124] Der Sohn Karl Ulrich folgte ihr unter dem Namen Charles. Julie Wassermann-Speyer ging nach Zürich zu ihrer Freundin, der Dichterin Else Lasker-Schüler.

---

119 Thomas Mann bewundert Wassermanns „Gabe des Fabulierens, durch die er uns alle schlägt". Zit. n. *Müller-Kampel, Beatrix* (2007), S. 205.
120 *Wassermann, Jakob* (1904).
121 *Wassermann, Jakob* (1921).
122 *Wassermann, Jakob* (1933).
123 *Wassermann, Jakob* (1934).
124 Sie führte ihr vor der Ehe begonnenes Studium in Zürich zu Ende, währenddessen sie auch das C.G.-Jung-Institut in Zürich besuchte.

VI. Warnender Prophet

Unter Anwendung der Lehre von den vier Bewusstseinsstrukturen auf der Grundlage der Tiefenpsychologie C. G. Jungs[125] wäre Wassermann als Intuitiver und Gefühlstyp zu bezeichnen. Damit werden seine Anlage zum Schriftsteller deutlich wie auch seine Platzierung in der Literaturwissenschaft als Neuromantiker.[126] Goldstein wies darauf hin, dass mit der Veränderung der Weltanschauung seit der Kopernikanischen Entdeckung (1507)[127] das Pendel der deutschen Literatur zwischen Aufklärung und Romantik wechselte, jedoch in der Wilhelminischen Epoche eine Annäherung der Pole geschah.[128] Naturalismus, der allein zur Lösung letzter menschlicher Probleme als nicht ausreichend erachtet wurde, sowie die Öffnung des geistig-irrationalen Seelenventils der Romantik traten im Werk Wassermanns zusammen auf. Goldstein sah in Wassermann den naturalistischen Schilderer und Kritiker der neuromantischen Gesellschaft, die in ihm ihren Ausdruck und ihren „vergebens warnenden Propheten"[129] fand. Expressionistische Einflüsse sind in späteren Werken, wie z. B. im „Fall Maurizius"[130] mit der Justizkritik und Hervorhebung der Gerechtigkeit, wahrzunehmen.[131] Wassermann war Dichter, aber auch Lehrer, Berater und Kritiker der Gesellschaft. Insbesondere ist die zum Untertitel des Romans „Caspar Hauser" gewählte „Trägheit des Herzens"[132] als Kardinalsünde[133] der Neuzeit das Thema, das sich durch sein Werk zieht. Auf die Bedeutung des Herzens, von der Wassermann spricht, wird heute in verschiedenen Formen hingewiesen. Positiv formuliert ließ Antoine de Saint-Exupéry den kleinen Prinzen in dem gleichnamigen Buch sagen: „Man sieht nur mit dem Herzen gut".[134] „Achtsamkeit" jeder Art fordert die Weisheitslehre des Thich Nhat

---

125 Vgl. *Jung, Carl Gustav* (1995a).
126 Vgl. *Goldstein, Walter* (1933), S. 7 f. Vgl. *Frenzel, Herbert* (1964), S. 128.
127 Vgl. *Kinder, Hermann; Hilgemann, Werner* (1964), S. 221.
128 Vgl. *Goldstein, Walter* (1933), S. 6 f.
129 *Goldstein, Walter* (1933), S. 11.
130 *Wassermann, Jakob* (1928).
131 Der Biograph Rudolf Koester verweist auf die Äußerung zeitgenössischer Literaturkenner zu dem Roman „Die Juden von Zirndorf" (*Wassermann, Jakob* [1897a]), wonach Wassermanns Prosa zur Vorgeschichte des Expressionismus zählt, und „indem man diesen Roman vergaß, verkannte man auch den literarischen und sozialgeschichtlichen Avantgardismus seines Autors". Martini, Fritz. Zit. n. *Koester, Rudolf* (1996), S. 20.
132 *Wassermann, Jakob* (1908).
133 Vgl. *Werner, Jürgen* (1999).
134 *Saint-Exupéry, Antoine* (1979), S. 52.

Hanh.[135] „Spürfähigkeit"[136] und „Spürbewusstsein"[137] werden therapeutisch vermittelt. Der überwältigende schriftstellerische Erfolg Wassermanns liegt nach meinem Dafürhalten in dem urbildhaften, archetypischen[138] Charakter seiner Gestaltungen begründet, der sich nicht auf die Darstellung des Anliegens eines Einzelnen oder einzelner Gruppen beschränkt, sondern die kollektive Problematik der Zeit beleuchtet.

Nach dem Zweiten Weltkrieg wurde Jakob Wassermann – im Gegensatz zu Thomas Mann, Hermann Hesse, Stefan Zweig, Rainer Maria Rilke u. a. – vergessen.[139] Sein dem 19. Jahrhundert nahestehender Schreibstil entsprach nicht dem modernen Empfinden. Sein Werk ist jedoch mit der einfühlsamen Schilderung der Gesellschaft und ihren vielfältigen Menschentypen als Zeitdokument und beredter „Zeitgeist"[140] bedeutsam. Zeitlos überdauernd ist das Thema von der Trägheit des menschlichen Herzens, welches Wassermann, zum Nachdenken veranlassend, besonders im „Caspar Hauser"-Roman vor Augen führt. Insoweit ist Rudolf Wolff zuzustimmen, der sagt: Es „lohnt […] sich, Wassermann heute neu zu entdecken".[141]

---

135 Vgl. *Thich Nhat Hanh* (2008).

136 *Hippius-Gräfin Dürckheim, Maria* (1966), S. 68. *Hippius-Gräfin Dürckheim, Maria* (1982), S. 26.

137 *Dürckheim, Karlfried Graf* (1976), S. 39 ff.

138 Vgl. *Jung, Carl Gustav* (1995b).

139 … mit Ausnahme weniger Auflagen seiner Bücher, die heute noch im Buchhandel erhältlich sind.

140 *Mann, Thomas*. Zit. n. *Müller-Kampel, Beatrix* (2007), S. 98.

141 *Wolff, Rudolf* (2006), S. 117.

Drittes Kapitel
Der Inhalt des Romans

I. Ein fremder Jüngling erscheint

Am Pfingstmontag des Jahres 1828 gegen 17 Uhr begegnete der Schuster Weikmann auf dem Unschlittplatz in Nürnberg unweit des Neuen Tores einem sonderbaren Wesen: Es war ein Jüngling von etwa 17 Jahren, dessen schwankender Gang dem eines Kindes glich, das gerade erst laufen gelernt hat. Seine Sprache bestand aus nur wenigen Worten, welche er lallend ständig wiederholte. Er vermochte keine Auskünfte über sich zu geben, hielt jedoch in seiner zitternden Hand einen Brief an den Rittmeister Wessenig in Nürnberg. Mit Hilfe einiger hinzugekommener Bürger führte man ihn zum Haus des Herrn von Wessenig, welcher von dem Brief mit Verwunderung Kenntnis nahm. Der Brief – ohne Unterschrift – lautete im Wesentlichen wie folgt:

> „Ich schicke Ihnen hier einen Burschen, Herr Rittmeister, der möchte seinem König getreu dienen und will unter die Soldaten. Der Knabe ist mir gelegt worden im Jahre 1815, in einer Winternacht, da lag er an meiner Tür. [...] Seine Mutter hab' ich nicht erfragen können. Hab' ihn nie einen Schritt aus dem Haus gelassen, kein Mensch weiß von ihm, er weiß nicht, wie mein Haus heißt, und den Ort weiß er auch nicht. [...] Mitten in der Nacht hab' ich ihn fortgeführt, und er hat kein Geld bei sich, und wenn Sie ihn nicht behalten wollen, müssen Sie ihn erschlagen und in den Rauchfang hängen."[1]

Die Fragen des Rittmeisters beantwortete der Fremde gar nicht oder nur unverständlich, so dass dieser den Zuläufer auf die Polizeiwachstube bringen ließ. Dort ereignete sich Ähnliches. Da er mit kindlich großen Buchstaben langsam den Namen „Caspar Hauser" zu schreiben vermochte, nannte man ihn seitdem „Caspar Hauser".

II. Wer ist Kaspar Hauser?

Kaspar Hauser wurde unter Aufsicht des Gefängniswärters Hill[2] im Vestner-Turm auf der Burg in Gewahrsam gehalten. Meistens saß er in der Ecke der Zelle und spielte mit einem kleinen weißen Holzpferdchen aus dem Spielzeug

---

1 *Wassermann, Jakob* (2005a), S. 15.

2 Der Gefängniswärter Hill ist identisch mit dem historischen Gefangenenwärter Hiltel. Vgl. *Pies, Hermann* (1987), S. 61.

der Kinder Hills. Das Licht schien seinen Augen ungewohnt zu sein. Die Bewegungen seines eigenen Körpers erschreckten ihn. Wenn die Tür seines Gefängnisses sich öffnete, zuckte er zusammen. Allseits geschätzte Gaumenfreuden wies er zurück und begnügte sich mit klarem Wasser und gewürztem Brot. Da Kaspar bei seiner Ankunft die Kleidung eines Bauern trug, nahm man zuerst an, dass es sich um einen behinderten Bauernsohn handele. „So sieht kein Bauer aus",[3] sagte dagegen der Gefängniswärter. Der Stadtgerichtsarzt bestätigte diese Feststellung in seinem Gutachten. Abschließend hieß es dort:

> „So viel ist klar, […] daß man es hier mit einem Menschen zu tun hat, der nichts von seinesgleichen ahnt, […] der nichts von gestern, nichts von morgen weiß, die Zeit nicht begreift, sich selber nicht spürt."[4]

Der Artikel der „Morgenpost": „Wer ist Caspar Hauser?"[5] drückte das aus, was die meisten sich fragten. Außer Wohlwollen und Mitgefühl gab es auch Zweifel und Vorsicht, sich keinesfalls von einem Betrüger zum Besten halten zu lassen – eine Ansicht der Herren des Stadtmagistrates. „Ich kenne gewiß alle Schliche des Lumpenvolks, aber wenn *der* Bursche ein Simulant ist, will ich mich hängen lassen",[6] äußerte Hill eines Tages zu dem Gymnasialprofessor Daumer.

Den begeisterten Pädagogen drängte es, das Rätsel zu ergründen. Eine seiner ersten Notizen lautete:

> „Diese in einer fremden Welt hilflos schwankende Gestalt, […] diese […] Stirn, auf welcher Frieden und Reinheit strahlen: es sind für mich Zeugen […] unbefleckten Menschentums […], und man wird sehen, daß es gültige Beweise gibt für die Existenz der Seele."[7]

Daumer erfuhr von Kaspar Folgendes:[8] Soweit er zurückdenken konnte, war er immer in einem engen dunklen Raum. Kaum waren Tag und Nacht unterscheidbar. Er bemerkte nie einen anderen Menschen. Ein kleines weißes Holzpferd war sein einziger Gefährte. Unter dem Strohsack, der ihm als Lager diente, war er angebunden. Täglich fand er klares Wasser und Gewürzbrot neben seinem Lager vor. Von Zeit zu Zeit hatte das Wasser einen besonderen Geschmack; nachdem er es getrunken hatte, fiel er in Schlaf. Wenn er erwachte, trug er frische Kleidung. Haare und Nägel waren geschnitten. Eines Tages

---

3 *Wassermann, Jakob* (2005a), S. 11.
4 *Wassermann, Jakob* (2005a), S. 12.
5 *Wassermann, Jakob* (2005a), S. 18.
6 *Wassermann, Jakob* (2005a), S. 13.
7 *Wassermann, Jakob* (2005a), S. 19.
8 Vgl. *Wassermann, Jakob* (2005a), S. 21 ff.

trat in sein Verlies eine ihm riesig erscheinende Gestalt. Kaspar nannte den, der ihn zum ersten Mal Du nannte, den „Du". Der Du, der deutlich und wiederholt das Wort „lernen" aussprach, lehrte Kaspar die Namen der Dinge seiner Umgebung, z. B. „Ross" und Redensarten wie „Ich möcht' ein solcher Reiter werden wie mein Vater".[9] Er lehrte ihn auch, einen Namen zu schreiben: „Caspar Hauser". Bald darauf trug ihn der Du auf seinen Schultern einen hohen Berg hinauf, wahrscheinlich die Treppe seines unterirdischen Gefängnisses. Nachdem Kaspar oben das Laufen gelernt hatte, legten sie eine Wegstrecke zurück. Schließlich wies der Du nach vorne und sagte: „Große Stadt". Er übergab Kaspar einen Brief und flüsterte ihm zu: „Laß dich weisen, wo der Brief hingehört."[10] Dann war der Du verschwunden. Kaspar bemerkte steinigen Boden unter seinen Füßen und Menschen, die ihn laut umringten. Ihn schmerzten seine vom Gehen wunden Füße, die eine Blutspur hinterließen.

Aufgrund der Entdeckungen Daumers wurden nach einem Gerichtsbeschluss die Verhaltensauffälligkeiten Kaspars durch Gutachter überprüft und bestätigt. Der Aufruf des Bürgermeisters Binder an die Behörden und die Bevölkerung schloss mit dem Verdacht, dass sich mit der Kerkerhaft Kaspars ein schweres Verbrechen verbinde. Professor Daumer und Freiherr von Tucher wandten sich an den Präsidenten des Appellationsgerichtes in Ansbach, Staatsrat Ritter Paul Johann Anselm von Feuerbach. Die Situation Kaspars war inzwischen unerträglich geworden. Er war ein schutzloses Experimentierobjekt der Menschen, die nach Aufhebung der Besuchsregelung ungehindert in seine Zelle eindringen konnten und sich an seinen Reaktionen ergötzten. Feuerbach begab sich unverzüglich nach Nürnberg und verbrachte mehrere Stunden bei dem Fremdling. Erschüttert über dessen Zustand sagte er zu Daumer, welcher Kaspar bei sich aufzunehmen bereit war: „Sorgen Sie sogleich für die Übersiedlung des Hauser; der arme Mensch braucht dringend Ruhe und Pflege."[11]

III. Im Hause Daumer. Der Mordversuch in Nürnberg

Im Haus, das Daumer mit seiner Mutter und seiner Schwester bewohnte, erhielt Kaspar ein wohnlich eingerichtetes Zimmer. Drei Tage musste er fiebernd das Bett hüten. Danach konnte Daumer Kaspar durch den Garten führen und musste dessen zahlreiche Fragen beantworten. Daumer notierte:

---

9   *Wassermann, Jakob* (2005a), S. 23.
10 *Wassermann, Jakob* (2005a), S. 26.
11 *Wassermann, Jakob* (2005a), S. 42.

„Was dem matten Blick der Gewohnheit unwahrnehmbar geworden, erscheint diesem Auge frisch wie aus Gottes Hand."[12]

Daumer stellte erstaunliche Fähigkeiten Kaspars fest. Er vermochte bei völliger Dunkelheit Texte zu lesen und auch Farben zu erkennen. Eine lange Reihe von Namen oder Zahlen konnte er ohne Schwierigkeiten wiederholen. Daumer versuchte auch, die Wirkung von Homöopathie sowie hypnotischen Berührungen oder mesmeristischen Streichungen auf Kaspar festzustellen. Erfüllt von seiner Mission führte er anderen Personen die Fähigkeiten Kaspars vor.

Am Abend eines Oktobertages befanden sich Daumer, seine Mutter und Kaspar bei geöffnetem Fenster im Wohnzimmer. Soeben hatte Daumer Kaspar erklärt: „Ich sage zu dir: du, aber du sagst doch zu dir: ich."[13] Kaspar nahm im großen Wandspiegel sein Bild wahr und murmelte: „Caspar". Nachdem er auch hinter den Spiegel gesehen hatte, war ihm, als ob dort ein langer Pfad nach rückwärts führe, an dessen Ende sein Doppelgänger stand. Dessen geschlossene Augen schienen ein ihm unbekanntes Wissen zu hüten. Plötzlich fiel durch das offene Fenster ein briefähnlich zusammengefaltetes Stück Papier auf den Boden. Darin war zu lesen:

> „Es wird gewarnt das Haus und wird gewarnt der Herr und wird gewarnt der Fremde."[14]

Die anschließenden Nachforschungen der Polizeibehörde blieben ohne Ergebnis. Baron Tucher erhielt jedoch von einem Regierungsrat am Appellationsgericht einen Privatbrief mit der Mahnung, „man solle nicht ablassen, den Hauser scharf zu bewachen und auszuforschen".[15] Dieses wurde Anlass eines Gespräches mit Daumer. Der Baron zweifelte: „Ist es gut, einen anderen Maßstab an ihn zu legen, als es einer natürlichen Erziehung entspricht?"[16] Daumer erwiderte, seine Hoffnungen wagten sich weit hinauf; man habe hier „die ungebundene, unverpflichtete Kreatur vom ersten Schöpfungstag"[17] vor sich.

Eines Morgens berichtete Kaspar Daumer folgenden Traum:

> „Er ist in einem großen Haus gewesen und hat geschlafen. Eine Frau ist gekommen und hat ihn aufgeweckt. Er bemerkt, daß das Bett so klein ist, daß er nicht begreift, wie er darin Platz gehabt. Die Frau kleidet ihn an und führt ihn in einen Saal, wo ringsum Spiegel mit goldenem Rande hängen. Hinter gläsernen Wänden blitzen

---

12 *Wassermann, Jakob* (2005a), S. 45.
13 *Wassermann, Jakob* (2005a), S. 59.
14 *Wassermann, Jakob* (2005a), S. 60.
15 *Wassermann, Jakob* (2005a), S. 61.
16 *Wassermann, Jakob* (2005a), S. 62.
17 *Wassermann, Jakob* (2005a), S. 63.

Silberschüsseln, und auf einem weißen Tisch stehen feine, kleine, zierlich bemalte Porzellantäßchen. [...] Da ist ein Saal, wo viele Bücher sind, und von der Mitte der gebogenen Decke hängt ein ungeheurer Kronleuchter herab. [...] Die Frau zieht ihn weiter. [...] Er sieht Bilder an den Wänden, Männer im Helm und Frauen mit goldenem Schmuck. Er schaut durch die Mauerbogen der Halle in den Hof, dort plätschert ein Springbrunnen [...]. Sie kommen zu einer zweiten Treppe, deren Stufen wie goldene Wolken aufwärts steigen. Es steht ein eiserner Mann daneben, er hat ein Schwert in der Rechten, [...] hat überhaupt kein Gesicht. Caspar [...] geht vorbei, er geht zu einer ungeheuren Tür, die Frau pocht an. Es wird nicht aufgemacht. [...] Es scheint Caspar, daß sich etwas Wichtiges hinter der Tür ereignet, er selbst beginnt zu rufen – doch in diesem Augenblick erwacht er."[18]

Fast jede Nacht stand Kaspar nun im Traum vor der verschlossenen Tür und wartete. Endlich zeigte sich eine in weiße Schleier gehüllte Frau, die im Vorbeigehen mehrmals einen Namen nannte, der nicht „Caspar" lautete, aber sein Name war. Er wusste im Traum, dass diese Frau seine Mutter war. Bürgermeister Binder ging mit Kaspar und Daumer hinauf in die Burg, damit der Anblick eines wirklichen Schlosses vielleicht Erinnerungen in ihm wachriefe. Dort blieb Kaspar wiederholt stehen und sann nach. Schließlich meinte er, es sei ihm, als habe er einmal ein solches Haus gehabt. Binder, Daumer und Tucher verfassten einen Bericht an den Präsidenten Feuerbach, der jedoch nicht ankam. War das Zufall? So musste ein zweiter Bericht dem Präsidenten persönlich ausgehändigt werden. Daumer beschlich Furcht – in Erinnerung an die erhaltene Warnung.

Bei einem Nachmittagsbesuch im Haus Daumers trat Präsident Feuerbach zusammen mit dem Archivdirektor Wurm auf Kaspar zu, betrachtete sein Gesicht eingehend und sagte leise:

„Keine Täuschung, es sind die gleichen Züge. [...] Das und die Träume – zwei wichtige Indizien."[19]

Daumer teilte er seine Missbilligung über dessen Experimente an Kaspar mit.[20] Die Kräfte der Jugend seien es, welche ihn heilen würden. Vor seiner Abreise aus Nürnberg überreichte Feuerbach Kaspar ein mit seinem Bild und einer Widmung versehenes Tagebuch. Was Kaspar vermisse, erkundigte er sich. „Die Mutter",[21] antwortete dieser. Auf dem Heimweg erlebte Kaspar eine unheimliche Begegnung:

---

18 *Wassermann, Jakob* (2005a), S. 65 f.
19 *Wassermann, Jakob* (2005a), S. 93.
20 Vgl. *Wassermann, Jakob* (2005a), S. 94.
21 *Wassermann, Jakob* (2005a), S. 101.

> „Caspar [...] kam alsbald auf den menschenverlassenen Egydienplatz. Es war schon dunkel geworden [...]. [Er] gewahrte [...] einen ruhig stehenden Mann, der gebeugten Kopfes nach ihm hersah. [...] Plötzlich sah er, daß der Mann den Arm erhob und mit dem Finger winkte. [...] Irgend etwas zwang ihn, der stummen Aufforderung des Unbekannten zu folgen. [...] Da ging der Mann tiefer in das Gehölz, hörte aber nicht auf zu winken. [...] Wer weiß, was geschehen wäre, wenn sich nicht in diesem Augenblick auf der andern Seite des Gebüsches ein Trupp betrunkener junger Leute hätte hören lassen. Der fremde Mann [...] bückte sich rasch und war unter dem Schutz des Laubwerks im Nu verschwunden."[22]

Die Magistratsrätin Behold[23] hatte zu einer Abendgesellschaft eingeladen. Dort trat auf Daumer ein unbekannter Gast zu, die Brust mit Orden bestückt. Dieser reise, so erzählte man sich, aus Gründen der Diplomatie unter falschem Namen. Im Gespräch mit Daumer stellte er dessen Vorstellung von Kaspar als „reiner Mensch" in Frage:

> „Verehrter Professor, [...] sind Sie wirklich überzeugt, daß der hergelaufene Knabe [...] die ununterbrochene Aufmerksamkeit ernsthafter Männer verdient und rechtfertigt? [...] Ich weiß, Sie lieben Caspar [...] brüderlich, und nicht Mitleid nährt diesen Trieb, sondern die schöne Begierde, die stets den Gott in der Brust des anderen sucht und nur im Ebenbild sich selbst erkennen will. [...] Ich rate Ihnen, fliehen Sie [...] die Gesellschaft dessen, der Ihnen nichts mehr zu bieten hat als Enttäuschung."[24]

Wie eine Bestätigung erfolgte kurz danach die von Baron Tucher erhobene Anschuldigung, Kaspar zweimal beim Lügen ertappt zu haben. Dies und die Weigerung Kaspars, ihm sein Tagebuch zu zeigen, bewogen Daumer zu einem Experiment: Er wollte ihn auf metaphysischem Wege veranlassen, es ihm freiwillig vorzulegen, um ihm damit zu beweisen, dass er noch der Geistmensch sei, für den er ihn gehalten hatte. Kaspar hingegen beschlich am Morgen des betreffenden Tages die Ahnung einer tödlichen Gefahr. Als Daumer ihn während des einstündigen Experimentes durch eine geöffnete Tür beobachtete, sah er, wie Kaspar in seinem Zimmer angsterfüllt auf und ab ging und schließlich in Panik davonlief. Daumer, der die Motive von Kaspars Verhalten nicht erkannte, betrachtete das Experiment als gescheitert und fasste enttäuscht den Entschluss, sein Leben wieder wie zuvor seinem Beruf, der Einsamkeit und seinen Studien zu widmen.

Kaspars Ahnung trog nicht. Wenig später erfolgte ein Mordversuch:

> „Caspar war in den Garten gegangen [...] er wandte sich wieder gegen das Haus. [...] Hinter einer Tür des Flurs [...] tönten Geigenklänge, der Kandidat [der im

---

22 *Wassermann, Jakob* (2005a), S. 101 f.
23 Familie Behold ist identisch mit der historischen Familie „Biberbach".
24 *Wassermann, Jakob* (2005a), S. 108 ff.

Haus Daumers wohnende Religionslehrer Kaspars: Regulein. *Anm. d. V.*] übte. [...] Auf der Treppe blieb Caspar stehen und lauschte. [...] Da kam er! Ein Schatten erst, dann eine Gestalt [...]. Eine tiefe Stimme sprach: 'Caspar, du mußt sterben.' [...] Caspar [...] sah einen Mann vor sich stehen, der ein [...] Tuch vor dem Gesicht hatte. [...] In seiner Rechten funkelte etwas Metallenes [...]. Er schlug Caspar damit. [...] Auf einmal hörte der Kandidat Regulein auf, die Geige zu spielen. Es erschallten Schritte, die wieder verklangen, doch mochte der Vermummte stutzig geworden sein und die Furcht ihn verhindern, zum zweitenmal auszuholen. Als Caspar die Augen auftat, über die von der Stirn herunter eine brennende Nässe floß, war der Mann verschwunden. [...] Er [...] tastete sich an der Wand entlang, [...] bei der Kellertreppe [...] tappte er so schnell wie möglich die finsteren Stufen hinunter. [...] Während er sich niederließ [...], hörte er noch von den Turmuhren zwölf schlagen, danach sah und fühlte er nichts mehr."[25]

Etwa 12:15 Uhr kamen die Daumerschen Frauen zurück und bemerkten die Blutlache. Der hinzukommende Regulein folgte den blutigen Fingerabdrücken an der Wand und entdeckte den im Keller bewusstlos liegenden Kaspar. Nach ärztlicher Begutachtung zeigte sich eine nicht unbedeutende, jedoch ungefährliche Wunde in der Mitte der Stirn. Kaspar war immer nur kurze Zeit bei Besinnung, seine stammelnden Worte vermochten jedoch den Vorfall sowie den Vermummten zu beschreiben. Das Bürgermeisteramt leitete umfangreiche Nachforschungen ein; Präsident Feuerbach kam mit Extrapost. Daumer teilte ihm die Begegnung Kaspars auf dem Egydienplatz mit, worauf Feuerbach zornig entgegnete: „Und davon erfährt man jetzt erst?"[26] Als der Präsident Kaspar aufsuchte, war dieser bereits mehreren Verhören unterzogen worden. Ein vornehmer Engländer namens Lord Stanhope hatte dem Bürgermeister 100 Dukaten als Belohnung für die Entdeckung des Täters übergeben; Stanhope war jedoch bereits abgereist. „Zu spät, überall zu spät",[27] murmelte der Präsident. In einem an den König gerichteten ausführlichen Memorial[28] legte Feuerbach diesem seine Behauptung nebst einer sorgfältigen Begründung vor – „ein Hammerschlag jeder Satz"[29]: Er war der Ansicht, dass Kaspar der beiseite geschaffte und für tot erklärte rechtmäßige Erbe eines bestimmten Herrscherhauses sei und nannte auch das Haus und die im Hintergrund stehenden Personen mit Namen.

---

25 *Wassermann, Jakob* (2005a), S. 117 f.
26 *Wassermann, Jakob* (2005a), S. 122.
27 *Wassermann, Jakob* (2005a), S. 125.
28 Vgl. Kap. 6.II.1. der vorliegenden Arbeit.
29 *Wassermann, Jakob* (2005a), S. 127.

IV. Magistratsrat Behold und seine Frau

In Gegenwart Binders, Daumers und des Magistratsrates Behold erteilte der Präsident sein Einverständnis, Kaspar, der inzwischen – mit mittelmäßigen Leistungen – in die dritte Klasse des Gymnasiums ging, im Haus Beholds unterzubringen. Daumer beteuerte: „Nie will ich vergessen, was mir Kaspar gewesen ist! […] Aber das Wunder ist vorüber, die Zeit hat es aufgefressen."[30] Feuerbach murmelte: „Die Söhne werden verstoßen, wenn sie unserer Liebe ein Übermaß abnötigen."[31] Während seines Aufenthaltes bei Behold hatte Kaspar jedoch insbesondere unter den Eigenarten und entwürdigenden Verhaltensweisen von Frau Behold zu leiden. Diese belustigte sich – teilweise in aller Öffentlichkeit – angesichts der sprachlichen und motorischen Unbeholfenheiten Kaspars, entmutigte ihn hinsichtlich seiner schulischen Anstrengungen und erniedrigte ihn sogar in einer abendlichen Szene, in der sie ihn zum Objekt ihrer sexuellen Begierden machte; in seiner Verängstigung und Verunsicherung distanzierte sich Kaspar zunehmend von ihr. Waren es die erlittene Abweisung durch Kaspar oder Anzeichen des späteren Gemütsverfalls der Frau Behold? Durch ihr Verhalten jedenfalls wurde das Verbleiben Kaspars im Haus Beholds unmöglich.

V. Baron Tucher

Baron von Tucher, ein Mensch mit Grundsätzen, erklärte sich bereit, Kaspar bei sich aufzunehmen. Da er in ihm verderbliche Ansätze von Verlogenheit und Verstocktheit zu erkennen glaubte, hoffte er, ihn durch die feste Hand der Erziehung auf den rechten Weg zu führen. Die Reden Daumers von der Übernatur Kaspars hielt er für verderblich. Kaspar war lernbegierig und begann, auch Interesse an seiner Umwelt und persönlichen Situation zu zeigen. Bei einem der Gespräche, die Herr von Tucher in regelmäßigen Abständen mit ihm führte, entschied dieser, Kaspar könne im Frühjahr und Sommer noch in seinem Haus bleiben; danach habe er eine Buchbinderlehre für ihn vorgesehen. Zur Vorbereitung auf Kaspars Selbstständigkeit bestimmte der Baron, dass er die Mahlzeiten nicht mehr zusammen mit ihm, sondern allein in seinem Zimmer einzunehmen hatte. Kaspar schwieg; er schüttelte sich ein wenig. In einer älteren Ausgabe der „Morgenpost" las Kaspar folgende Notiz:

> „Vor mehr als zehn Jahren hatte ein Fischer bei Breisach eine schwimmende Flasche aus dem Rheinstrom gezogen, und diese Flasche enthielt einen Zettel, auf

---

30   *Wassermann, Jakob* (2005a), S. 136.
31   *Wassermann, Jakob* (2005a), S. 136.

welchem geschrieben stand: 'In einem unterirdischen Kerker bin ich begraben. Nicht weiß der von meinem Kerker, der auf meinem Thron sitzt. Grausam bin ich bewacht. Keiner kennt mich, keiner vermißt mich, keiner rettet mich, keiner nennt mich.' Dann kam ein halb unleserlicher und verstellter Name, von dem alle deutlichen Buchstaben auch im Namen Caspar Hauser enthalten waren. [...] Auf einmal wurde nachgewiesen, daß seinerzeit ein Piaristenmönch von einer gewissen Regierung bezichtigt wurde, die Flasche in den Rhein geworfen zu haben. Es stellte sich ferner heraus, daß derselbe Mönch plötzlich verschwunden und eines schönen Tages im Elsaß, in einem Wald der Vogesen, ermordet aufgefunden worden war. Den Täter hatte man nie entdeckt."[32]

Kaspar war zu dieser Zeit von mancherlei Ahnungen erfüllt. Bei einem gesellschaftlichen Ereignis im Haus Tuchers – er hatte nicht mehr daran teil – stand er lauschend im oberen Flur. Die alte Freifrau trat festlich gekleidet hinzu. Kaspar war, als ob er diese Situation schon einmal erlebt hatte: Mit majestätischer Würde trat die Frau in den Raum, in dem er sich befand. Damals wie jetzt überreichte ein Diener Geschenke. Kaspar erschien sich selbst als ein anderer, als die Anwesenden das Haupt vor ihm neigten. Er begann zu ahnen, wer er war. Auch meinte er zu spüren, jemand aus der Fremde sei unterwegs zu ihm; in seiner Einsamkeit war er voll Freude darüber. Gleichzeitig litt er unter Angstvorstellungen; nachts brannte ein Öllämpchen neben seinem Bett. In diesen unruhevollen Zuständen überbrachte ihm ein Bote einen Brief, dem ein kostbarer Diamantring beilag. Hierin hieß es:

„Du, der Du das Anrecht hast, zu sein, was viele leugnen, vertrau dem Freund, der in der Ferne für Dich wirkt! Bald wird er vor Dir stehen, bald Dich umarmen! Nimm einstweilen den Ring als Zeichen seiner Treue und bete für sein Wohlergehen, wie er für das Deine zu Gott fleht."[33]

VI. Lord Stanhope und Feuerbach

Der englische Graf trug sich mit großen Schriftzügen in das Gästebuch des Hotels „Zum wilden Mann" als Henry Lord Stanhope, Earl of Chesterfield, Pair von England, ein und gab sich damit jedermann als Spross einer edlen Familie zu erkennen.[34] Bei dem Anblick Kaspars im Hause Tucher sagte Stanhope mit ausgebreiteten Armen: „Caspar! Also endlich! Gesegnete Stun-

---

32   *Wassermann, Jakob* (2005a), S. 165 f.
33   *Wassermann, Jakob* (2005a), S. 172.
34   Es gab Stimmen, die sagten, Stanhope meide renommierte Hotels, um von Landsleuten nicht erkannt zu werden, denn er erhalte Besuche von wenig vertrauenswürdig erscheinenden Personen. Auch wollte man ihn früher in Sachsen als Verkäufer von Traktätchen für Jesuiten gesehen haben.

de!"³⁵ Kaspar begab sich in die geöffneten Arme; das war er, der aus weiter Ferne kam! Lord Stanhope sah in Kaspar seine eigene, noch unbefleckt-strahlende Jugend auferstehen. Aus großartigen Verhältnissen war er durch grenzenlose Verschwendung³⁶ verarmt und aus nackter Not zu einer ebenso gefürchteten wie missachteten Randfigur der Gesellschaft geworden. Seine vornehme Herkunft, seine besonderen Geistesgaben, sein großes Einfühlungsvermögen: Alles wurde Mittel zum Zweck eines Menschenjägers und Seelenfängers. Sein jetziger Auftrag galt Kaspar Hauser, und die Weisung lautete:

> „Du hast den Findling aus dem Bereich zu entfernen, in welchem er anfängt für uns gefährlich zu werden [...]. Nimm ihn mit in ein Land, wo niemand von ihm weiß, laß ihn verschwinden, stürze ihn ins Meer oder wirf ihn in eine Schlucht oder miete das Messer eines Bravos oder laß ihn unheilbar krank werden, wenn du dich auf die Quacksalberei verstehst; aber verrichte das Werk gründlich, sonst ist uns nicht gedient. Unseres Dankes bist du versichert, wir notieren unsern Dank mit der und der Summe bei Israel Blaustein in X."³⁷

Der Lord war gekommen, um sein Opfer zu umgarnen. Doch schon mit dem Eintreten Kaspars in den Raum wichen seine Pläne angesichts der Reinheit und Unschuld Kaspars. Stanhope dachte zeitweise daran, mit Kaspar zu fliehen. Doch sein Leben wurde von seinen Auftraggebern bezahlt und bestimmt. So sprach er zu Kaspar von dessen Reich; gleichzeitig entfachte er in Erfüllung seines Auftrags in Kaspar die Sehnsucht nach der Ferne, in die es ihn zu entführen galt. Die erstrebte Adoption Kaspars, welche eine ungehinderte Verfügung über ihn ermöglichen sollte, war fast erreicht. Da legte Präsident Feuerbach ein Veto ein. Der Lord reiste zu ihm nach Ansbach.

Ohne Umschweife erklärte Feuerbach Stanhope, dass ihm auf keinen Fall Kaspar überlassen werden könne:

> „Hier ist [...] der Mitwelt [...] entgegenzuhalten, daß es auch dort eine Vergeltung gibt, wo Untaten mit dem Purpurmantel bedeckt werden."³⁸

---

35 *Wassermann, Jakob* (2005a), S. 177.

36 Einst war der junge Lord der Liebling der Gesellschaft, seine Großzügigkeit erstaunte. So beschenkte er seine Freunde mit Villen und Landgütern, seine Freundinnen mit Perlenketten. Er verstreute Gold mit vollen Händen. Mit einem Hofstaat bereiste er den Kontinent und auf dem Wiener Kongress lud er Fürsten und Könige ein. Bei seinem finanziellen Ruin nahm er Strychnin, konnte jedoch gerettet werden. Anschließend wurde er Emissär des Papstes, dann bezahlter Agent Metternichs. Er sank Stufe um Stufe, wurde zum Menschenhasser. Sein guter Name zählte jetzt nur noch in den Niederungen der Gesellschaft (vgl. *Wassermann, Jakob* (2005a), S. 205).

37 *Wassermann, Jakob* (2005a), S. 206.

38 *Wassermann, Jakob* (2005a), S. 226.

Stanhope eröffnete dem Präsidenten, er habe Kenntnis von schrecklichen Geheimnissen. Seine Absicht sei es, Kaspar der tödlichen Bedrohung zu entziehen und ihn in einem anderen Land zu verbergen. Er erwähnte auch die Fürstin, Kaspars Mutter, deren Leid er lindern wolle. Kaspar – eigentlich „Stephan" – sei ihr Erstgeborener. Stanhope war es, als ob er wirklich der Retter sei. Doch wen betrog er jetzt? Seine Auftraggeber, Kaspar, Feuerbach oder sich selbst? Feuerbach sprach zu Stanhope von seiner Enttäuschung, auf einem verlorenen Posten des Landes den beruflichen Werdegang beenden zu müssen. Er frage sich jetzt, ob sein dem menschlichen Fortschritt gewidmetes Lebenswerk vergeblich gewesen sei. Für sein letztes Werk sei Kaspar der lebendige Zeuge. In Stanhopes Ohr zischte es „Verrat", doch in seinen Augen standen Tränen, als er die Hand Feuerbachs ergriff: „Nehmen Sie mich als Freund, Exzellenz."[39] Der Präsident erklärte sodann, er wolle Kaspar nach Ansbach holen und suche nach einer geeigneten Unterkunft. Sein, Stanhopes, Sorgerecht für Kaspar bleibe bestehen. Nachdem der Lord sich entfernt hatte, stieg in Feuerbach plötzlich ein Misstrauen auf, das ihn zu drei Schreiben veranlasste: Er bat einen englischen Freund in Paris und den bayerischen Geschäftsträger in London um nähere Auskunft über Stanhope; in einem dritten Schreiben kündigte er dem Staatsminister der Justiz in München seinen Besuch an. Stanhope war in den Gasthof zurückgekehrt, als der Polizeileutnant Hickel gemeldet wurde. Dieser war ihm bereits kurz nach seiner Ankunft mit dem Anschein eines geheimen Wissens entgegengetreten und wusste auch schon von seiner Unterredung mit Feuerbach. Seine Beziehungen zu Exzellenz Feuerbach hätten ihn als geeignet empfohlen, sich ihm zur Verfügung zu stellen. Ob er seinerseits fragen dürfe, inwieweit der Herr Graf sich zu eröffnen gedenke? Stanhope verbarg seinen Argwohn hinter eisiger Ablehnung.

VII. Briefe

Im Folgenden wird in Briefen der zentralen Personen der Geschichte die Situation Kaspars in Nürnberg vor seiner Übersiedlung nach Ansbach dargestellt, gleichzeitig in den zweiten Teil des Romans übergeleitet.

Freiherr von Tucher an Lord Stanhope:
Der Brief enthielt die Bitte Tuchers, der Lord möge den Schwebezustand, in dem Kaspar sich infolge der Ungewissheit über seine nahe Zukunft befinde, baldmöglichst beenden. Dieser lebe in glühender Erwartung der ihm zugesagten Reise mit dem Lord.

---

39 *Wassermann, Jakob* (2005a), S. 234.

Daumer an den Präsidenten Feuerbach:
Daumer erteilte die erbetene Auskunft über die Verfassung Kaspar Hausers. Er berichtete: Kaspar ist zu einem hoch aufgeschossenen, dem Anschein nach etwa 21jährigen jungen Mann geworden; eine sanfte Mädchenhaftigkeit prägt sein Gesicht, seine braunen Haarlocken trägt er noch bis zur Schulter. Er ist von gewinnender Freundlichkeit und bedächtigem Ernst, beides überschattet von einem Hauch von Melancholie. Er ist barmherzig gegen Tiere und liebt die Menschen. Nichts Außerordentliches ist mehr an ihm als sein Schicksal: Er ist ohne jede Zusammengehörigkeit. Abhängig von der Gunst der anderen ist sein Handeln von Notwehr bestimmt wie wachsame Beobachtung und Scharfblick im Wahrnehmen der Umgebung, mit Klugheit sich durchsetzen und die Gutwilligkeit seiner Gönner nutzen.

Feuerbach an Baron Tucher:
Das Schreiben enthielt folgende Verfügungen Feuerbachs betreffend Kaspar Hauser: die Beendigung der Vormundschaft Tuchers, die Aufnahme im Hause des Lehrers Quandt und die Erteilung des Sorgerechts an Lord Stanhope für die zweckmäßige Erziehung und Verpflegung Kaspars. Der Gendarmerie-Offizier Hickel sei durch Regierungsdekret zum Spezialkurator für die Übersiedlung nach Ansbach bestellt und werde am siebten des Monats eintreffen. Seine Lordschaft Graf Stanhope habe von der Adoption Abstand genommen.

Baron Tucher an den Präsidenten Feuerbach:
Tucher befürchtete, dass Kaspar, wenn Stanhope ihn verlasse, zu einem unglücklichen, unnützen und bedauernswerten, aus jedem sozialen Zusammenhang gelösten Glied der menschlichen Gesellschaft würde.

Daumer an den Präsidenten Feuerbach:
Er berichtete von der Erledigung des Auftrages, Kaspar die Übersiedlung nach Ansbach und Hickels Ankunft in Nürnberg bekanntzugeben. Seine Besorgnis, Kaspar würde von dem Zusammenbruch seiner Hoffnungen auf die versprochene Reise schwerstens getroffen, sei begründet gewesen. Er erwähnte auch das Verschwinden Kaspars am nächsten Tage. Unter der Anteilnahme zahlreicher Nürnberger Bürger habe das Gefährt mit Kaspar den Ort verlassen.

Frau Behold an Frau Quandt:
Beide kannten sich aus der Jugendzeit. Frau Behold bezichtigte in diesem Schreiben wahrheitswidrig Kaspar, sich ihrer damals 13jährigen Tochter unziemlich genähert zu haben. Die Amsel, die sie selber ihm geschenkt habe, habe er aus Rache umgebracht. Er zeige eine entsetzliche Lügenhaftigkeit und

stecke voller Eitelkeit.[40] Man habe ihn geliebt wie ein eigenes Kind, aber dies sei nicht gedankt worden. Ein Betrüger sei er jedoch nicht, nur ein sehr armer Teufel.

Bericht Hickels über den erledigten Auftrag der Übersiedlung Kaspar Hausers: Er traf pünktlich im Hause des Freiherrn von Tucher ein, fand jedoch den Kuranden nicht vor. Dieser hatte sich anscheinend den ganzen Nachmittag aufsichtslos mit unbekanntem Ort herumgetrieben. Er fand ihn bei Professor Daumer. Bei der Ankunft in Ansbach kurz nach 3 Uhr nachts wurde Kaspar ein Zimmer unter dem Dach zugewiesen, welches zugesperrt und bewacht wurde. Das verschlossene, trotzige und hinterhältige Wesen des Kuranden deute auf einen angefaulten und widrigen Charakter hin.

Binder an Feuerbach:
Nach dem Bericht des Bürgermeisters konnte der Gefängniswärter Hill den Verbleib Kaspars am Nachmittag seines letzten Tages in Nürnberg aufklären. Kaspar erschien gegen Mittag bei Hill im Vestnerturm mit der Bitte, seine ehemalige Zelle sehen zu dürfen; dort brütete er schweigend vor sich hin. Plötzlich, als sähe er einen Geist, lief er nach draußen. Hill verfolgte den Eilenden lange, bis dieser im nahegelegenen Forst verschwand, wo er Kaspar am Fuß einer mächtigen Eiche kniend entdeckte. Er hörte ihn wie einen, der in größter Not ein Gebet spricht, rufen: „O Baum! O du Baum!",[41] nur diese Worte. Er schien Hill nicht zu erkennen, ließ sich aber von ihm zum Hause Daumer führen, wo er vor Stunden zum Mittagessen erwartet worden war. Am nächsten Tag besichtigte Binder das Waldgebiet, in dem Kaspar gefunden worden war. Es sei ein Ort der Stille, jedoch habe er Besonderes nicht feststellen können. Hill könne er seine Anerkennung nicht versagen, der, ein einfacher Mann, Zartgefühl und Menschlichkeit bewiesen habe.

Lord Stanhope an den Grauen:
Herr von F. sei nach München abgereist. Das bewusste Dokument sei vorläufig noch unzugänglich, aber von einem gewissenhaften Raben in Aussicht genommen. Dann bat er den Grauen um Entlassung; er sei zu sehr Schöngeist. Doch brauche der Graue nichts zu fürchten, dies seien nur Phantasien eines senilen Gewissens. In seiner Jugend habe er bei der Betrachtung des musizierenden Knaben auf Carpaccios[42] Bild in Venedig Tränen vergossen. Jetzt

---

40 In heutiger Zeit würde man dieses als typische Anzeichen einer frühen Verlassenheitssituation (Narzissmus) deuten.

41 *Wassermann, Jakob* (2005a), S. 270.

42 Vittore Carpaccio (* um 1455 wahrscheinlich in Venedig; † 1526 in Capodistria) war ein italienischer Maler der venezianischen Schule (vgl. *Stein, Werner* [1990], S. 695).

bleibe er ungerührt, wenn man das Kind von der Mutterbrust reiße und seinen Schädel am Rinnstein zerschmettere, das mache die Philosophie. Den Lehrer Quandt, der ein brauchbarer Mann sei, habe er ein halbes Jahr im Voraus bezahlt. An welcher Bankstelle er seinen nächsten Zinsgroschen beheben dürfe?

VIII. Die Zeit im Hause Quandt[43]

Dem Rat der Frau Bettine von Imhoff zufolge gab Feuerbach Kaspar in die Obhut des Lehrers Quandt. Sie hatte Feuerbach den Lehrer als einen aufgeklärten und gebildeten Kopf geschildert, der als Bürger wie als Mensch allgemeine Achtung genieße. Beim Besuch Stanhopes und Hickels im Hause Quandt erläuterte dieser Stanhope, dem Sorgeberechtigten Kaspars, seine pädagogischen Anschauungen. Der als Kurator für Kaspars Übersiedlung bestellte Polizeileutnant Hickel wies dabei auf die angebliche moralische Verkommenheit Kaspars hin, die durch einen Brief Tuchers gerichtsbekannt geworden sei. Beim Abschied sagte er leise zu Quandt, seiner Meinung nach wolle der gute Graf das Sonnenklare nicht wahrhaben: „Sie leisten ihm einen gewaltigen Dienst, wenn Sie den Schwindler entlarven."[44] Die Richtung stand nun fest.

Kaspar, der die Zusammenhänge nicht kannte, war vom Fortfall der geplanten Reise mit Stanhope tief enttäuscht. In Ansbach zog er den Diamantring, das Geschenk des Lords, vom Finger. Stanhope verschloss ihn schweigend in einer Schublade. Dann begaben sich beide zur Besichtigung der neuen Unterkunft Kaspars. Das im oberen Flur gelegene Zimmer Kaspars im Haus des Lehrers Quandt bot Ausblick auf eine anmutige Landschaft. Anschließend machte Quandt Stanhope ausführlich mit seinen pädagogischen Zielen bekannt. Als die Gäste gegangen waren, kam er zu dem Schluss, dass nichts Außergewöhnliches an Kaspar sei. Zurückgekehrt in den Gasthof, stellte der Lord Kaspar drohend zur Rede. Warum er den Ring zurückgegeben habe? Kaspar fand nicht die Worte, jene fürchterliche Nacht im Haus Tuchers zu beschreiben, in der er, aller Hoffnungen beraubt, seine Suche nach sich selbst begann. Als er am darauffolgenden Tag, ein Verwandelter, das Leben neu wahrnahm: Auch dafür versagten die Worte. Stanhope sagte, er verbitte sich, wie der Aussteller eines Schuldscheins beim Buchstaben gepackt zu werden. Gleichzeitig nahm er mit Besorgnis wahr, dass Kaspar nicht mehr das willenlose Geschöpf von ehedem war. Kaspar erklärte, er habe Stanhope nicht kränken wollen. Sein

---

43 Lehrer Quandt ist identisch mit der historischen Figur des Lehrers „Meyer".
44 *Wassermann, Jakob* (2005a), S. 244.

Verhalten hänge mit dem zusammen, was man ihm über seine eigene Person berichtet habe. Kaspar begriff jetzt die Bedeutung seiner Gefangenschaft, die ihn bis ins Jünglingsalter im Zustand eines Halbtieres gehalten hatte. Er war auch davon überzeugt, der Anspruch auf seine angestammten Rechte bestehe nach wie vor, und nahm an, jede Willkür wäre beendet, sobald er sich nur offenbarte. Der Lord fand es an der Zeit, „Salz in den Brei zu tun"[45] und sagte:

> „Du bist durch deine Abkunft den mächtigsten unter den Fürsten ebenbürtig, du bist das Opfer der scheußlichsten Kabale, die Satans Bosheit je ersonnen hat [...]. So gegründet deine Ansprüche, deine Hoffnungen sind, so verderblich müssen sie dir werden, sobald sie dich nur den ersten Schritt zum vorgefaßten Ziele lenken. Die erste Handlung, das erste Wort besiegelt unabänderlich deinen Tod."[46]

Vor seiner Abreise aus Ansbach versicherte Lord Stanhope Kaspar, dass er wiederkommen werde. Bei der Abschiedsfeier für Lord Stanhope im Schlösschen der Imhoffs zeigte die Hausfrau ein in Öl gemaltes Bild einer jungen Frau von besonderer Schönheit, die sie ihre Freundin nannte: Clara von Kannawurf.[47] Sie berichtete dazu, dass deren Bruder sich in einer hohen Verwaltungsstellung am Hof einer mitteldeutschen Residenz befand, als er in den Finanzen des Landes beträchtliche Unterschlagungen entdeckte, an welchen auch der Fürst beteiligt war. Als er den Fürsten auf die Missstände aufmerksam machte, wurde er im Zorn entlassen. Als er den Fall vor die Landstände bringen wollte, wurde er in einen Hinterhalt gelockt und verschwand spurlos. In der Hoffnung auf Unterstützung und Aufklärung reiste die Schwester zu verschiedenen Höfen, die Verbrüderung der Schlechten oder Gleichgültigen war jedoch zu mächtig. Sie verzweifelte nicht, sondern widmete sich, nachdem sie sich Wissen angeeignet hatte, notleidenden Menschen in verschiedenen Ländern. In Kaspar öffnete sich bei der Schilderung des Schicksals dieser Frau zum ersten Mal das Herz für das Leiden einer fremden Existenz. Wollte Stanhope den Lauf des Schicksals aufzuhalten versuchen, als er aus der bereits rollenden Kutsche Quandt und Hickel zurief: „Bewahrt mir meinen Sohn!"?[48]

„Jetzt beginnt für Sie ein neues Leben, Hauser. Hoffentlich ist es ein Leben der Gottesfurcht und des Fleißes",[49] sagte Quandt beim ersten gemeinsamen Mittagessen in der neuen Umgebung. Kaspar ahnte nicht – was der Dichter dem Leser verrät –, dass sich in einer dunklen Ecke des Gottes- und Men-

---

45 *Wassermann, Jakob* (2005a), S. 283.
46 *Wassermann, Jakob* (2005a), S. 284.
47 Clara von Kannawurf ist identisch mit der historischen „Caroline Kannewurf". Zit. n. *Pies, Hermann* (1966), S. 118.
48 *Wassermann, Jakob* (2005a), S. 312.
49 *Wassermann, Jakob* (2005a), S. 291.

schenfreundes Quandt ein zweiter Quandt voller Missgunst, Rachsucht und Ehrgeiz befand. Kaspar fühlte sich in der engen Häuslichkeit bedrückt, in der man kaum mit seinen Gedanken allein sein konnte. Eines Abends wurde Kaspar durch die Schreie der Lehrersfrau in Angst versetzt. In der Annahme, ein Unglück sei geschehen, lief er hinunter und wurde durch eine offene Tür Zeuge der Geburt des zweiten Kindes der Eheleute Quandt. Ergriffen taumelte Kaspar in seine Kammer zurück: Das Geheimnis, das ihn mit seiner Mutter verband, war ihm nun offenbar. Am nächsten Vormittag musste Kaspar in der Bibelstunde bei Quandt die Geschichte von Joseph und seinen Brüdern lesen. Als er an die Stelle kam, der zufolge die Brüder Joseph in eine Grube warfen und an vorbeiziehende Händler verkauften, versagte Kaspar die Stimme, was Quandt für eine „unzeitige Schaustellung von so weit hergeholten Affekten"[50] hielt.

Einige Tage nach der Rückkehr Feuerbachs aus München wurde in dessen Amtszimmer eingebrochen. Die Täter schienen ein bestimmtes Papier gesucht zu haben, allerdings ohne Erfolg. Im Folgenden beschreibt der Roman die undurchsichtige Gestalt Hickels, der stets ein williges Ohr bei Feuerbach fand. Seine Abstammung von armen Kätnersleuten verleugnete der gewohnheitsmäßige Spieler durch betonte Eleganz und Kavaliersgehabe. Mit den Worten „alles Schwindel"[51] versuchte er, sich allem menschlichen Treiben überlegen zu zeigen. Stets schien er etwas Gefährliches zu verbergen. Hickels Forderung, Kaspar bewachen zu lassen, entsprang nicht der Fürsorge, sondern sollte eine Kontrolle ermöglichen. Der Präsident ordnete die Begleitung Kaspars durch einen Veteranen an.

Feuerbach vermutete den Ort der Einkerkerung nicht weit von Nürnberg oder Ansbach im alten markgräflichen Jagdschlösschen „Falkenhaus"[52] im Triesdorfer Wald. Der Förster, der dort gelebt hatte und vor vier Jahren plötzlich verschwunden war, wurde im Oktober 1830 ermordet auf einem schwäbischen Gutshof gefunden. Neben dem rechten Trakt des Falkenhauses befand sich eine sonderbar gestaltete Erdgrube mit sieben hinabführenden Stufen; auch gab es Spuren eines ehemals darüber vorhandenen Schuppens. Bei der Besichtigung mit Feuerbach und Hofrat Hofmann schien der Anblick in Kaspar keine Erinnerungen wachzurufen; auf dem Rückweg zum Wagen befiel ihn jedoch eine unüberwindliche Schwermut. Hofrat Hofmann äußerte Zweifel, dass man Kaspar nach so langer Gefangenschaft plötzlich freigegeben haben sollte. Aber

---

50 *Wassermann, Jakob* (2005a), S. 320.
51 *Wassermann, Jakob* (2005a), S. 331.
52 *Wassermann, Jakob* (2005a), S. 322 ff.

nach Ansicht Feuerbachs könnte Kaspars weitere Gefangenhaltung mit Schwierigkeiten, sogar Gefahr verbunden gewesen sein. So habe sein Kerkermeister sich vielleicht aus Erbarmen entschlossen, ihn nicht zu töten, sondern auf andere Weise verschwinden zu lassen. Zudem hätte man erwarten können, Rittmeister Wessenig stecke ihn unter die Soldaten. Es ginge den Auftraggebern nunmehr darum, den Zeugen ihres Verbrechens unschädlich zu machen.

Für Quandt war alles an Kaspar verdächtig. Das „Dahinter" konnte nur mit dem Bösen identisch sein. Als die Magistratsrätin Behold sich vom Dachboden ihres Hauses zu Tode gestürzt hatte, hielt Quandt Kaspar aus deren Brief an seine Frau vor, Kaspar sei ihrer 13jährigen Tochter zu nahe getreten. „Ach, diese Menschen!"[53] rief Kaspar bei solcher Verleumdung. Quandt konsultierte jedoch zu dem „heiklen" Thema Pfarrer Fuhrmann, Kaspars Religionslehrer. Dem geistlichen Herrn schien Kaspar, das Verhältnis der Geschlechter betreffend, noch ein vollständiges Kind zu sein. Als Quandt sich bei ihm auch über „die verdammenswerten Vergehungen"[54] der Lüge Kaspars beklagte, sagte der Pfarrer: „Sehen Sie denn nicht, lieber Quandt, daß das lauter armselige kleine Lüglein sind, kaum daß sie den Namen verdienen? Es ist das mehr ein Sichliebmachenwollen."[55] Von der besonderen Beschaffenheit Kaspars habe er sich selbst überzeugt, als er bei einem Experiment mit seiner Elektrisiermaschine heftige Reaktionen bei Kaspar festgestellt hatte. Doch Quandt dachte verbittert: „So ist es immer. [...] Man tischt einem Histörchen auf, [...] von denen sich kein Jota beweisen läßt."[56] Den diabolischen Verstellungskünsten wollte er endlich zu Leibe gehen – das Tagebuch Kaspars könnte Aufklärung geben! Eines Abends im August, als der Lehrer und seine Frau zum Gartenfest des Schützenvereins gegangen waren, holte Kaspar sein hinter dem Stahlstich über dem Kanapee verstecktes Tagebuch hervor. Hätten die Häscher es lesen können, wären sie enttäuscht gewesen. Im Verlauf von nicht mehr als vier Jahren zeigte sich eine Menschwerdung, bei der sich die Entwicklungsstufen in rascher Folge aneinanderreihten. Das Gelöbnis Kaspars, nur seine Mutter dürfe das Tagebuch einsehen, galt unverbrüchlich. Es war zudem für ihn fast wie ein Teil seiner selbst: unmöglich, es fortzugeben. Als Quandt bei der Heimkehr vom Fest in Kaspars Zimmer Kerzenlicht bemerkte, stieg er von der Gartenseite her auf einen Birnbaum, um Kaspar von dort zu bespähen. Er entdeckte ihn lesend – es konnte sich nur um das Tagebuch handeln. Als Quandt Einlass bei

---

53 *Wassermann, Jakob* (2005a), S. 341.
54 *Wassermann, Jakob* (2005a), S. 346.
55 *Wassermann, Jakob* (2005a), S. 346.
56 *Wassermann, Jakob* (2005a), S. 348.

Kaspar forderte, löschte dieser schnell das Licht und versteckte sein Tagebuch. Quandt trommelte jetzt wutentbrannt gegen die verschlossene Tür und holte schließlich ein Beil, worauf Kaspar öffnete. Den zitternden Kaspar erblickend wandte Quandt sich beschämt ab. Nicht nur Quandt interessierte das Tagebuch Kaspars. Bereits am Nachmittag war der Polizeileutnant Hickel bei ihm mit der Anweisung Lord Stanhopes vorstellig geworden, ihm das Tagebuch auszuhändigen.[57] Am nächsten Tag erschien er, in Begleitung Quandts, erneut. Als der Polizeileutnant das Tagebuch entdeckte und es höhnisch lächelnd in der Hand hielt, trat Kaspar auf ihn zu, entriss ihm das Buch, zerriss es und warf die Fetzen ins Feuer. Pfarrer Fuhrmann, zufälliger Zeuge des Vorfalls, berichtete dem Präsidenten von der unhaltbaren Situation im Haus Quandts. Aber es blieb beim Alten. Dies erklärte eine Äußerung des Präsidenten zu seiner Schwiegertochter Henriette: „Die Bemühung, dem Hauser eine angenehme Existenz zu verschaffen, muß man wohl als gescheitert betrachten. [...] Mich beruhigt nur die Zuversicht, daß ja eine Entscheidung ohnehin fallen muß, wenn die Schrift einmal erschienen ist."[58] Es war ein ungleicher Kampf, auf den Feuerbach sich gegenüber seinen Feinden eingelassen hatte. Da Stanhope auf die Zusendung der Kaspar-Hauser-Schrift nicht antwortete, musste er erkennen, sich in ihm getäuscht zu haben. Eines Morgens stand an seiner Haustür:

„Anselm, Ritter von Feuerbach!
Lösch's Feuer unter deinem Dach!
Laß den falschen Freund nimmer ein!
Zieh den Degen und hau drein,
Sonst wird's um dich geschehen sein."[59]

Feuerbach geriet über sein Vorhaben keinen Moment ins Wanken. Jedoch befand er sich seit dem nächtlichen Einbruch, dessen Täter unentdeckt geblieben waren, in einer düsteren Unruhe.

Stanhope teilte mit, den Plan, nach Ansbach zu kommen, ins Unbestimmte verschieben zu müssen. Diese Änderung vernichtete Kaspars Hoffnungen, den erdrückenden Verhältnissen entkommen zu können. Wie Quandt dem Präsidenten berichtete, hörte man ihn in seinem Zimmer wimmern und schreien. Nach einem abendlichen Gang durch die Stadt betrat Kaspar das stille Haus der Familie Quandt. Beim Zugehen auf die Treppe vernahm er einen dreimali-

---

57 Stanhope wollte damit verhindern, dass etwaige verräterische Passagen in die Hände des Präsidenten gelangten (vgl. *Wassermann, Jakob* [2005a], S. 350).
58 *Wassermann, Jakob* (2005a), S. 362.
59 *Wassermann, Jakob* (2005a), S. 365.

gen Ruf: „Stephan!" Beim letzten Ruf erblickte er das körperlos schwebende Gesicht Stanhopes, wie in äußerstem Schrecken zur Unkenntlichkeit verzerrt.

Clara von Kannawurf kam mit dem Plan nach Ansbach, mit Kaspar zu fliehen. Sie bot ihm ihr kleines Gut in der Schweiz, in einem freien Land, zum Aufenthalt an. Doch Kaspar sagte, er könne dies nicht: „Weil ich dorthin muß, wo ich hingehöre."[60] Immer häufiger konnte man Kaspar und Clara von Kannawurf in gemeinsamen Unternehmungen sehen. Zum ersten Mal machte ein Frühling Kaspar glücklich. Schildknecht, der neue Bewacher Kaspars, hielt sich bei dessen Treffen mit Clara von Kannawurf stets in taktvoller Distanz. Den offensichtlich eifersüchtigen Polizeileutnant beschwichtigte er durch selbsterfundene, harmlose Berichte. Seit Hickel ihn beim Lesen der Schrift Feuerbachs entdeckt hatte, erwuchs Misstrauen, das schließlich zur Entlassung Schildknechts führte: Er hatte Kaspar Geld zum Besuch der Vorstellung „Don Carlos" geliehen. Mit großer Herzlichkeit versprach Schildknecht beim Abschied, seinen Pfiff von Zeit zu Zeit vor dem Haus ertönen zu lassen; vielleicht brauche Kaspar einmal seine Hilfe.

An einem Nachmittag vor der Reise[61] mit dem Präsidenten erhielt der Polizeileutnant durch einen Kurier ein versiegeltes Schreiben, das er wieder und wieder las. Der Inhalt des Briefes war chiffriert, doch Hickel besaß den Code. Am Abend sah man ihn wie erstarrt an ein Schilderhäuschen gelehnt stehen: „Spieler pflegen skrupellos zu sein. Setzen sie nicht Geld auf Karten, so setzen sie auf Seelen."[62] Kurz nach Beginn der Reise, die Feuerbach und Hickel angetreten hatten, ging es wie ein Lauffeuer durch die Stadt: „Der Präsident ist tot."[63] Feuerbach wurde zur Aufbahrung nach Ansbach überführt. Auch Quandt begab sich mit Kaspar zum Haus Feuerbachs. Die Klage Henriettes: „Ich hab's gewußt, sie [...] haben ihn vergiftet!"[64] durchdrang das Haus. Im Flur berichtete Hickel dem Regierungspräsidenten Mieg, in Ochsenfurt am Main habe Feuerbach Unwohlsein befallen; am Morgen sei plötzlich das Ende eingetreten. „Das Gesicht des Toten war gelb wie eine Zitrone. [...] Es war nichts mehr von Größe in diesen Zügen, nur zähneknirschender Schmerz und eine unmenschliche, eisige Angst."[65] Als Henriette Kaspar erblickte, schrie sie:

---

60 *Wassermann, Jakob* (2005a), S. 396.
61 Vgl. auch Kap. 6.IV. der vorliegenden Arbeit.
62 *Wassermann, Jakob* (2005a), S. 397.
63 *Wassermann, Jakob* (2005a), S. 407.
64 *Wassermann, Jakob* (2005a), S. 408.
65 *Wassermann, Jakob* (2005a), S. 410.

„Deinetwegen hat er sterben müssen!"[66] Kaspar, in Tränen aufgelöst, stürzte ohnmächtig zu Boden. Nach Hause zurückgekehrt, rief Kaspar, am ganzen Leib zitternd, seine Mutter beschwörend um Beistand an und fasste den Plan, ihr durch Schildknecht eine Botschaft zukommen zu lassen. Als ob die Kraft des Wunsches ihn herbeigerufen hätte, ertönte vor dem Haus sein Pfiff. Schildknecht schwor, die Nachricht der Fürstin Stephanie zu übergeben, „und wenn's Knollen regnet".[67] Quandt überbrachte die von Hickel mitgeteilte Neuigkeit, der Staatsrat habe sich vor seinem Tod von der Sache des Hauser gänzlich losgesagt und erwogen, die Hauser-Schrift für einen Irrtum zu erklären. In der Stadt verstummte das Gerücht nicht, Feuerbach sei das Opfer einer mysteriösen Verschwörung geworden; auch Lord Stanhope sei daran beteiligt. Noch ein weiteres Gerücht beschäftigte die Gemüter: Aus der Infanteriekaserne war ein Soldat, der den Hauser beaufsichtigt hatte, verschwunden. Man argwöhnte, er sei beiseite geschafft worden, weil er unerwünschten Einblick in Geheimnisse erhalten habe. Es war nicht mehr geheuer in der Stadt.

In Erwartung einer Antwort auf die Botschaft an seine Mutter hielt Kaspar täglich nach dem Postwagen Ausschau. Eine Entfremdung von seiner Umwelt wusste Frau von Kannawurf durch verschiedene Unternehmungen zu verhindern. Während eines Theaterstücks im Schlösschen der Imhoffs, bei dem Kaspar und Clara mitwirkten, ertönte gerade in dem Augenblick, als beide sich auf der Bühne in die Arme schlossen, lautstark die Stimme Hickels: „Graf Stanhope hat seinem Leben freiwillig ein Ende gemacht."[68] Clara von Kannawurf forderte den verstörten Kaspar auf, in ihr Zimmer zu kommen, wo er sich erschöpft niederlegte. Sie fragte ihn besorgt: „Was ist dir, Caspar?"[69] Ihr war, als müsse sie ihn wärmen, und sie schmiegte sich an ihn. Lange lagen sie schweigend beieinander, innerlich bewegt. Beim Abschied sagte Kaspar: „Jetzt gehst du wahrscheinlich fort von mir, Clara. […] Bei dir war mir wohl."[70] Clara dachte bei sich: „So hätt' ich einen verlorenen Bruder gefunden, und mehr noch, aber, gerechter Gott, mehr darf es nicht sein."[71] Der Dichter sieht in Clara „ein rettungslos verstricktes Gemüt, das in seiner Schwärmerei den Entschluß eines Opfers faßt, verzagt, geblendet, durch den Anblick von soviel Schicksal und in seiner Betrübnis irregehend an den Kreuzwegen der Liebe."[72]

---

66 *Wassermann, Jakob* (2005a), S. 410.
67 *Wassermann, Jakob* (2005a), S. 413.
68 *Wassermann, Jakob* (2005a), S. 426.
69 *Wassermann, Jakob* (2005a), S. 429.
70 *Wassermann, Jakob* (2005a), S. 430.
71 *Wassermann, Jakob* (2005a), S. 431.
72 *Wassermann, Jakob* (2005a), S. 431.

Am Tor zum Schlösschen trat der Polizeileutnant Clara entgegen und bat sie um eine Unterredung: Von ihrem Mund hänge zurzeit viel ab.[73] Nachdem sie an dem schrecklichen Mann vorbeigegangen war, schien es ihr, als ob sie mit ihm hätte sprechen sollen.

Eines Tages überbrachte der Polizeileutnant Kaspar eine Nachricht über den Verbleib Schildknechts: „Der Bursche ist verhaftet und wird ausgeliefert. Kommt auf die Plassenburg, der Kerl."[74] Quandt warf er bzgl. Kaspar vor: „Zwei Jahre sind's her, seit der Mensch bei Ihnen wohnt, und wir sind genauso klug wie zuvor."[75] Gekränkt durch diesen Vorwurf ruhte Quandt nicht, Kaspar zu einem Geständnis des vermeintlichen Geheimnisses zu drängen. Sein Vorgehen gipfelte in den Worten:

> „Hauser! Stellen Sie sich vor, Sie befänden sich vor Gottes Angesicht. Und Gott würde fragen: Woher kommst du? Wo ist deine Heimat, der Ort, wo du geboren bist? Wer hat dir einen falschen Namen angedichtet, und wie heißt du mit dem Namen, den du in der Wiege empfangen hast? Wer hat dich unterrichtet und gelehrt, die Menschen zu täuschen? Was würden Sie in Ihrer Seelennot antworten, was antworten, wenn der erhabene Gott Sie zur Rechtfertigung aufforderte, zur Sühnung des verübten Trugs?"[76]

Kaspar erhob sich und sagte mit zuckendem Mund:

> „Ich würde antworten: Du bist kein Gott, wenn du solches von mir verlangst."[77]

Das Verhalten Quandts ließ Kaspar sich mehr und mehr auf sich selbst zurückziehen. Wurde er eingeladen, so meinte er: „Was soll mir das Schwätzen?"[78] In seiner freien Zeit saß er oft stundenlang allein im Zimmer, sinnierte und wartete. Eines Abends, als er über den Schlossplatz ging, meinte er, in leeren Sälen hinter den hohen Fenstern des Gebäudes übergroße Gestalten wahrzunehmen, die, in Purpur gekleidet und mit goldenen Ketten um den Hals, ihn feindselig beobachteten. In dieser Zeit fühlte er auch das Wirken einer ihm teuren Person, die mit ihm litt. Doch sie konnte, was immer sie auch tat, die Entfernung zwischen ihnen nicht überbrücken.[79]

---

73 Vgl. *Wassermann, Jakob* (2005a), S. 432.
74 *Wassermann, Jakob* (2005a), S. 435.
75 *Wassermann, Jakob* (2005a), S. 435.
76 *Wassermann, Jakob* (2005a), S. 449.
77 *Wassermann, Jakob* (2005a), S. 449.
78 *Wassermann, Jakob* (2005a), S. 441.
79 Vgl. *Wassermann, Jakob* (2005a), S. 441.

IX. Occulta mors

Bald danach – Kaspar wollte kurz nach 12 Uhr das Gerichtsgebäude verlassen – sprach ihn eine unbekannte Person an.[80] Es war ein anscheinend sehr vornehmer Mann, groß, schlank, mit schwarzem Backen- und Kinnbart, Nase und Wangen wiesen kleine Blatternarben auf. Der Fremde sprach in achtungsvollem Ton:

> „Ich komme vom Hof, ich komme als Abgesandter Ihrer Mutter, ich komme, Sie zu holen. […] Sie müssen mit mir entfliehen. Alles ist bereit."[81]

Er erläuterte folgenden Plan:

> „Sie finden sich morgen nachmittag um vier Uhr im Hofgarten ein, und zwar neben der Lindenallee, wenn man vom Freibergschen Haus kommt. Man wird Sie von dort zu einem bereitstehenden Wagen führen. […] Kommen Sie ohne Mantel, so wie Sie sind; Sie werden standesgemäße Kleider finden. […] Bevor Sie in den Wagen steigen, werde ich Ihnen ein Zeichen behändigen, an dem Sie unzweifelhaft erkennen werden, daß ich zu meinem Auftrag von Ihrer Mutter bevollmächtigt bin. […] Werden Sie sich zur bestimmten Stunde am bestimmten Platze einfinden, mein Prinz?"[82]

Als Kaspar nickte, lüftete der Fremde seinen Hut und ging davon. Während des Gespräches war Kaspar nicht in der Lage gewesen, nur ein einziges Wort zu sprechen; er fragte sich: „Kann es denn sein? Freilich kann es sein, weil es doch sein muß."[83] Zu Hause sperrte Kaspar sich in seinem Zimmer ein und sagte: „Dukatus ist gekommen",[84] während ihm die Tränen die Wangen hinunterliefen. Er ordnete sodann seine Sachen. Am folgenden Nachmittag verließ er um 15 Uhr das Haus, ungeachtet eines Schneesturms nur mit einem braunen Rock bekleidet. Bei der Hofapotheke gesellte sich der Fremde zu ihm. Am Kreuzweg gab dieser mit erhobenem Arm ein Zeichen. Hinter dem Gebüsch gewahrte Kaspar zwei weitere Personen und fragte: „Wer sind diese?" und: „Wo ist der Wagen?"[85] Der Fremde antwortete nicht und holte aus seiner

---

80 Den historischen Dokumenten zufolge wurde Kaspar bereits um 9:15 Uhr angesprochen. Vgl. Bericht des Ansbacher Kreis- und Stadtgerichtrats Michael Waltenmair an den bayrischen Justizminister vom 12. Januar 1834. Vgl. *Pies, Hermann* (1928), S. 244 ff.

81 *Wassermann, Jakob* (2005a), S. 452.

82 *Wassermann, Jakob* (2005a), S. 453. Im historischen Bericht des Ansbacher Kreis- und Stadtgerichtrats Michael Waltenmair vom 12. Januar 1834 ist ausgesagt, dass der Fremde Kaspar morgens um 9:15 Uhr angesprochen und auf den Nachmittag desselben Tages in den Hofgarten bestellt hatte. Vgl. *Pies, Hermann* (1928), S. 244 ff.

83 *Wassermann, Jakob* (2005a), S. 454.

84 *Wassermann, Jakob* (2005a), S. 454.

85 *Wassermann, Jakob* (2005a), S. 459.

Manteltasche ein lilafarbenes Beutelchen hervor. Er sagte zu Kaspar: „Öffnen Sie es, Sie werden darin das Zeichen finden, das uns Ihre Mutter übergab."[86] Während Kaspar die Schnur löste, stieß der Mann einen länglichen, glänzenden Gegenstand in seine Brust. Kaspar fühlte einen Stich und etwas Eiskaltes eindringen. Er wankte, ließ dabei den Beutel fallen und brach in die Knie. Nach einer Weile vermochte er sich aufzurichten und nach Hause zu gehen. Schweißgebadet und keuchend lehnte er sich im Flur des Hauses an die Wand. Die Magd stieß bei seinem Anblick einen Schrei aus. Quandt entdeckte den haselnussgroßen Einstich nahe dem Herzen. Eine Wunde ohne Blut? fragte er sich, das gibt es nicht. „Zeigen Sie mir den Platz im Hofgarten, wo das passiert sein soll. [...] Marsch, kommen Sie!"[87] So schleppte sich Kaspar an der Seite des Lehrers zurück zum Hofgarten. „Den Beutel – will ich holen. [...] Der Mann – mir gegeben. [...] Der mich gestochen",[88] sagte Kaspar mühsam und brach vor dem Hofgarten plötzlich zusammen. Quandt bat einige hinzukommende Männer, Kaspar nach Hause zu führen; er wolle Anzeige erstatten.[89] Die Anzeige wurde unverantwortlich verzögert dem Stadtgericht zur Untersuchung übergeben. Die am Ort des Verbrechens befindlichen Blutspuren waren inzwischen durch Neugierige zertreten worden. Zeugen, die der Beschreibung Kaspars entsprachen, hatten sich gemeldet, zu spät, um den Täter zu fassen.

> „Was lag an diesem Dolch? Was lag an den Zeugen? Was lag an den Verhören? Was lag an den Indizien, womit eine saumselige Justiz ihre Unfähigkeit prahlerisch verbrämte?"[90]

Es wurde gesagt, eine geheimnisvolle Hand sei im Spiel, die Spuren zu verwischen.

Als Quandt nach der Anzeige zurückkehrte, war Kaspar bereits zu Bett gebracht worden. Hofrat Hofmann brachte einen lilafarbenen Beutel, der am Ort der Tat gefunden worden war. Die darin enthaltene, in Spiegelschrift geschriebene Botschaft klang wie Hohn:

---

86 *Wassermann, Jakob* (2005a), S. 460.

87 *Wassermann, Jakob* (2005a), S. 461 f.

88 *Wassermann, Jakob* (2005a), S. 462.

89 Von den Ärzten wurde es später für unbegreiflich erklärt, wie Kaspar mit der tödlichen Verletzung den Weg vom Hofgarten zum Lehrerhaus, vom Lehrerhaus zum Schlossplatz und wieder zurück bewältigen konnte; insgesamt rechnete man 1.600 Schritte (vgl. *Wassermann, Jakob* [2005a], S. 463). Wie später festgestellt wurde, war die Seitenwand seines Herzens durchstoßen worden (vgl. *Wassermann, Jakob* [2005a], S. 477).

90 *Wassermann, Jakob* (2005a), S. 469.

„Caspar Hauser wird Euch genau erzählen können, wie ich aussehe und wer ich bin. Dem Hauser die Mühe zu sparen, denn er könnte schweigen müssen, will ich aber selber sagen, woher ich komme. Ich komme von der bayrischen Grenze am Fluß. Ich will Euch sogar meinen Namen verraten: M. L. O."[91]

Nach diesen Worten war sich Kaspar in grenzenloser Verzweiflung sicher, getäuscht worden zu sein. Auf Veranlassung Frau von Imhoffs erschien noch am gleichen Abend der Kreisphysikus, der einen Umschlag von Senfteig auf das Herz legte und möglichste Ruhe empfahl; das Blut der Wunde sickere nach innen. Am Morgen erschien eine Gerichtskommission. Kaspar, bei klarem Bewusstsein, berichtete, ein fremder Herr habe ihm im Hofgarten am artesischen Brunnen die Tonarten erklären wollen. Lallend gab er eine Beschreibung des Mannes, auch, wie dieser ihn gestochen hatte. Am Nachmittag wusch der Medizinalrat die Wunde Kaspars, der dabei starr gegen Kissen gelehnt saß, das Gesicht grau, die Haut seines Körpers auffallend weiß. Der Medizinalrat zog den Lehrer beiseite und sagte, Hauser werde wahrscheinlich diese Nacht nicht überleben. „Das ermüdete Haupt bittet um Ruhe",[92] sprach es aus Kaspar, und zur Wärterin sagte er: „Werd' jetzt bald weggehen von dieser Lasterwelt."[93] Er begann zu phantasieren. Bis zum Abend erkundigten sich zahlreiche Personen nach seinem Befinden; Frau von Imhoff blieb lange an seinem Bett sitzen. Um 20 Uhr ließ die Pflegerin Pfarrer Fuhrmann holen. Er legte seine Hand auf Kaspars Stirn, der angstvoll umherschaute, und sprach mit ihm ein Gebet. Bei dem Wort „sterben" bäumte sich Kaspars Körper auf, und er rief dreimal: „Wo bin ich denn?"[94] Quandt sah seine letzte Chance, Kaspar das Geheimnis zu entreißen, und fragte bebend: „Hauser! Hauser! Haben Sie mir nichts mehr zu sagen?"[95] Da ergriff Kaspar die Hand des Lehrers: „Ach Gott, ach Gott, so abkratzen müssen mit Schimpf und Schande!"[96] Das waren seine letzten Worte. Zwei Tage später, der Himmel war wolkenlos blau, wurde er begraben. Die ganze Stadt nahm am Begräbnis Anteil.

Einige Tage nach Weihnachten kam Frau von Kannawurf nach Ansbach. Frau von Imhoff berichtete ihr das Geschehene und dass alle Bemühungen, das Verbrechen aufzuklären, vergeblich gewesen seien. Quandt wolle ein Buch schreiben, in welchem Kaspar als Betrüger gelte. Hickel habe den Dienst quittiert. Bei der Kreuzaufrichtung an Kaspars Grab rief Clara von Kannawurf

---

91 *Wassermann, Jakob* (2005a), S. 464.
92 *Wassermann, Jakob* (2005a), S. 475.
93 *Wassermann, Jakob* (2005a), S. 473.
94 *Wassermann, Jakob* (2005a), S. 475.
95 *Wassermann, Jakob* (2005a), S. 475.
96 *Wassermann, Jakob* (2005a), S. 476.

einigen Personen, die an der Zeremonie teilnehmen wollten, und auch Pfarrer Fuhrmann zu: „Mörder seid ihr!"[97] Danach lief sie schreiend auf die Straße. Sie war wahnsinnig geworden und wurde noch am selben Tag in eine Anstalt eingeliefert. Pfarrer Fuhrmann sagte kurz vor seinem bald darauf folgenden Tode zu Frau von Imhoff: „Mich freut die Welt nicht mehr. Warum klagte sie mich an? […] Ich hab' ihn ja liebgehabt, den Hauser!"[98] Frau von Imhoff antwortete ihm: „Die Unglückliche! […] An Liebe allein hatte sie nicht genug."[99] Der Pfarrer fuhr fort: „Schuldig sind alle, die wir da wandeln."[100] In der Mitte des hölzernen Grabkreuzes Kaspar Hausers standen auf einem herzförmigen Schild in weißen Lettern die Worte:[101]

HIC JACET
CASPARUS HAUSER
AENIGMA SUI TEMPORIS
IGNOTA NATIVITAS
OCCULTA MORS

---

[97] *Wassermann, Jakob* (2005a), S. 479.
[98] *Wassermann, Jakob* (2005a), S. 480.
[99] *Wassermann, Jakob* (2005a), S. 480.
[100] *Wassermann, Jakob* (2005a), S. 480.
[101] *Wassermann, Jakob* (2005a), S. 479.

Viertes Kapitel
Grundlagen der Rezeption

Ein erstes Schrifttum zum Kaspar-Hauser-Fall bilden die historischen Quellen aus seiner Nürnberger und Ansbacher Zeit: z. B. die Bindersche „Bekanntmachung" vom 7. Juli 1828,[1] die Aufzeichnungen Georg Friedrich Daumers über seine Beobachtungen an Kaspar Hauser,[2] Anselm von Feuerbachs Abhandlung „Kaspar Hauser. Beispiel eines Verbrechens am Seelenleben des Menschen"[3] und Papiere aus seinem Nachlass (Mémoire, Entwürfe, Briefe etc.);[4] Gutachten der Ärzte,[5] Schriften Kaspar Hausers,[6] Protokolle und amtliche Schreiben in den nach Hermann Pies „ein halbes Hundert zählenden Aktenbände[n]".[7] Aus derartigen sachbezogenen Feststellungen geht der Stoff der Geschichte Kaspar Hausers hervor.[8] Die literarische Interpretation des Falles beginnt bereits kurz nach dem Tod Hausers. In den frühen Werken ist die kriminalistische Sichtweise vorrangig;[9] dennoch sind Anja Steinbuch zufolge die Hauser-Literarisierungen des 19. Jahrhunderts nicht als lediglich „kriminalistisch-sensationslüsterne Kolportagen"[10] zu werten. Hierzu verweist Elisabeth Frenzel[11] auf den 1834 erschienenen Roman des Berliner Theologie-Professors Philipp Konrad

---

1 Vgl. *Pies, Hermann* (1987), S. 40–48.
2 Vgl. insbesondere *Daumer, Georg* (1983/1832), (1859), (1873).
3 *Feuerbach, Anselm* (1987).
4 Vgl. *Feuerbach, Ludwig* (1976/1852).
5 Vgl. z. B. die Nürnberger Ärzte Dr. Preu (z. B. Gutachten vom 11. November 1829. In: *Pies, Hermann* (1987), S. 65 f.) und Dr. Osterhausen (z. B. Gutachten (ohne Datumsangabe) aus den verschollenen Magistratsakten. Vgl. *Feuerbach, Anselm* (1987), S. 88 ff.) und die Ansbacher Ärzte Dr. Albert (z. B. Gutachten vom 31. Dezember 1833. In: *Pies, Hermann* [1928], S. 157 ff.), Dr. Horlacher (z. B. Gutachten vom 8. März 1834. In: *Pies, Hermann* [1928], S. 163 ff.) und Dr. Heidenreich (z. B. *Heidenreich, Friedrich* [1834]).
6 Vgl. z. B. *Hörisch, Jochen* (1979), S. 87–115.
7 *Pies, Hermann* (1973), S. 12.
8 Vgl. *Steinbuch, Anja* (1999), S. 35.
9 Vgl. *Stern, Olga* (1920), S. 1f. Auf darin enthaltene kolportagehafte Motive weist *Otto Jungmann* (vgl. [1935], S. 14) hin. Noch *Wassermann* erwähnt im „Caspar Hauser" derartige Elemente, wie etwa eine geheimnisvolle Botschaft (vgl. [2005a], S. 60) und die eher einem „Hintertreppen-Roman" ähnelnde Unterredung zwischen Feuerbach und Lord Stanhope (vgl. a.a.O., S. 227 ff.).
10 *Steinbuch, Anja* (1999), S. 43.
11 Vgl. *Frenzel, Elisabeth* (2005), S. 353.

Marheineke: „Das Leben im Leichentuch",[12] der das Thema der „Trägheit des Herzens" – sinngemäß – in die Literatur einführte.[13] Im Hinblick auf die ähnliche Motivstellung – so „das Fehlen der Menschenliebe"[14] – spricht Otto Jungmann von einem Vorläufer des Wassermannschen Kaspar-Hauser-Romans. Als weitere Beispiele des Schrifttums im 19. Jahrhundert seien die Werke von Ludwig Scoper,[15] Friedrich Seybold,[16] Ludwig Bechstein,[17] Karl Gutzkow[18] und Ludwig Berndt[19] angeführt. In der Literatur des letzten Viertels des 19. Jahrhunderts scheint Kaspar Hauser durch seine Widersacher endgültig als Betrüger entlarvt zu sein,[20] beispielsweise in den Schriften von Julius Meyer,[21] Otto Mittelstädt[22] wie auch Antonius von der Linde.[23] Doch bahnt sich bereits 1873 in Frankreich mit dem Gedicht Paul Verlaines „Gaspard Hauser chante"[24] ein Umbruch der Auffassung an. Man wendet sich von der Betrüger-Theorie und jeder ausschließlich kriminalistischen Betrachtungsweise ab, um dem Thema „Mensch und Welt" in der Gestalt Kaspar Hausers Raum zu geben. „Je suis venu, calme orphelin",[25] sagt Verlaine in der ersten Zeile seines Gedichtes, in welchem er Kaspar als stummes Waisenkind darstellt, als Außenseiter der Gesellschaft, mit dem auch der Dichter sich zu

---

12 *Marheineke, Philipp* (1834).

13 „Das moralische Problem [...] hat eine geraume Zeit die Welt beschäftigt." *Marheineke, Philipp* (1834), S. III. Gemäß *Otto Jungmann* zählt der Roman Philipp Marheinekes „durch seinen umfassenden Charakter und seine mehr humanistische Betrachtung" ([1935], S. 57) zu den religiösen Bildungsromanen.

14 *Jungmann, Otto* (1935), S. 55.

15 Vgl. *Scoper, Ludwig* (1834).

16 Vgl. *Seybold, Friedrich* (1834).

17 Vgl. *Bechstein, Ludwig* (1854).

18 Vgl. *Gutzkow, Karl* (1870).

19 Vgl. *Berndt, Ludwig* (1884).

20 Vgl. *Meyer, Julius* (1872). Vgl. *Mittelstädt, Otto* (1876). Vgl. *Linde, Antonius* (1887). Zur Kritik dieser Auffassung vgl. *Pies, Hermann* (1973) sowie *Otto Jungmann* (vgl. [1935], S. 21), der ebenfalls auf tendenziöse Ungenauigkeiten hinweist.

21 Vgl. *Meyer, Julius* (1872).

22 Vgl. *Mittelstädt, Otto* (1876).

23 Vgl. *Linde, Antonius* (1887).

24 *Verlaine, Paul* (1896), S. 99 f.

25 *Verlaine, Paul* (1896), S. 99.

identifizieren vermag.²⁶ Verlaine gilt als der Wegbereiter einer Literatur des 20. Jahrhunderts, in welcher die

> „durch die 'Trägheit der Herzen' der Mitmenschen bedingte Tragik der 'reinen' menschlichen Seele am Beispiel Kaspar Hausers"²⁷

führend wird. Am Anfang des 20. Jahrhunderts rückt die im Roman Wassermanns (1908) explizit im Untertitel formulierte „Trägheit des Herzens" in den Mittelpunkt der Darstellung. In der Folgezeit wird der Kaspar-Hauser-Stoff in den verschiedensten Variationen interpretiert und erscheint in Gedichten, Romanen, Dramen und in Drehbüchern u. a. von Hans Arp,²⁸ Klaus Mann,²⁹ Karl Röttger,³⁰ Peter Handke,³¹ Werner Herzog³² und Peter Sehr.³³

Das Erscheinen Kaspar Hausers in Nürnberg erinnerte seine Zeitgenossen an Geschichten der wilden Kinder und der Mythen, aber auch an literarische Erzählungen, welche die Geschichte Hausers zwischen Wahrheit und Dichtung einreihen. Die Suche nach dem Naturzustand des Menschen wird aspektiert „in den spätromantisch-naturspekulativen Tendenzen [...] im Zwischenreich philosophischer Spekulation und naturwissenschaftlicher Forschung",³⁴ wie u. a. in den Werken des Naturphilosophen Friedrich Wilhelm von Schelling und seiner Schüler, von denen Daumer beeinflusst war und dessen Lehren er an Kaspar Hauser zu erproben und zu demonstrieren suchte. Dieser Interpretationszweig des Kaspar-Hauser-Falles zog besondere Kritik durch die moderne Naturwissenschaft nach sich; andererseits überlebt er bis heute in Beiträgen der Anthroposophie. Feuerbach sieht in Kaspar Hauser das Kind.³⁵ Weitere Kennzeichen sind gemäß Weckmann die nicht bewusst gelebte Zeit und die Weltenferne.³⁶

---

26 Verlaine befand sich zur Zeit der Entstehung des Gedichtes im August 1873 im Brüsseler Gefängnis (vgl. *Gottschalk, Birgit* (1995), S. 49). Er hatte auf seinen Freund Rimbaud geschossen. Vgl. *Richer, Jean* (1975), S. 47 f.
27 *Steinbuch, Anja* (1999), S. 43.
28 Vgl. *Arp, Hans* (1964/1912).
29 Vgl. *Mann, Klaus* (1925).
30 Vgl. *Röttger, Karl* (1938).
31 Vgl. *Handke, Peter* (1968).
32 Vgl. *Herzog, Werner* (1974).
33 Vgl. *Sehr, Peter* (1993). Vgl. im Übrigen die umfassende bibliographische Darstellung des Stoffes bei *Weckmann, Berthold* (1993), S. 144 ff.
34 *Weckmann, Berthold* (1993), S. 72.
35 Vgl. *Feuerbach, Anselm* (1987), S. 20.
36 Vgl. *Weckmann, Berthold* (1993), S. 73.

In dem Prozess der Einbindung des realen Geschehens in die fiktive Erzählung eines Dichters ist eine durchgängige – eine Unterscheidbarkeit kaum mehr gestattende – Tendenz der Publikationen zur Poetisierung der historischen Fakten festzustellen.³⁷ Im Fokus der literarischen Bearbeitung steht nicht ein exaktes Abbild des historischen Kaspar Hausers, sondern eine mehr oder weniger abgewandelte Fabel. Jungmann zufolge gibt es hierfür drei Ursachen: die politischen Zeitumstände, sodann besondere Akzente im Schicksal Kaspar Hausers, ferner biographische Ähnlichkeiten mit Motiven aus Märchen, Legenden und Mythen.³⁸ Die Staatsautorität hatte - trotz, aber auch wegen der im Deutschen Bund von dem österreichischen Staatskanzler Clemens Fürst von Metternich in den Karlsbader Beschlüssen von 1819³⁹ durchgesetzten Unterdrückung liberaler und nationaler Tendenzen – erhebliche Erschütterungen erfahren.⁴⁰ Das Herrschertum war nicht mehr selbstverständlich; eine „Entgnadung des Gottesgnadentums"⁴¹ wurde deutlich. Andererseits bemühten sich die Machthaber, durch scharfe Kontrolle des öffentlichen Lebens ihre Position zu festigen.⁴² Infolgedessen mussten z. B. die ersten literarischen Darstellungen der Geschichte Kaspar Hausers aus Furcht vor Repressalien anonym veröffentlicht werden.⁴³ Das Misstrauen in die Obrigkeit machte nur allzu bereit, den Regierenden eine Schandtat wie die an Kaspar Hauser verübte zuzutrauen.⁴⁴ Die Bürger, von politischer Einflussnahme ausgeschlossen, wandten sich den Wissenschaften und Künsten zu; sie flüchteten in Bereiche der Romantik und des ganz und gar Ungewöhnlichen, des „Widerverstandliche[n]"⁴⁵ wie z. B. in den gegen Ende des 18. Jahrhunderts aufgekommenen Magnetismus, in Metaphysik oder Mystik. Oft wurden die Grenzen zum Aberglauben überschritten.⁴⁶ Nach der These Jungmanns liegt darin letztlich auch die Erklärung für den Fall

---

37 Vgl. *Weckmann, Berthold* (1993), S. 21.
38 Vgl. *Jungmann, Otto* (1935), S. 11. Auch *Berthold Weckmann* (vgl. [1993], S. 20) zufolge bündeln sich verschiedene Faktoren in der Komplexität dieses Falles: dokumentarische, mythologische, motivgeschichtliche der Heldenmythen und Findlingsgeschichten, die alle an das Schicksal Kaspar Hausers erinnern.
39 Vgl. *Stein, Werner* (1990), S. 878 u. 886.
40 Vgl. *Gottschalk, Birgit* (1995), S. 33 f.
41 *Jungmann, Otto* (1935), S. 12.
42 Vgl. *Treitschke, Heinrich*, (1933), S. 559 ff.
43 Vgl. *Jungmann, Otto* (1935), S. 54. Georg Daumer ließ aus diesen Gründen ein Manuskript „unvollendet liegen"; *Daumer, Georg* (1859), S. 175.
44 Vgl. *Jungmann, Otto* (1935), S. 12.
45 *Jungmann, Otto* (1935), S. 13.
46 Vgl. *Jungmann, Otto* (1935), S. 12 f.

„dieses aus dem Dunkel eines Kerkers aufgetauchten großen Unbekannten, in dem man doch den entrechteten badischen Thronfolger gefunden zu haben glaubte. Man will an diese Dinge glauben, auch wenn der Grad der Wahrscheinlichkeit noch so gering ist."[47]

Im kolportagehaften Charakter der – zudem der Sozialkritik unterworfenen[48] – Kerker- und Prinzentheorien sieht Jungmann einen weiteren Faktor für die Legendenbildung, der für die ersten literarischen Bearbeitungen ausschlaggebend ist.[49] Die Theorie, der zufolge Kaspar Hauser seit früher Jugend eingekerkert in einem engen, dunklen Raum fern von jedem menschlichen Kontakt gelebt hatte, übte nicht nur auf das breite Publikum besondere Anziehung aus.

„Ein Mensch war ohne jede belebte und belichtete Umgebung, ohne gegenständliche Erfahrung, ohne Sprache und ohne Wechsel der Nahrung, ohne die Kenntnis auch nur des Aussehens des einzigen Menschen, mit dem er es zu tun hatte, seines Bewachers und Betreuers, ohne Erinnerung an einen vormaligen anderen Zustand aufgewachsen."[50]

In den frühen literarischen Darstellungen bildet die Einkerkerung häufig das zentrale Geschehen:[51]

„Der Reiz des Ungeklärten, des Geheimnisvollen, des Verbrechens, noch dazu mit den Machenschaften des hohen Adels gewürzt, beschäftigte auch die literarische Phantasie."[52]

---

47 *Jungmann, Otto* (1935), S. 13.
48 Vgl. *Gottschalk, Birgit* (1995), S. 33. Nach dem Tod Kaspar Hausers benutzte die politische Opposition den Hauser-Fall verstärkt in ihrem Kampf gegen die feudale Herrschaft. Vgl. *Weckmann, Berthold* (1993), S. 73.
49 Vgl. *Jungmann, Otto* (1935), S. 11 und S. 13–15. Ebenso *Gottschalk, Birgit* (1995), S. 35 ff.
50 *Blumenberg, Hans* (1989), S. 397.
51 Vgl. *Jungmann, Otto* (1935), S. 13 f. Der Kerkergeschichte liegen mehrere historische Quellen zugrunde: erste ist die Bindersche „Bekanntmachung" vom 7. Juli 1828 mit den aus Kaspar Hauser „herausgefragten" Angaben (vgl. *Pies, Hermann* (1987), S. 39–48); sodann die Selbstbiographie Kaspar Hausers vom Februar 1829 (vgl. *Pies, Hermann* (1985), S. 419–423), das Verhör Kaspars vom 6. November 1829 vor dem Nürnberger Kreis- und Stadtgericht (vgl. *Pies, Hermann* (1985), S. 481–484) sowie die „Aufzeichnungen Professor Dr. Hermanns über Hausers Leben in seinem Käfig und seine Reise von da nach Nürnberg" (in: *Pies, Hermann* (1985), S. 448–455).
52 *Theisz, Reinhard* (1976), S. 169. Die Hauser-Forschung findet bis heute keine Gewissheit über den Ort der Einkerkerung: weder das vermutete Komturschloss Beuggen am Hochrhein in Baden, noch das Pfarrhaus zu Hochsal, noch das – 1924 von der Schriftstellerin Klara Hofer vermutete – Schloss Pilsach bei Neumarkt, bayrische Oberpfalz (vgl. *Jungmann, Otto* [1935], S. 14), noch das Jagdschloss Falkenhaus im fränkischen Triesdorf (vgl. *Daumer, Georg* [1873], S. 439).

Ähnlich anziehend wirkt die Prinzentheorie, die besagt, Kaspar Hauser sei der legitime Erbprinz des Hauses Baden gewesen. Diese diente den Autoren insbesondere zur Darstellung eines möglichst großen sozialen Spannungsgefälles im Schicksal des eingekerkerten Helden. Kaum ein Autor verzichtete auf dieses Motiv; auch im Werk Wassermanns ist – so Jungmann – die Prinzentheorie „ein nicht wegzudenkender Bestandteil der Gesamtanlage des Buches".[53] Weitere der zahlreichen Herkunftstheorien führt auch Berthold Weckmann an, „nach welchen H. bald die Frucht einer sündlichen oder verbotenen Liebe und der natürliche Sohn eines Geistlichen oder einer vornehmen ledigen Mutter, bald ein Fürstenkind, oder das Opfer einer tückischen Erbschleicherei sein sollte".[54] Jedoch vermochte keine besondere Bedeutung zu erlangen. Die hohe Abkunft des Helden wird im Roman gleichsam zum Sinnbild eines außergewöhnlichen Menschentums, zum unbeschreiblichen Faszinosum[55] der reinen Quelle menschlichen Seins,[56] zugleich aber auch zum Prüfstein für den „Unbestand, die Gleichgültigkeit, den argwöhnischen Kleinsinn, den tückischen Neid, womit die Welt sich dem Hohen und Reinen, das sie nicht begreift, gegenüberzustellen pflegt".[57]

Eine dritte Ursache der Bildung der Kaspar-Hauser-Legende sieht Jungmann in dessen schicksalhafter Übereinstimmung mit Dümmlings- und Findlingsmotiven in Märchen, Legenden und Mythen.[58] Das Dümmlingsmotiv zeigt sich in Kaspars Naivität und Subjektlosigkeit, aber auch in der Verkörperung ursprünglichen Menschentums.[59] Dem Findlingsmotiv entspricht seine Elternlo-

---

53 *Jungmann, Otto* (1935), S. 17. *Otto Jungmann* (vgl. [1935], S. 15) zufolge hätten die Romane ohne Prinzentheorie kaum eine derartige Popularität erlangt. *Sigmund Freud* [vgl. 1970], S. 223) entlarvt diese Theorie als eine typische Kindheitsphantasie, die gleichzeitig dem Verlauf des Mythos entspricht: Gemäß Freud entwickeln Kinder in der Ablösungsphase von der elterlichen Autorität die Phantasie, ein Stiefkind oder angenommenes Kind der bisher vergötterten Eltern zu sein. Die Prinzentheorie rührte an eine im Unbewussten der Nürnberger verschüttete Kindheitsphantasie.
54 Zit. n. *Weckmann, Berthold* (1993), S. 152.
55 Vgl. *Weckmann, Berthold* (1993), S. 168.
56 Die Frage nach dem Ursprung ist in der Literatur Gegenstand frühester Überlieferung; besondere Ausformungen bilden die Heroen-Mythen. In der Zeit der Aufklärung war diese Suche das zentrale Leitmotiv. Vgl. *Weckmann, Berthold* (1993), S. 70 f.
57 Anonymus (1908). „Denn dies ist seit Kain und Abel eine der Grundnormen für das Zusammenleben von Menschen." *Goldstein, Walter* (1933), S. 23.
58 Vgl. *Jungmann, Otto* (1935), S. 18. *Elisabeth Frenzel* (vgl. (2005), S. 352) erwähnt zudem das Motiv des gefangenen Prinzen. Vgl. auch *Theisz, Reinhard* (1976), S. 168. *Ulrich Struve* ([1992], S. 1) sieht in Kaspar Hauser eine „Gestalt von geradezu mythischen Proportionen".
59 Weitere Beispiele sind Parzival, Simplicissimus und Émile. Zu Parzival vgl. *Eschenbach, Wolfram von* (1998); zur „tumpheit" Parzivals vgl. auch *Bumke, Joachim* (2004),

sigkeit, die unbekannte Herkunft, eine lange außerhalb der Gesellschaft verbrachte Zeit[60] sowie das Gerücht seiner adligen Abkunft.[61] In der modernen Literatur wird – unter dem Einfluss des Christentums – das Motiv der Aussetzung eines Kindes Instrument persönlicher oder sozialer Anklage.[62] In seiner unschuldigen Opferrolle erwächst auch der Findling Kaspar Hauser zur mythischen Gestalt, die sich sogar der „Gestalt Christi"[63] annähert.[64]

Zu den Denkkategorien der Nürnberger zählten der „edle Wilde"[65] oder der „homo ferus"[66] – Begriffe philosophischer Diskussionen und literarischer Erörterungen über den ursprünglichen Zustand des Menschen;[67] so hatte beispielsweise Jean-Jacques Rousseau gelehrt, der Mensch sei seiner wahren Natur nach gut, werde jedoch durch die Gesellschaft verdorben.[68] Rousseau übertrug die Lehre vom „edlen Wilden" auf die Kindheit, deren Naturzustand

---

S. 147 f. Zu Simplicissimus vgl. „Lebensgeschichte eines tumben Bauernjungen"; *Frenzel, Herbert* (1964), S. 125. Zu Émile vgl. *Rousseau, Jean-Jacques* (1762).

60 Vgl. *Sampath, Ursula* (1991), S. 23 ff. Ende des 18., Anfang des 19. Jahrhunderts – nicht lange vor dem Erscheinen Kaspar Hausers – fanden sich in zahlreichen Dramen und Romanen Vorprägungen der Kaspar-Hauser-Geschichte, die das „Findelkind" thematisierten. Vgl. *Weckmann, Berthold* (1993), S. 68 f.

61 Vgl. *Jungmann, Otto* (1935), S. 18. Der Verdacht vornehmer Abkunft erwies sich im Falle Kaspar Hausers als verhängnisvoll. Vgl. *Frenzel, Elisabeth* (1999), S. 358. Bekannte Findlings-Heldengestalten sind z. B. Moses, Joseph, Dionysos, Gilgamesh, Romulus und Remus. Vgl. die Heldengestalten bei *Rank, Otto* (2000). Im Anschluss an *Otto Rank* sieht *Sigmund Freud* (1970) in den Heldengeschichten Entsprechungen typischer Kindheitsphantasien.

62 Vgl. *Frenzel, Elisabeth* (1999), S. 341.

63 *Frenzel, Elisabeth* (2005), S. 354. Vgl. auch *Mann, Thomas* (1960), S. 555. Vgl. auch *Struve, Ulrich* (1995).

64 Für *Thomas Mann* ist das Heldenideal Jakob Wassermanns „der Mensch in seiner ursprünglichen Reinheit" ([1960], S. 555). „Als eine quasimythische Gestalt könnte er in seiner Reinheit und Unschuld zu einem säkularen Erlöser werden – zu jemandem, der die Werte inkarniert, an denen sich die Menschheit orientieren könnte." *Schmitz-Emans, Monika* (2007), S. 82. „Dieser [...] Poetisierungsprozeß ist nicht an einen bestimmten Personenkreis gebunden, sondern vollzieht sich im gesamtgesellschaftlichen Rahmen." *Oechel-Metzner, Claudia-Elfriede* (2005), S. 104.

65 *Frenzel, Elisabeth* (1999), S. 830.

66 Vgl. *Gottschalk, Birgit* (1995), S. 43.

67 Vgl. *Gottschalk, Birgit* (1995), S. 40 ff. Es handelte sich dabei um Relikte aus der Zeit der Aufklärung, in welcher der menschliche Naturzustand – in der Vorstellung allgemeiner Gleichheit und Freiheit – Stütze bürgerlicher Emanzipationsideologie bedeutete. Vgl. a.a.O., S. 41 f. *Berthold Weckmann* verweist hierzu auf das geistesgeschichtliche „Theorem des 'Goldenen Zeitalters'" ([1993], S. 20).

68 Vgl. *Rousseau, Jean-Jacques* (1965).

erst durch die Gesellschaft verdorben werde.[69] Im Jahr 1750 bejahte Rousseau die Frage der Akademie von Dijon, ob mit der Weiterentwicklung der Wissenschaften und der Kultur ein Verfall der Sitten einhergegangen sei:[70] „In dem Maß, in dem unsere Wissenschaften und Künste zur Vollkommenheit fortschritten, sind unsere Seelen verderbt geworden."[71] Als Kaspar Hauser 1828 in Nürnberg erscheint, ist der einem Bauern ähnlich gekleidete, des Sprechens grundsätzlich fähige, sich höflich verhaltende und vor allem herzensgute Jüngling für seine Zeitgenossen

> „die letzte lebende [...] Bestätigung der Rousseauschen These vom ursprünglich guten Naturzustand des Menschen".[72]

Man nennt ihn „Kind von Europa"[73] und ist gewillt, „am Sonderfall eines dem gemutmaßten Naturzustand der Menschheit nahestehenden Objektes die Wirkung zivilisatorischer Einflüsse zu prüfen".[74] Feuerbach berichtigt später den anfänglichen Verdacht, in dem Findling einen „homo ferus" vor sich zu haben;[75] dieser sei

> „nichts weniger als blöd- oder wahnsinnig, dabei so sanft, folgsam und gutartig, daß Niemand versucht werden konnte, diesen Fremdling für einen Wilden oder unter den Thieren des Waldes aufgewachsenen Knaben zu halten."[76]

Beginnend mit der „Bekanntmachung" Bürgermeister Binders wird Kaspar Hauser als „edler Wilder" schon zu Lebzeiten aufgrund seiner von der Gesellschaft nicht korrumpierten naturmenschlichen Ursprünglichkeit zu einer legendären Wundergestalt hochstilisiert, wodurch er jedoch zum Außenseiter der Gesellschaft wird.[77] Auch Kálmán Kovács sieht in Kaspar Hauser ein anthropologisches Paradigma für den Urzustand des Menschen.[78]

---

69 Vgl. *Gottschalk, Birgit* (1995), S. 42. Vgl. *Frenzel, Elisabeth* (1999), S. 830.
70 Vgl. *Kovács, Kálmán* (2000), S. 73.
71 *Rousseau, Jean-Jacques* (1983), S. 15.
72 *Gottschalk, Birgit* (1995), S. 48.
73 *Gottschalk, Birgit* (1995), S. 47.
74 *Bitterli, Urs* (2004), S. 197. Die Prüfungen der außergewöhnlichen Phänomene Kaspar Hausers durch Daumer und seinen Kreis Gleichgesinnter (vgl. *Daumer, Georg* [1983]), von denen neben Daumer u. a. auch der spätere Philosoph Ludwig Feuerbach im Juli/August 1828 berichtet (vgl. *Daumer, Georg* [1873]): „Aufzeichnungen von Dr. Ludwig Feuerbach aus den Monaten Juli und August 1828", S. 124–129), sind in diesem Sinne zu werten.
75 Vgl. *Pies, Hermann* (1987), S. 300 f.
76 *Feuerbach, Anselm* (1987), S. 20.
77 Vgl. *Gottschalk, Birgit* (1995), S. 39. Gemäß *Berthold Weckmann* setzt sich die gefühlvolle Darstellung Binders bis in die Berichte neuerer Zeit fort, und Kaspar Hau-

Die Literatur war nicht das einzige Gebiet, das sich mit Kaspar Hauser beschäftigte. An dem in vieler Hinsicht außergewöhnlichen Fall zeigten auch die Medizin, Psychologie, Pädagogik, politische Geschichte, Kriminalistik, Jurisprudenz, wie auch die Anthroposophie Interesse.[79]

Kaum ein anderer Dichter war in gleichem Maß berufen, die Geschichte von Kaspar Hauser literarisch zu interpretieren, wie Jakob Wassermann.[80] Nach seinen eigenen Worten bedeutete Hauser für ihn „eine Vision seit dem Erwachen des Bewußtseins beinah".[81] Wassermann wurde in Fürth geboren – nahe bei Nürnberg, dem Ort des ersten Erscheinens Kaspar Hausers – und lebte bis zum 16. Lebensjahr ebenfalls in der fränkischen Landschaft und Sprache ihrer Menschen. Zu dieser Zeit wusste die ältere Generation noch durch eigenes Erleben von Hauser; der Großvater Wassermanns hatte mit ihm mehrmals im Vestnerturm gesprochen.[82] Er zeigte dem kleinen Jakob die Plätze in Nürnberg, an denen Kaspar gelebt hatte. Die seinerzeit noch alles durchdringende Atmosphäre, die von dem geheimnisvollen Fremden ausgegangen war, blieb Wassermann unvergesslich. Auch während seiner Tätigkeit als Versicherungskorrespondent in Nürnberg ging er jeden Abend durch die Gassen der Stadt hinauf zur Burg und zum düsteren Gemäuer des Vestnerturms, welcher ihm seit seiner Kindheit als erster Aufenthalt Kaspar Hausers in der Menschenwelt bekannt war.[83] Die Idee, die Geschichte Kaspar Hausers in einer Dichtung darzustellen, zählte zu den frühesten Plänen Wassermanns; sie ging auf sein 17. Lebensjahr zurück. Ungeachtet mehrerer Entwürfe in späterer Zeit vergingen 15 Jahre bis zur endgültigen Verwirklichung seines Vorhabens. Wassermann erkannte früh, dass zur Darstellung eines derartigen Geschehens außer einer völligen Beherrschung des Metiers Lebenserfahrung und zahlreiche vorausgehende Studien erforderlich waren. Hierzu sagte er in seinem Aufsatz „Meine persönlichen Erfahrungen mit dem Caspar-Hauser-Roman":[84] „Die

---

ser wird zum „Spiegel der je eigenen Gefühle seiner Interpreten" ([1993], S. 159). Der Verweis Weckmanns auf „das rührende Moment" ([1993], S. 159) auch in der Darstellung von Feuerbachs (1987/1832) „Kaspar Hauser" mindert m. E. nicht die wissenschaftliche Kompetenz Feuerbachs.

78 Vgl. *Kovács, Kálmán* (2000), S. 78.
79 Vgl. *Weckmann, Berthold* (1993), S. 11.
80 Gemäß *Olga Stern* ist Wassermanns Roman „aus der Seele der fränkischen Landschaft heraus empfunden" ([1920], S. 2).
81 *Wassermann, Jakob* (1928a), S. 128.
82 Vgl. *Jungmann, Otto* (1935), S. 71 f.
83 Vgl. *Wassermann, Jakob* (2006), S. 102.
84 *Wassermann, Jakob* (1928b).

Studien allein, Beschaffung des Materials, der Akten und einschlägigen Literatur beanspruchten Jahre."[85] Noch 1904 verwarf Wassermann ein beinahe fertiges Manuskript. Als Vorarbeit für die nunmehr beabsichtigte halb historische, chronikartige, halb poetische Form schrieb er die Erzählung „Die Schwestern".[86] Während dieser Zeit ging Wassermann durch die Hölle eines verzweifelt um Ausdruck Ringenden:

> „Will einer Welt und Gestalt formen, so bleibt ihm die Hölle des Suchens und der Enttäuschung nicht erspart."[87]

Oft nahe daran, den Plan fallen zu lassen, gelangte er schließlich zu der Erkenntnis, dass es ihm nichts bedeuten könne, lediglich eine allgemeine Fabel zu verfassen; erst die Entdeckung einer übergeordneten Idee der Geschichte ermöglichte den Fortgang der Arbeit. Am 3. Dezember 1905 schrieb er in sein Tagebuch:

> „'Der gestrige Abend verdient einen roten Strich im Kalender. […] Urplötzlich vermählte sich in mir die Caspar-Hauser-Vision mit der Trägheitsidee, […] die ganze Tragödie stand gewaltig da, und der Titel war mit leuchtenden Lettern an die Wand gemalt: Caspar Hauser oder die Trägheit des Herzens.' Damit war Spiel und Gegenspiel gegeben: Caspar Hauser gegen die Welt."[88]

Die tatsächlichen Geschehnisse verloren ihre primäre Bedeutung zugunsten der tragenden Idee des Werkes: „Die Trägheit des Herzens". Zur Fertigstellung des Romans (eine spätere Umarbeitung sollte dennoch erfolgen) berichtete Marta Karlweis[89] in ihrer Biographie Wassermanns dessen Tagebucheintragung vom 14. März 1907:

> „Gestern, am dreizehnten März, Mittwoch um halb ein Uhr mittags habe ich den Caspar Hauser beendet. Als ich auf der letzten Seite die Kirchhofszene schrieb, begannen die Glocken der Grinzinger Kirche feierlich zu läuten. Ich nehme es als gutes Omen."[90]

Dennoch arbeitete Wassermann den Roman nochmals um, bevor er am 29. September 1907 endgültig abgeschlossen war;[91] die Erstveröffentlichung erfolgte ab Oktober 1907 in Fortsetzungen in der Zeitschrift „Über Land und

---

85 *Wassermann, Jakob* (1928b), S. 129.
86 *Wassermann, Jakob* (1906).
87 *Wassermann, Jakob* (1928a), S. 130.
88 *Wassermann, Jakob* (1928a), S. 130 f.
89 Marta Karlweis war Wassermanns zweite Ehefrau. Vgl. *Müller-Kampel, Beatrix* (2007), S. 12
90 *Wassermann, Jakob.* Zit. n. *Karlweis, Marta* (1935), S. 192.
91 Vgl. *Karlweis, Marta* (1935), S. 202.

Meer".[92] 1908 erschien er in der Deutschen Verlagsanstalt Stuttgart,[93] vier Jahre später im S.-Fischer-Verlag.[94]

Im Rückblick formulierte Wassermann in seiner 1928 erschienenen Schrift „Lebensdienst. Gesammelte Studien, Erfahrungen und Reden aus drei Jahrzehnten"[95] seine Intentionen bei der Abfassung des Romans:

> „Bei der Konzeption des Romans und der Vision der Caspar-Hauser-Gestalt mußte mir die historische Grundlage schließlich ebenso gleichgültig werden, wie die kriminalistischen und genealogischen Forschungsergebnisse."[96]

In seiner Vision der Kaspar-Hauser-Gestalt erblickte er den

> „Inbegriff der Reinheit und der Schuldlosigkeit."[97]

Für ihn war das Wesentliche des Stoffes

> „das tragisch Gesetzhafte einer von der Welt noch nicht befleckten Seele und wie die Welt stumpf und verständnislos daran vorübergeht."[98]

Insoweit betraf das Anliegen Wassermanns die

> „Darstellung einer Menschwerdung und die Schuld der unbegreifenden Welt an der Zerstörung einer Seele."[99]

In „Mein Weg als Deutscher und Jude" heißt es dazu im Näheren:

> „Doch bei all dem Probieren und Verzagen, Graben und Verzweifeln wuchs mir die Figur des Nürnberger Findlings unerwartet hoch empor und sein Schicksal ward mir zum Schicksal des menschlichen Herzens überhaupt. Das Menschenherz gegen die Welt; als ich diese Formel gefunden hatte, hoben sich die Schleier, und wenngleich noch viele Mühsal zu bezwingen war, so blieb doch der Weg ins Licht."[100]

Der Kriminalrechtsfall Kaspar Hauser erreichte in der literarischen Interpretation Wassermanns mit dem Aspekt der „Trägheit des Herzens" einen Höhepunkt der Darstellung;[101] der Roman avancierte zum Bestsel-

---

92 *Wassermann, Jakob* (1907).
93 *Wassermann, Jakob* (1908).
94 *Wassermann, Jakob* (1912).
95 *Wassermann, Jakob* (1928a).
96 *Wassermann, Jakob* (1928a), S. 143.
97 *Wassermann, Jakob* (1928a), S. 133.
98 *Wassermann, Jakob* (1928a), S. 131.
99 *Wassermann, Jakob* (1928a), S. 143.
100 *Wassermann, Jakob* (2005), S. 80.
101 Vgl. *Frenzel, Elisabeth* (2005), S. 354. Vgl. ebenso *Jungmann, Otto* (1935), S. 19 und S. 23.

ler.[102] Jahrzehnte nach dem Tod Kaspar Hausers war eine neue Literatengeneration herangewachsen, die die spektakulären kriminalistischen Fakten mit zeitlichem Abstand zu betrachten vermochte und erweiterte Perspektiven der Geschichte aufzeigte.[103] Für Weckmann ist der Grundzug des Stoffes kriminalistisch-sensationell, zugleich rührend und sich auf überzeitliche Sinnfragen menschlichen Daseins richtend.[104] Wie Verlaine brach Wassermann mit der bisherigen Tradition der Vorrangigkeit äußerer Fakten und stellte die „eine Welle von Sentiment"[105] erzeugende Opfer-Gestalt „Kaspar Hauser" der Welt in ihrer Herzensträgheit gegenüber.[106] Gemäß Olga Stern erfasste er „Hausers Schicksal aus dem Mangel an verständnisvoller Liebe der Mitwelt".[107] Wassermann erwies sich in dem zu seinen Frühwerken zählenden Hauser-Roman entsprechend der am Übergang zum 20. Jahrhundert in der Literatur aufgekommenen Gegenströmung zum Naturalismus als Neuromantiker,[108] jedoch auch beeinflusst vom Naturalismus.[109] In Nachfolge des französischen Symbolismus gilt Wassermann als „Urvater"[110] des Symbolismus in Deutschland. Seine Darstellung Kaspar Hausers sprengt die menschliche Begrenzung der Gestalt und lässt diese zum Symbol werden. „Zum Symbol wird die Gestalt"[111] heißt es in der letzten Zeile des dem Roman vorangestellten Verses, gleichsam als Charakteristikum des gesamten Romans.[112] Der Kaspar-Hauser-Roman Jakob Wassermanns spiegelt u. a. den Zeitgeist der Epoche um die Jahrhundertwende und

---

102 Vgl. *Koester, Rudolf* (1996), S. 35.

103 Vgl. *Jungmann, Otto* (1935), S. 20.

104 Vgl. *Weckmann, Berthold* (1993), S. 327 f.

105 *Weckmann, Berthold* (1993), S. 246. Siehe auch *Thomas Mann* ([1960], S. 555): Die Kaspar-Hauser-Gestalt vermittele „eine Welle von Gefühl; sie ist groß und rührend".

106 Vgl. *Kovács, Kálmán* (2000), S. 52 f. Verlaine konzentriert sich z. B. auf die Symbolik des Außenseiters. Das Werk Wassermanns zeigt eine Betonung gefühlsgeladener sowie stilisiert-legendenhafter Züge. Letztlich geht es um ewig-menschliche Fragen, die sich in der Person des Findlings sinnbildhaft bündeln. Vgl. *Weckmann, Berthold* (1993), S. 325. Insoweit zeigt sich der Hauser-Fall als zugehörig zu der von der Antike bis in die naturgeschichtlichen Diskussionen der Aufklärung reichende Frage nach der Stellung des Menschen in der Schöpfungsordnung und nach seinem Ursprung. Diese epochenübergreifende Suche nach Stellung und Ursprung des Menschen ist im Hauser-Fall versinnbildlicht. Vgl. *Weckmann, Berthold* (1993), S. 325 f.

107 *Stern, Olga* (1920), S. 2.

108 Vgl. *Koester, Rudolf* (1996), S. 35.

109 Vgl. *Goldstein, Walter* (1933), S. 7 f. Vgl. *Frenzel, Herbert* (1964), S. 122–130.

110 *Kovács, Kálmán* (2000), S. 83.

111 *Wassermann, Jakob* (2005a), S. 7. Kaspar Hauser sowie seine Gegenspieler sind Sinnbilder, die für etwas anderes stehen. Vgl. *Weckmann, Berthold* (1993), S. 328.

112 „Der Wille zur symbolischen Überhöhung und bedeutungsvollen Aufladung durchzieht das ganze Werk." *Weckmann, Berthold* (1993), S. 245.

Anfang des 20. Jahrhunderts, in welcher 1908 der Roman „Caspar Hauser" erscheint. Zu jener Zeit zerbrach die bisher fraglose Geborgenheit in der Einheit des Lebensgrundes des Menschen und machte dem Gefühl einer zerstückelten Existenz Platz.[113] Die verlorene Einheit neu zu finden wurde besondere Aufgabe der Dichtung sowie der Lebensphilosophie. Gemäß Wolfdietrich Rasch finden sich in der deutschen Literatur um 1900 häufig symbolische Darstellungen der Ganzheit.[114] So ist auch Kaspar Hauser in seiner Ursprungsverbundenheit bei seinem Erscheinen in Nürnberg für seine Umgebung ein Unterpfand für die Ganzheit allen Seins, welches die Mit-Welt tief beeindruckte. In der Erkenntnis einer unheilen Welt und der Erlösungsbedürftigkeit des Menschen sah Wassermann die Rolle des Dichters in seiner Zeit als einen Wegweiser, Mahner,[115] wie auch Gestalter von Leitbildern – dieses im „Glauben an die Bedeutung und die Macht des dichterischen Wortes".[116] Wassermann verstand für sich persönlich darunter „das Menschliche schlechthin"[117] und sah seine Gestalten als symbolische Verkörperungen menschlicher Eigenschaften und Handlungen. Ihm ging es um die Darstellung einer tieferen Bedeutung des Schicksals Kaspar Hausers.[118] Auch Thomas Mann verwies auf eine Vertiefung des Stoffes im Roman Wassermanns; für ihn war der Held Wassermanns „der Heilige, der Erlöser".[119] Kaspar Hauser in seiner ursprünglichen Unschuld und Reinheit gelangte in die Nähe dieses Typus überzeitlicher Sinnhaftigkeit.[120] Insoweit ist hier von einer symbolischen Rezeption des Hauser-Falles zu sprechen. Die Geschichte von Kaspar Hauser erscheint gleichsam als letzter moderner Mythos. So ließ Wassermann im Roman Daumer sagen:

> „Es ist eine uralte Legende, dies Emportauchen eines märchenhaften Geschöpfs aus dem dunkeln Nirgendwo; die reine Stimme der Natur tönt uns plötzlich entgegen, ein Mythos wird zum Ereignis."[121]

Auch zeigte sich Wassermann hier als Volksdichter,[122] für den ethisches Lehren und Belehren ein wesentliches Anliegen waren.[123] Er erwies sich

---

113 Vgl. *Kovács, Kálmán* (2000), S. 76.
114 Vgl. *Rasch, Wolfdietrich* (1981), S. 24.
115 *Hans Aufricht-Ruda* ([1933], S. 367) sieht in Wassermann die Gestalt „des Rufers in der Wüste".
116 *Schmitz-Emans, Monika* (2007), S. 80.
117 *Schmitz-Emans, Monika* (2007), S. 79.
118 Vgl. *Weckmann, Berthold* (1993), S. 245.
119 *Mann, Thomas* (1960), S. 555.
120 Vgl. *Weckmann, Berthold* (1993), S. 246.
121 *Wassermann, Jakob* (2005a), S. 41.
122 Vgl. *Jungmann, Otto* (1935), S. 48. Auf formaler Ebene wollte Wassermann eine Volkslegende schaffen. „Es geht dem Verfasser […] darum, das auf moralischer Ebene

gleichzeitig als Gesellschaftskritiker, sowohl im Hinblick auf den Menschen in seinem vielfältigen Sein als auch auf die Institutionen von Staat und Kirche.[124] Auch der aus der neuromantischen Zeitströmung erwachsene Trend zum Irrationalen, so zu den Themen „Seele" und „Mythus",[125] kennzeichnet dieses Werk Wassermanns. An vielen Stellen des Romans ist von der Seele die Rede; z. B. ließ Wassermann Daumer über Kaspar sagen:

> „Seine Seele gleicht einem kostbaren Edelstein, den noch keine habgierige Hand betastet hat."[126] „Man wird sehen, daß es gültige Beweise gibt für die Existenz der Seele, die von allen Götzendienern der Zeit mit elender Leidenschaft geleugnet wird."[127]

Oder Daumer belehrte Kaspar:

> „Die Seele gibt deinem Körper das Leben. Leib und Seele sind einander vermischt. Jedes von beiden ist, was es ist, aber sie sind so untrennbar gemischt wie Wasser und Wein, wenn man sie zusammengießt."[128]

Die zum Untertitel des Romans bestimmten Worte von der „Trägheit des Herzens" stellen das gesamte Werk unter das Thema der Herzensqualität. Wassermann hat in der mit leuchtenden Lettern an die Wand gemalten Botschaft eine neue Sichtweise der Kaspar-Hauser-Gestalt gefunden: In der Verbindung des Stoffes des Falles mit dem erweiterten Thema der „Trägheit des Herzens" schuf er einen zum unschuldigen Opfer fokussierten Kaspar. Seine Vision war Kaspar Hauser in seiner Reinheit und seiner von der Welt noch nicht befleckten Seele, welche durch die Schuld der stumpfen und verständnislosen Welt zerstört wurde. Jeder, der Kaspar begegnete, wurde dem Maßstab der „Trägheit des Herzens" unterzogen; bis auf einen – den einfachen Wachsoldaten Schildknecht – versagte jeder. Gegenüber der Unschuld Kaspar Hausers wurde die – im Roman teilweise verstärkt gezeichnete – Fehlhaltung der Menschen zum moralischen Vergehen. Diese

---

Ergreifende zu verdeutlichen, die Figur steht ihm in parabolischer Weise für jene im Untertitel des Romans explizit gemachte Formel von der 'Trägheit des Herzens'." *Weckmann, Berthold* (1993), S. 324.

123 In späterer Zeit hielt Wassermann auch Vorträge an Universitäten – u. a. in Schweden, in den Vereinigten Staaten von Amerika, in Holland und in der Schweiz – und stand dort der Jugend in ihrer Lebensproblematik beratend zur Verfügung. Vgl. *Wassermann, Jakob* (1932a). Vgl. *Karlweis, Marta* (1935), S. 353 und S. 391.

124 Vgl. *Frenzel, Elisabeth* (2005), S. 354. Vgl. *Koester, Rudolf* (1996), S. 35. Vgl. *Goldstein, Walter* (1933), S. 11.

125 Vgl. *Frenzel, Herbert* (1964), S. 123.

126 *Wassermann, Jakob* (2005a), S. 41.

127 *Wassermann, Jakob* (2005a), S. 19.

128 *Wassermann, Jakob* (2005a), S. 64.

Versündigung am anderen Menschen – letztlich das Fehlen der Nächstenliebe – verdeutlichte Wassermann als allgemeines menschliches Übel an mehreren Beispielen im Roman. In „Mein Weg als Deutscher und Jude" formulierte er, was er intendierte:

> „Die Idee des Caspar Hauser war, zu zeigen, wie Menschen aller Grade der Entwicklung des Gemüts und des Geistes, vom rohesten bis zum verfeinertsten Typus, der zwecksüchtige Streber wie der philosophische Kopf, der servile Augendiener wie der Apostel der Humanität, der bezahlte Scherge wie der besserungssüchtige Pädagoge, das sinnlich erglühte Weib wie der edle Repräsentant der irdischen Gerechtigkeit, wie sie alle vollkommen stumpf und vollkommen hilflos dem Phänomen der Unschuld gegenüberstehen, wie sie nicht zu fassen vermögen, daß etwas dergleichen überhaupt auf Erden wandelt, wie sie ihm ihre unreinen oder durch den Willen getrübten Absichten unterschieben, es zum Werkzeug ihrer Ränke und Prinzipien machen, dieses oder jenes Gesetz mit ihm erhärten, dies oder jenes Geschehnis an ihm darlegen wollen, aber nie es selbst gewahren, das einzige, einmalige, herrliche Bild der Gottheit, sondern das Holde, Zarte, Traumhafte seines Wesens besudeln, sich vordringlich und schänderisch an ihm vergreifen und schließlich morden. Der zuletzt den Stahl führt, ist nur ausübendes Organ; gemordet hat ihn jeder in seiner Weise: die Liebenden so gut wie die Hassenden, die Lehrenden wie die Verklärenden; die ganze Welt ist an ihm zum Mörder geworden."[129]

Kaspar Hauser war nicht der zu außergewöhnlichen Taten bestimmte Heros mythischer Zeiten; er war auch nicht derjenige, der sterbend noch die „Trägheit des Herzens" besiegte.[130] Der Kaspar Hauser Wassermanns war das unschuldige, noch in der Einheit des Lebensursprungs ruhende Kind im Körper eines Jünglings von etwa 17 Jahren, das von den Verformungen, welche der Zwang der Gesellschaft bewirkt, noch nicht betroffen war. Abgeschlossen von der Außenwelt und ohne jede Erfahrung eines Anderen, eines Du, hatte er eine lange Kerkerzeit verbracht – die jedoch in der Abgeschlossenheit erfahrene Geborgenheit im Grund des Seins machte verständlich, dass er sich nach seiner Freilassung gelegentlich dorthin zurücksehnte.[131] Im Vestnerturm beeindruckte er durch seine unschuldige Kind-Natur.[132] Doch nicht nur die ungewohnten

---

129 *Wassermann, Jakob* (2005), S. 84 f.
130 Vgl. *Mann, Thomas* (1960), S. 555.
131 Vgl. *Kovács, Kálmán* (2000), S. 93 f. Auch im Roman Wassermanns war es der innigste Wunsch Kaspars, dorthin zurückkehren zu dürfen (vgl. *Wassermann, Jakob* [2005a], S. 45).
132 Vgl. *Daumer, Georg* (1873), S. 123 und S. 149 ff. „Sein ganzes Benehmen war [...] ein reiner Spiegel kindlicher Unschuld." *Feuerbach, Anselm* (1987), S. 34. In seinem Brief vom 20. September 1828 an Elise von der Recke sagte *Feuerbach* (a.a.O., S. 274): „In sittlicher Beziehung ist Kaspar Hauser eine lebendige Widerlegung des Lehrsatzes von der Erbsünde." *Feuerbach* (a.a.O., S. 88) befürchtete, „daß Kaspar Hauser entweder an

Geräusche der Umgebung wie auch die Tageshelle quälten ihn; sein eigentliches Leiden begann mit dem Besucherzustrom. Unablässig drangen die Menschen in seine Zelle, bestaunten ihn, kamen ihm zu nahe. Auch belustigten sie die Reaktionen auf die mit ihm ausgeführten Experimente. Auf Bestellung wurde er sogar in Gasthäusern vorgeführt. Die maßlose Überforderung durch diesen Zustand führte bereits zu einer schweren gesundheitlichen Beeinträchtigung. Die Kurve dieses nur etwa noch fünf Jahre währenden Lebens in der Gemeinschaft der Menschen stieg nach dem Wechsel in die Betreuung Daumers zunächst an, um danach bis zur letzten Pflegestelle bei Lehrer Quandt gänzlich abzusinken,[133] zu der Wassermann sagte: „Auf die Nacht, denn Nacht wird sein, soll keine Frühe folgen."[134] Als die Hoffnung erloschen war, geschah der Mord. Während dieser gesamten Zeit lebte Kaspar zwar in der Großmut der ihn fürsorglich pflegenden Menschen, jedoch auch als Opfer ihrer jeweiligen Erziehungsvorstellungen, welche alles, nur eines nicht bedachten: das in Kaspar ruhende Inbild seiner selbst, das verwirklichen zu helfen ihre eigentliche Aufgabe gewesen wäre. „Der Mensch hat das Wundern gegenüber dem Ungewöhnlichen, dem Ausserordentlichen, dem Übernatürlichen verlernt."[135]

Der kriminalistisch-juristische Aspekt der Rezeption im Roman Wassermanns ergibt sich aus dem – stets gegenwärtigen – zugrundeliegenden Kriminalrechtsfall „Kaspar Hauser", verkörpert in den Vertretern des Rechts: Feuerbach – der große Beschützer Kaspar Hausers, welcher „mit den unsterblichen historischen Worten vom 'Verbrechen am Seelenleben eines Menschen' die moralische Rechtfertigung Hausers als Erster einleitete"[136] –, und Hickel – eine Schattenfigur; für Golo Mann war es „der schönste Krimi aller Zeiten".[137] Wassermann vermied weitgehend alles Kolportagehafte des Stoffes, indem er sich auf protokollarische Angaben Kaspars sowie weitere amtliche Dokumente

---

     einem Nervenfieber sterben, oder in Wahnsinn oder Blödsinn untergehen müsse, wenn nicht bald seine Lage geändert werde".
133 So ging er u. a. auch seiner außergewöhnlichen Fähigkeiten verlustig. Vgl. *Kovács, Kálmán* (2000), S. 50.
134 *Wassermann, Jakob* (2005a), S. 244.
135 *Theisz, Reinhard* (1976), S. 172.
136 *Jungmann, Otto* (1935), S. 104.
137 *Mann, Golo* (1993). *Golo Mann* (1980) schrieb diesen Beitrag für die Frankfurter Allgemeine Zeitung, in der er unter dem Motto „Romane von gestern – heute gelesen" am 9. Januar 1980 erschien.

berief.[138] Er beleuchtete mit psychologischem Einfühlungsvermögen – von der Kritik gelegentlich in die Nähe Dostojewskijs gestellt[139] – über das tatsächliche Geschehen hinaus seelische Innenräume hinsichtlich der Trägheit des Herzens.[140] Von Kind an sowie aufgrund langjähriger Studien mit dem realen Fall vertraut, vermochte Wassermann, das zentrale Thema des Stoffes aus der Geschichte analog in die Dichtung zu übertragen: „Selten gibt einem die Wirklichkeit solches Material in die Hand."[141] Bei der Gliederung des zweiteiligen Romans lag das Schwergewicht auf der ersten Hälfte, die vom Erscheinen Kaspar Hausers in Nürnberg berichtete und dann – wesentliches Element – das Erwachen seiner Seele und Menschwerdung schilderte sowie die Hindernisse, welche sich ihm von der Umwelt entgegenstellten. Der zweite Teil brachte ein zunehmend hoffnungsloses Absinken der Geschichte mit der Tragik des einem Übermächtigen erliegenden Helden. „Leben und Dichtung verrinnen im Sand."[142] Auch der Leser fühlt sich am Ende mit ähnlichen Empfindungen entlassen. Nach den „Juden von Zirndorf",[143] der einen Seite seiner Identität, hatte Wassermann einen deutschen Roman geschrieben.

In Band X seiner Gesammelten Werke, „Reden und Aufsätze 2", äußerte sich Thomas Mann in einem Artikel über Wassermanns „Caspar" zur Sprache des Romans:

> „Hier ist der Stil aus dem Gegenstande geboren, der romantische Vortragston wird zum Zeitgeist, die Personen reden, wie sie reden müssen, und wenn der Verfasser in ihrem Geiste redet, so ist er eben darin nicht von 1830, sondern modern."[144]

Wassermann verwandte im Roman überwiegend Namen historischer Personen sowie die originalen Bezeichnungen der Straßen und Plätze. Herausragende Ereignisse – wie die Ermordung Kaspar Hausers – berichtete er mit geringen Abweichungen z. T. auch wörtlich gemäß der Überlieferung;[145] die Integration

---

138 Wie sein Artikel zur Verteidigung Kaspar Hausers aussagte, war Wassermann persönlich von der prinzlichen Herkunft Kaspars überzeugt, begnügte sich im Roman jedoch lediglich mit Andeutungen. Vgl. *Wassermann, Jakob* (1928a), S. 147 f.

139 Vgl. *Kovács, Kálmán* (2000), S. 79. Vgl. auch *Reich-Ranicki, Marcel* (1990), S. 49 f.

140 Das verstärkt auftretende Interesse an der Erforschung „innerer Räume" spiegelte sich z. B. in der Entwicklung der Psychoanalyse durch *Sigmund Freud* (1856–1939) (z. B. *Freud, Sigmund* [1989]) und dessen Schüler *Carl Gustav Jung* [1875–1961]) (z. B. *Jung, Carl Gustav* [1995c] und *Alfred Adler* [1870–1939]) (z. B. *Adler, Alfred* [1997]).

141 *Wassermann, Jakob* (1928a), S. 143.

142 *Hock, Stephan* (1908).

143 *Wassermann, Jakob* (1897a).

144 *Mann, Thomas* (1960), S. 554.

145 Vgl. *Kovács, Kálmán* (2000), S. 87.

authentischer Realität bekräftigt die dichterische Intention. Sowohl Integration als auch Abweichungen von der Realität im Roman dienen, abgesehen von der weiteren Problematik, der Darstellung des hauptsächlich bedeutsamen Themas der „Verletzung des Seelenlebens" – bezogen einerseits auf die im Untertitel des Romans benannte „Trägheit des Herzens", andererseits auf das „Verbrechen am Seelenleben" als unverzichtbare Grundlage der Erzählung.

Während der Kriminalrechtsfall das Verbrechen an Kaspar Hauser zum Gegenstand hat, zeigt der Roman Wassermanns darüber hinaus, wie die Menschen ihm nach seinem Erscheinen in Nürnberg begegnen. Die psychologische Ausrichtung des Stoffes – das neue Element, das Wassermann in die Geschichte der Hauser-Literatur einbrachte, – lässt ihn die äußeren Fakten gleichförmig den historischen anpassen und weitere Schwerpunkte des Romans unter dem Aspekt der Trägheit des Herzens gestalten. Im Mittelpunkt der Handlung steht neben Kaspar Hauser die gesamte Gesellschaft, deren Mitglieder sich zwar in jeweils unterschiedlichem Rahmen seiner annehmen, ihn jedoch verfehlen. Ob wohlwollend, eigennützig oder gar misstrauend: Jeder versucht, ihn in den Kreis seiner persönlichen Vorstellungen, Interessen oder Wünsche einzubinden, seien es der Gymnasialprofessor Daumer oder der Lehrer Quandt – bis auf den einzigen Authentischen, den Wachsoldaten Schildknecht. Als stoffliche Grundlage des Romans wurde der Rechtsfall weitgehend aktenmäßig übernommen. Daraus ergeben sich eine weitgehende Konvergenz von Rechtsfall und Roman sowie das überwiegende Fehlen juristisch relevanter Divergenzen. Jakob Wassermann ist ein Verfechter der Gerechtigkeit,[146] wie sich z. B. in seinem Roman „Der Fall Maurizius"[147] zeigt. Im Fall Kaspar Hauser verinnerlicht er den Stoff zu dem besonderen Thema der „Trägheit des Herzens" und zeichnet ein kritisches Bild der Gesellschaft – auch seiner Zeit – und Kaspar Hauser als ihr Opfer. Wassermanns Aufruf zur Nächstenliebe hat seine Gültigkeit bis heute nicht verloren.

---

146 *Rudolf Kayser* ([1934], S. 449) betonte Wassermanns „scharfes Bewußtsein für Recht und Humanität".
147 *Wassermann, Jakob* (1928).

Fünftes Kapitel
Trägheit des Herzens

I. Erläuterung des Begriffs

Der Begriff „Trägheit des Herzens" wurde von alters her in den sog. „Sündenkatalogen" der christlich-katholischen Moraltheologie unter „Acedia"[1] als eines der Hauptlaster der Menschen aufgeführt, zu denen sie bis heute zählt. Auch Thomas von Aquin (ca. 1225–1274),[2] der große Theologe der Hochscholastik,[3] befasste sich in seinem umfänglichen Werk „Summa Theologiae"[4] ausführlich mit der Acedia und den von ihr ausgehenden „Töchtern" („filias acediae"[5]), zu denen er – in Anlehnung an Papst Gregor I., der Große, (ca. 540–604)[6] – u. a. den an die Trägheit des Herzens sich annähernden „torpor"[7] („Erstarrung, Lähmung, Untätigkeit, Schlaffheit"[8]) zählt. In Dantes „La Divina Commedia"[9] wird besonders im 17. und 18. Gesang des „Purgatorio" die Trägheit des Herzens beleuchtet.[10] In der weltlichen Literatur lässt z. B. Johann

---

1 Die „Acedia" (von griech. ἀκήδεια, „stumpfe Gleichgültigkeit" (*Gemoll, Wilhelm* (1988), S. 24) bildet als „Trägheit des Herzens" eines der sieben Hauptlaster oder auch Wurzelsünden. Der Katechismus der katholischen Kirche kennt noch heute die Unterscheidung zwischen (a) „Todsünde" (*Ecclesia Catholica* [1993], S. 487), (b) "lässlicher Sünde" (*Ecclesia Catholica* [1993], S. 487) und (c) Hauptlaster oder „Wurzelsünden" (*Deutsche Bischofskonferenz* [1995], S. 86) bzw. sieben „Hauptsünden" (*Ecclesia Catholica* [1993], S. 490). Zu letzteren zählt auch die Acedia (vgl. *Ecclesia Catholica* (1993), S. 490), die demnach nicht als Todsünde im engeren Sinn gilt. Weitere Deutungen der Acedia sind z. B. „Überdruß" (*Ecclesia Catholica* [1993], S. 539, S. 685, S. 690), „Faulheit" (*Olivera, Dom Bernardo* [2007], S. 2) wie auch „Melancholie" (*Theunissen, Michael* [1996]).

2 Vgl. *Stein, Werner* (1990), S. 556.

3 Vgl. *Endres, Joseph* (1910).

4 *Aquin, Thomas von* (1895).

5 *Aquin, Thomas von* (1895), II^a-IIae q. 35 a. 4 arg. 2.

6 Vgl. *Stein, Werner* (1990), S. 358. Thomas von Aquin bezieht sich auf die Schrift „Moralia in Iob" Gregors des Großen (vgl. *Gregorius Magnus* [1849]).

7 *Aquin, Thomas von* (1895), II^a-IIae q. 35 a. 4 arg. 2.

8 *Stowasser, Joseph* (1987), S. 466.

9 *Dante Alighieri* (1908).

10 So z. B. im 17. Gesang (ab Vers 85) des „Purgatorio", in dem über die zu sühnende „träge Liebe" gesprochen wird (vgl. *Dante Alighieri* [1908], S. 150 ff.), oder im 18. Gesang, der weitere Aspekte der „acedia" anführt: „verlorne Zeit (...) durch wenig Lie-

Wolfgang von Goethe den „jungen Werther"[11] in einem Brief an Lotte seine Apathie und die Trägheit des Herzens beklagen.[12] Dieselbe Trägheit wird auch im kurz nach Kaspar Hausers Tod erschienenen Roman von Philipp Konrad Marheineke[13] indirekt thematisiert.[14] Gustave Flaubert (1821–1880) verfasste 1877 ein Werk mit dem Titel „Un Cœur simple",[15] in welchem das „einfache Herz"[16] dem trägen Herzen gegenübergestellt wird. Nach einer Äußerung Wassermanns in seiner Schrift „Meine persönlichen Erfahrungen mit dem Caspar-Hauser-Roman"[17] hatte er sich schon vor „Caspar Hauser" mit dem Motiv der Trägheit des Herzens befasst.[18] Mit jener „erleuchtenden" Erfahrung, die Wassermann am 3. Dezember 1905 in seinem Tagebuch berichtete,[19] wurde das Motiv der „Trägheit des Herzens"[20] schließlich zu einem tragenden Element des Hauser-Romans.

Wie der Titel des Romans bereits aussagt, wählte Wassermann neben der literarischen Darstellung des Kriminalrechtsfalls Kaspar Hauser die „Trägheit des Herzens" zum weiteren Thema. Golo Mann sprach in seiner Nachrede zu diesem Roman – in Anlehnung an Schiller – vom „'Idealisieren' eines historischen Stoffes".[21] Es ging Wassermann „um das aus ihm zu Gewinnende, um Gleichnis und Idee".[22] So entstand

> „die Geschichte von dem schönen Menschenbild, dem reinen Jüngling, noch begabt mit Sinnen und Kräften, die unterdes verlorengingen, der sich in der Welt der Menschen verirrt, böser Menschen auch, aber das ist nicht einmal das ärgste, meist gewöhnlicher, in ihren Grenzen sogar wohlmeinender, jedoch egoistischer, feiger, herzensträger Menschen, um nun von ihnen von Stufe zu Stufe herabgeschleppt zu werden, ob sie es bös damit meinen oder gut, von ihnen betrübt, betrogen und wie

---

be" (Verse 103 f.), „Nachlässigkeit und Zögrung, (...) Lauheit" (Verse 107 f.) (*Dante Alighieri* [1908], S. 161). Vgl. auch *Post, Werner* (2011), S. 60.

11 *Goethe, Johann Wolfgang von* (1994).
12 Vgl. *Goethe, Johann Wolfgang von* (1994), S. 135 ff.
13 *Marheineke, Philipp* (1834).
14 Vgl. *Marheineke, Philipp* (1834), S. III.
15 *Flaubert, Gustave* (1961/1877).
16 Vgl. *Vinken, Barbara* (2009).
17 *Wassermann, Jakob* (1928b).
18 Vgl. *Wassermann, Jakob* (1928b), S. 130.
19 Vgl. *Wassermann, Jakob* (1928a), S. 130 f.
20 In diesem Zusammenhang spricht *Walter Goldstein* ([1929], S. 66) von der „Schwäche der menschlichen Seelen".
21 *Mann, Golo* (1993), S. 385.
22 *Mann, Golo* (1993), S. 385.

erstickt zu werden, so daß der Mord nur noch ein Schlußpunkt ist nach langem, traurigem Satz."[23]

Die Worte von Thomas Mann aus der Tischrede auf Wassermann, denen zufolge die Kunst „die Aufwieglerin der Herzen"[24] ist, die sich dem allzu weltlichen Geschehen rettend gegenüberstellt, entsprachen den Vorstellungen Wassermanns.[25] Insoweit nimmt sein Roman Bezug auf Werte „sub specie aeternitatis",[26] womit diesem Werk Wassermanns ein ethischer Charakter zukommt. Für Otto Hartwich lag hierin „der bleibende Wert"[27] des Romans. Zudem wird der belehrende Grundzug des Werkes deutlich, der die „Trägheit des Herzens" dem Leser vorhält und zur „Regheit"[28] des Herzens, letztlich zur Nächstenliebe aufrufen will.[29] Um „menschliche Herzen aus ihrer Trägheit aufzurütteln",[30] bediente sich Wassermann auch provokativ-polemischer Elemente.[31] Die Erörterung der von der Natürlichkeit zur „Unnatur"[32] gewordenen Verfassung des Menschen einerseits und des ursprungsnahen Opfers „Kaspar Hauser" andererseits stellte das Bemühen Wassermanns dar, beizutragen, die nach dem Urteil seiner Zeit unheil gewordene Welt zu heilen.[33] Der Dichter dieser Zeit fühlte sich als Seher, Kritiker und Wegführer in der Erschaffung von Leitbildern.[34] So hat der Roman Wassermanns außer der historischen auch die Qualität eines „Bildungsromans";[35] er wird „als didaktischer

---

23 *Mann, Golo* (1993), S. 386.
24 *Mann, Thomas* (1960), S. 453.
25 Vgl. *Sell, Anne-Liese* (1932).
26 *Schmitz-Emans, Monika* (2007), S. 85.
27 *Hartwich, Otto* (1911), S. 254.
28 *Goldstein, Walter* (1933), S. 26.
29 Vgl. *Goldstein, Walter* (1933), S. 26 f.
30 *Hartwich, Otto* (1911), S. 252.
31 Vgl. *Schmitz-Emans, Monika* (2007), S. 81.
32 *Hartwich, Otto* (1911), S. 252.
33 Diesbezüglich sagte *Moritz Heimann* ([1919], S. 368) über Wassermann: „Die Trägheit des Herzens [...] macht die Unruhe in seinem Blut, den Stachel in seinem Gewissen; sie, die Grundsünde, die eigentliche Krankheit der Zeit".
34 Die bildende Wirkung des Werks Goethes war Vorbild für die Dichter, so neben Wassermann z. B. auch für die Brüder Thomas und Heinrich Mann. Vgl. *Schmitz-Emans, Monika* (2007), S. 80 f.
35 *Reinhard Theisz* ([1976], S. 171) sprach hier von einem „anti-Bildungsroman" und einer Kritik an der Erziehung der Zeit. „Die 'Trägheit des Herzens' bezieht sich nämlich auf das Unempfindliche, Hartherzige, Phantasielose, Unnachgiebige im Menschen des angehenden 20. Jahrhunderts, der Zeit der Masse und Technik" (a.a.O., S. 172).

Leitfaden verstanden, der abschreckende pädagogische Modelle vorführt – Erziehung, so wie sie *nicht* sein sollte",³⁶ nur als „moralisierende Intention".³⁷

Stefan Zweig sah in Wassermanns Kaspar Hauser die Geschichte des ursprünglichen Menschen, des

> „reinen Menschen, der nicht von fremden Begriffen gefälscht ist, des ganz Unmittelbaren, der primitiv und mit intuitiver Klarheit den Dingen gegenübersteht und darum von keinem begriffen wird, irgendein Symbol des ganz nur von sich bestimmten, des namenlosen, gattungslosen Begriffes Mensch, der uns längst im Schwall der Vorstellungen entglitten ist."³⁸

Im Dialog „Die Kunst der Erzählung" sagte „Der Junge":

> „Ich will nicht die Verknüpfung äußerer Erlebnisse geben, sondern die Wirrnis der inneren."³⁹

Dieses entspricht dem psychologischen Charakter auch des Hauser-Romans. Die Tragik des Geschehens lag nicht im Scheitern eines Heros an schicksalsmäßig-übermächtigen Gewalten, sondern in dem ohnmächtigen Ausgeliefertsein an die Selbstbefangenheit und das Unverständnis von Menschen, denen Kaspar Hauser auf dem Weg in sein neues Leben anvertraut wurde.⁴⁰ Die Figuren zeigten ein „panoramatisches Bild der zeitgenössischen Gesellschaft".⁴¹ Dabei bezogen sich die psychologischen Darlegungen Wassermanns weniger auf den Menschen als Individuum, sondern – darüber hinausgehend – auf die Gesamtheit bzw. auf den modernen Menschen schlechthin.⁴² Die eigenen Defizite der Gesellschaft bewirkten ein Unverständnis jener Werte und Besonderheiten, die sich in der Gestalt Kaspar Hausers verdichteten.⁴³ Mit ihr kontrastierten „die unzulänglichen, teilweise innerlich verdorbenen und korrupten"⁴⁴ Eigenschaften der Menschen, wie deren Herzlosigkeit und Ausrichtung auf Materielles,⁴⁵ sodass Kaspar zum Opfer ihrer Trägheit wurde.⁴⁶ Die

---

36 *Neubauer, Martin* (1994), S. 45. „Transformationen des Bildungsromans […] werden in der Literatur um 1900 auch von anderen Autoren vorgenommen." *Schmitz-Emans, Monika* (2007), S. 82.
37 *Neubauer, Martin* (1994), S. 45.
38 *Zweig, Stefan* (1912), S. 1142.
39 *Wassermann, Jakob* (1928c), S. 584.
40 Vgl. *Neubauer, Martin* (1994), S. 181.
41 *Schmitz-Emans, Monika* (2007), S. 82.
42 Vgl. *Neubauer, Martin* (1994), S. 181.
43 Vgl. *Schmitz-Emans, Monika* (2007). S. 81.
44 *Schmitz-Emans, Monika* (2007), S. 82.
45 *Rudolf Kayser* ([1934], S. 449) führt aus: „Die Gewöhnung an das Unzulängliche, die kleine Selbstsucht der schwachen Gemüter, die Zufriedenheit mit den privaten Schmer-

Begegnung mit den Menschen brachte ihm weiteres Unglück, nur eine neue Art von Gefangenschaft.[47]

> „Das Gefühl [...] läßt sich verwirren durch Rede und durch Denken. So entsteht Trägheit des Herzens."[48] „Der Mensch steht in seinem Ich drinnen wie in einer gläsernen Glocke."[49]

Wassermann verstand unter Trägheit des Herzens:

> „Vorübergehen, wenn die Stimme des Gemüts zum Bleiben mahnt, bleiben, wenn sie verlangt, daß ich weitergehe; die Augen schließen, wenn es gilt zu sehen, und schweigen, wenn es gilt Partei zu nehmen; urteilen und verdammen, wenn vieles davon abhängt, zu schweigen und Milde zu üben; den reinen Sinn betäuben, den unreinen zu falscher Tat stacheln; Zwecke wollen, wo keine sind; nach Gerechtigkeit streben und der Liebe vergessen; Liebe beanspruchen, ohne sie zu geben; genießen wollen und nicht bezahlen; von Gott reden und den Teufel im Innern füttern; Ideale aufrichten und einen armen Schuldner vor Gericht zitieren; in Musik und Dichtung schwelgen und vor den kleinen Menschenpflichten die Flucht ergreifen; Freundschaft preisen und den Freund verleugnen; Philosoph sein und den Dienenden mißhandeln; den Genius herbeiwünschen und, wenn er sich zeigt, ihn schmähen und in den Kot zerren; alles dies, all dies Vergessen, all dies W i s s e n und N i c h t – T u n ist Trägheit des Herzens. [...] Liebe, das Herz des Herzens, wie wird sie mißachtet, mißbraucht, vergewaltigt und zertreten!"[50]

Wassermann verdeutlichte diese Worte in seinem Hauser-Roman in der Darstellung der verschiedenen Betreuungsstationen, welche vom Magistrat der Stadt Nürnberg zu Kaspars Erziehung und häuslicher Pflege angeordnet wurden, weitgehend dem Rechtsfall entsprechend, ihn gelegentlich auch überzeichnend.

II. Herzensträgheit der Pflegepersonen und ihrer Helfer

Im Folgenden sollen die im Roman wie im historischen Fall übereinstimmend auftretenden Vorkommen von „Trägheit des Herzens" im Kontext der Fürsorge Kaspar Hausers erörtert werden. Hierbei handelt es sich um Konkretisierungen der von Wassermann gerügten Herzensträgheit.

---

zen und der Verzicht auf das Leiden der Welt: das alles ist Trägheit des Herzens. Ihr zu verfallen, ist das traurigste und allgemeinste Los."

46 Vgl. *Schmitz-Emans, Monika* (2007). S. 79.
47 Vgl. *Sampath, Ursula* (1991), S. 23. *Sampath* (vgl. ebd.) zufolge ist Kaspar Hauser ein Beispiel für den Außenseiter im 20. Jahrhundert.
48 *Wassermann, Jakob* (1928a), S. 498.
49 *Wassermann, Jakob* (1928a), S. 417.
50 *Wassermann, Jakob* (1928a), S. 498 f.

1. Daumer, der Forschungsbesessene

Feuerbach erklärte nach seinem ersten Besuch im Vestnerturm bei Kaspar Hauser:

> „Er soll in eine geordnete Pflege kommen. […] Professor Daumer hat sich freiwillig erboten, ihn zu sich ins Haus zu nehmen, und ich wünsche nicht, daß dieser Schritt im geringsten verzögert werde."[51] „Sorgen Sie sogleich für die Übersiedlung des Hauser; der arme Mensch braucht dringend Ruhe und Pflege."[52]

Mehrere Passagen des Romans zeigen nicht nur den hilfreichen Daumer, sondern bei diesem eine Realitätsferne und Idealisierung, letztlich auch eine von Ichbezogenheit durchdrungene Einstellung zum Fall „Kaspar Hauser". So sagte Wassermann über ihn:

> „Er erschien sich wie ein Mann, den das Schicksal vor das ihm allein bestimmte Erlebnis gestellt hat, wodurch sein ganzes Sein und Denken eine glückliche Bestätigung erfährt."[53]

Daumer notierte in seinem Tagebuch:

> „Dann will ich der stumpf gewordenen Welt den Spiegel unbefleckten Menschentums entgegenhalten, und man wird sehen, daß es gültige Beweise gibt für die Existenz der Seele, die von allen Götzendienern der Zeit mit elender Leidenschaft geleugnet wird."[54]

Besorgt fragte ihn seine Mutter:

> „Bist du denn wirklich fest davon überzeugt, daß du dein Herz nicht wieder einmal an einen Götzen wegwirfst?"[55]

Doch Daumer beteuerte:

> „Wenn man von ihm spricht, kann man nicht übertreiben […]. Seine Seele gleicht einem kostbaren Edelstein, den noch keine habgierige Hand betastet hat; ich aber will danach greifen, mich rechtfertigt ein erhabener Zweck. […] Es ist eine Sache von großer Bedeutung für mich. Ich bin höchst wichtigen Entdeckungen auf der Spur."[56] „Meine Hoffnungen wagen sich weit hinauf […]. Aus diesem Stoff werden Genies gemacht."[57]

---

51 *Wassermann, Jakob* (2005a), S. 40.
52 *Wassermann, Jakob* (2005a), S. 42.
53 *Wassermann, Jakob* (2005a), S. 19.
54 *Wassermann, Jakob* (2005a), S. 19.
55 *Wassermann, Jakob* (2005a), S. 40.
56 *Wassermann, Jakob* (2005a), S. 41.
57 *Wassermann, Jakob* (2005a), S. 63.

Daumer sah in Kaspar nicht die historische Person, sondern glaubte, in ihm ein Abbild ursprünglichen Menschentums entdeckt zu haben:

> „Die ungebundene, unverpflichtete Kreatur vom ersten Schöpfungstag, ganz Seele, ganz Instinkt, ausgerüstet mit herrlichen Möglichkeiten, noch nicht verführt von der Schlange der Erkenntnis, ein Zeuge für das Walten der geheimnisvollen Kräfte, deren Erforschung die Aufgabe kommender Jahrhunderte ist."[58]

Daumer war kein schlechter Mensch. Er verhalf Kaspar zum Anschluss an das Leben und lehrte ihn insbesondere die Sprache. Sein umfassendes wissenschaftliches Interesse faszinierte ihn, auch Lebenshintergründe zu erforschen. Was er in Kaspar gefunden zu haben meinte, war ungewöhnlich und erfüllte ihn mit Stolz, nährte aber auch seine egoistische Selbstpräsentation. Nicht zuletzt enthielt der Auftrag Feuerbachs an Daumer die Aufforderung, Kaspar die Ruhe zu verschaffen, die er nach den Zugriffen der Besucher im Vestnerturm dringend benötigte. Doch Daumer machte sein Haus, wie Wassermann sagte, zum „Museum",[59] in das die Menschen ein- und ausgingen, um die Vorführungen Daumers über die außergewöhnlichen Sinnesqualitäten Kaspar Hausers zu bestaunen, wie Lesen aus der Bibel und Erkennen von Farben bei völliger Dunkelheit, Trunkenheitssymptome allein durch Weingeruch, Auffinden von versteckten Metallstücken.[60] Im bewundernden Beifall der Zuschauer bemerkte Daumer nicht, dass der immer bereitstehende Kaspar bleich und mit Schweiß bedeckt war.[61] Kaspar konnte noch nicht einmal ungehindert schlafen. Man untersuchte dann seinen Schlummer auf die Festigkeit, „und Daumer schwamm in Glück, wenn der Herr Medizinalrat Rehbein behauptete, eine derartige Versteinerung des Schlummers habe er nie für möglich gehalten."[62] Bei gewissen krankhaften körperlichen Zuständen behandelte Daumer Kaspar mit hypnotischen Berührungen, mesmeristischen Streichungen oder auch homöopathischen Heilmitteln. Wie Wassermann es benannte, war Daumer

> „ein glühender Verfechter jener damals nagelneuen Theorien, die mit der Seele des Menschen hantierten wie ein Alchimist mit dem Inhalt einer Retorte".[63]

Seine wissenschaftliche Faszination ließ ihn nicht Halt davor machen, an Kaspar zu experimentieren.[64] Von mehreren ihm nahestehenden Personen

---

58 *Wassermann, Jakob* (2005a), S. 63.
59 *Wassermann, Jakob* (2005a), S. 54.
60 Vgl. *Wassermann, Jakob* (2005a), S. 53 f.
61 Im Roman heißt es dazu: „Er konnte es nicht verstehen, daß ihnen wunderbar war, was ihm so natürlich war. Aber was ihm wunderbar war, darum kümmerte sich keiner." *Wassermann, Jakob* (2005a), S. 56.
62 *Wassermann, Jakob* (2005a), S. 54.
63 *Wassermann, Jakob* (2005a), S. 54.

wurde Daumer auf die Mängel seiner Erziehungsgrundsätze hingewiesen. So warnte Tucher:

> „Wäre es nicht vielmehr ratsam, ihn von der Richtung des Außerordentlichen abzulenken, die ihm früher oder später verhängnisvoll werden muß? Ist es gut, einen andern Maßstab an ihn zu legen, als es einer natürlichen Erziehung entspricht? [...] Es ist besser, eine Wirklichkeit völlig zu ergreifen und ihr völlig genugzutun, als mit fruchtlosem Enthusiasmus im Nebel des Übersinnlichen zu irren. [...] Ich sehe in allem dem nur die Folgen einer verderblichen Überreiztheit [...]. Das sind die Quellen nicht, aus denen Leben geboren wird, in solchen Formen kann sich keine Brauchbarkeit bewähren!"[65]

Auch Bürgermeister Binder wies Daumer darauf hin:

> „Wollen Sie irdische Verhältnisse für ihn nicht gelten lassen? [...] Wir haben größere Pflichten gegen den Mitmenschen Caspar Hauser als gegen das Unikum Caspar Hauser, [...] und wo ein Unrecht geschehen ist, muß Sühne sein."[66]

Feuerbach ebenfalls rügte das Verhalten und die „vielleicht schädlichen Irrtümer"[67] Daumers:[68]

> „Vergessen Sie nicht, daß hier ein Recht durchzusetzen ist, das Recht eines Lebens."[69]

Ein weiteres Beispiel der Herzensträgheit Daumers, mit welchem gleichzeitig seine Illusion bzgl. Kaspar erlosch, begann damit, dass Kaspar gleich zwei Mal beim Lügen entdeckt wurde. Daumer war wie vernichtet:

> „Und das von einem Menschen, auf dessen heiliges Wahrheitsgefühl ich Eide geschworen hätte."[70]

Er musste jetzt herausfinden, ob er „noch übersinnliche Kräfte des Verstehens"[71] in Kaspar wecken könnte. Die Weigerung Kaspars, sein Tagebuch zu zeigen – welches nur seine Mutter sehen sollte –, gab den Anstoß zu Daumers Plan, Kaspar zu veranlassen, ihm das Tagebuch dennoch aus eigenem Antrieb zu bringen.

> „Ich will etwas wie eine metaphysische Kommunikation zwischen mir und ihm herstellen; ich werde ihn, ohne ein Wort zu sprechen, mit meinem geistigen Ver-

---

64 Vgl. *Wassermann, Jakob* (2005a), S. 54.
65 *Wassermann, Jakob* (2005a), S. 62 f.
66 *Wassermann, Jakob* (2005a), S. 69 f.
67 *Wassermann, Jakob* (2005a), S. 95.
68 Vgl. *Wassermann, Jakob* (2005a), S. 94.
69 *Wassermann, Jakob* (2005a), S. 95.
70 *Wassermann, Jakob* (2005a), S. 113.
71 *Wassermann, Jakob* (2005a), S. 114.

langen zu erfüllen trachten und werde eine Stunde festsetzen, innerhalb deren das nur Gewünschte zu geschehen hat. Kann er folgen, so ist alles gut; wenn nicht, dann ade, Wunderglaube."[72]

Wie sehr auch Daumer seine Gedanken auf das eine Wunschziel konzentrierte, blieb der Erfolg doch aus. Kaspar war an diesem Tag von den Gedanken an ein drohendes Unheil erfüllt, welche sich kurz danach in dem Attentat auf ihn bewahrheiteten. Ernüchtert schämte sich Daumer „sowohl seiner Niederlage als auch seines vermessenen Unterfangens",[73] und

„er faßte den unerschütterlichen Vorsatz, sein Leben wie ehedem dem Beruf, der Einsamkeit und den Studien zu widmen".[74]

Selbst vor dem Gebrauch magischer Methoden schreckte Daumer offenbar nicht zurück, um Kaspar Hauser seinen subjektiven Ambitionen anzupassen. Dessen persönliche Lebensumstände wurden hier nicht wahrgenommen, so auch nicht die drohende Gefahr durch ein Attentat, wie sich kurz nach dem Experiment bestätigte. In diesem Kontext lag „Trägheit des Herzens" bei Daumer insoweit vor, als dieser die Fürsorge für Kaspar seinen persönlichen Interessen unterordnete.

Nach dem im Hause Daumer an Kaspar verübten Attentat erschien sein dortiges Verbleiben zu gefährlich, worauf der Nürnberger Magistratsrat Behold Kaspar Hauser bei sich aufnahm.

2. Behold[75] und seine triebhafte Frau

Auch in der Darstellung des Kaufmannes Behold und seiner Frau besteht zumeist Übereinstimmung der Fakten zwischen Rechtsfall und Roman, jedoch sind Abweichungen festzustellen.

„Was sind es für Leute?"[76] befragte Präsident Feuerbach Bürgermeister Binder über Familie Behold. Dieser antwortete etwas unsicher:

„Der Mann ist jedenfalls ein geachteter Kaufherr. Die Frau – darüber sind die Meinungen geteilt. Sie gibt viel auf Putz und dergleichen, verschwendet viel Geld. Böses kann man ihr nicht nachsagen."[77]

---

72 *Wassermann, Jakob* (2005a), S. 114.
73 *Wassermann, Jakob* (2005a), S. 116.
74 *Wassermann, Jakob* (2005a), S. 116.
75 Familie Behold ist identisch mit der historischen Familie „Biberbach".
76 *Wassermann, Jakob* (2005a), S. 134.
77 *Wassermann, Jakob* (2005a), S. 134.

Allerdings war allgemein bekannt, dass Frau Behold ihre 13jährige Tochter schlecht behandelte. Daumer rätselte und fragte seine mit gesundem Menschenverstand begabte Schwester Anna, weshalb Frau Behold „so gierig getrachtet hatte, den Jüngling in ihre Nähe zu bekommen".[78] Anna erwiderte:

> „Sie braucht eine Spielpuppe, eine Unterhaltung für ihren Salon. [...] Es muß etwas sein, wovon man redet, was Interessantes muß es sein, man kann dabei die große Dame spielen und liest hier und da den eignen Namen in der Zeitung. Auch gilt man nebenher für eine Wohltäterin, der Herr Gemahl kann einen hohen Orden bekommen, und, was die Hauptsache ist, man vertreibt sich die Langeweile."[79]

Frau Behold holte Kaspar persönlich in einer schwarz lackierten Kutsche, zweispannig, geführt von einem Kutscher mit goldenen Knöpfen, vom Daumerschen Haus ab: Sie hatte es sich etwas kosten lassen. Kaspar kannte Frau Behold. Als Daumer mit Kaspar zu einer ihrer Abendgesellschaften zu gehen beabsichtigte, widersprach Kaspar ihm zum ersten Mal: „Ich will nicht zu der Frau."[80] Auch jetzt blieb sie ihm fremd, und er war ihr ohnehin unbegreiflich. War Kaspar eine Stunde in ihrer Nähe, war ihm elend zumute. Der Magistratsrat arbeitete von morgens bis abends in seinem Kontor. Die Rätin war bestrebt, „gutgelaunte Menschen"[81] um sich zu versammeln, besonders „Männer mit Titeln und Frauen von Rang, liebe Feste, Schmuck und prächtige Gewänder".[82] Wassermann schrieb ihr weiter einen beunruhigenden Ehrgeiz, gewisse, bis in den Schlaf hineinwirkende Neugierde, nicht zuletzt eine durch das Verschlingen unzähliger französischer Romane entstandene Empfindsamkeit und Abenteuerlust zu. Ein Anteil Phlegma ihres Temperaments machte dies alles noch hintergründiger.

Der Aufenthalt Kaspar Hausers im Hause Behold zeigte sich in drei Phasen:

(1) Kaspar, der Hofnarr Frau Beholds,
(2) die Übergriffe Frau Beholds auf Kaspar und schließlich
(3) Frau Behold, die Feindin Kaspars.

(1) Frau Behold belustigte sich über die unbeholfene Rede Kaspars, deren Inhalt sie nicht begriff, insbesondere, wenn sie ernst und nachdenklich vorgetragen wurde. „Was er heute wieder Komisches gesagt hat",[83] war ihre häufige Rede. Vor ihren Gästen forderte sie ihn heraus: „Also, mein liebes Mondkälb-

---

78 *Wassermann, Jakob* (2005a), S. 142.
79 *Wassermann, Jakob* (2005a), S. 142.
80 *Wassermann, Jakob* (2005a), S. 105.
81 *Wassermann, Jakob* (2005a), S. 142.
82 *Wassermann, Jakob* (2005a), S. 142.
83 *Wassermann, Jakob* (2005a), S. 143.

chen, sprich."⁸⁴ Fast mochte man meinen, sie habe „einen kleinen Hofnarren in Dienst genommen".⁸⁵ Kaspar, verunsichert in seinen Worten, zog es vor zu schweigen; so verstummte er zunehmend. Seine Schulleistungen ermangelten ernsthafter Unterstützung. Sah Frau Behold ihn beispielsweise beim Auswendiglernen lateinischer Vokabeln, rief sie belustigt: „Wie gelehrt, wie gelehrt!"⁸⁶ Und plagte er sich mit einer Rechenaufgabe, empfahl sie ihm: „Laß es sein, laß es sein, […] bringst's ja doch zu nichts."⁸⁷ Den Besuch der Schule, „die ihm ohnehin verhaßt war",⁸⁸ unterließ Kaspar schließlich ganz.

(2) Als Kaspar sich eines Morgens in der Küche befand und ein Metzgergeselle ein blutiges Stück Fleisch brachte, erschrak Kaspar und wich zurück; diesen Vorfall beobachtete Frau Behold. Wenn Kaspar danach ein trauriges Gesicht zeigte, weil er sich im Haus Behold nicht wohl fühlte, quälte Frau Behold ihn mit der Erinnerung an diese Szene und drohte dem entsetzten Kaspar: „Wenn du nicht lustig bist, führ' ich dich in die Schlachtbank, und du mußt zuschauen, wie man den Kälbern den Hals abschneidet."⁸⁹ Nicht verborgen blieb der Neugierde der Frau Behold die ihr unglaubwürdige, scheinbare Unwissenheit Kaspars über die zwischenmenschliche Geschlechterbeziehung. So sprach sie zu ihm von dem Storch,⁹⁰ der die kleinen Kinder aus dem Brunnen vor dem Hause hole, und lachte, als Kaspar auf die Vergitterung des Brunnens hinwies, welche den Storch hindern würde hineinzufliegen. Vor dem aufrichtigen Blick Kaspars musste sie jedoch die Augen senken, leerte ein volles Glas Wein, ging zum Fenster, faltete die Hände und murmelte mit einem Ausdruck von Stumpfsinn: „Jesus Christus, bewahre mich vor Sünde und führe mich nicht in Versuchung!"⁹¹ Nicht historisch überliefert, jedoch literarisch frei gestaltet wurde Frau Beholds sinnliche Neugierde bzgl. Kaspar durch folgende Episode verdeutlicht:

> Eines Abends führte Frau Behold Kaspar in den Grünen Salon des Hauses und sagte: „Komm einmal her zu mir, du unschuldiger Sünder."⁹² Sie zog ihn mit großer Kraft an sich, woraufhin er annahm, sie wolle ihm ein Leid antun, und schrie. Als sie dann die Lippen auf seinen Mund drückte, wurde ihm eiskalt vor Grauen, und

---

84 *Wassermann, Jakob* (2005a), S. 143.
85 *Wassermann, Jakob* (2005a), S. 143.
86 *Wassermann, Jakob* (2005a), S. 143.
87 *Wassermann, Jakob* (2005a), S. 143.
88 *Wassermann, Jakob* (2005a), S. 144.
89 *Wassermann, Jakob* (2005a), S. 144.
90 Diese Ausführungen beziehen sich lediglich auf den Roman.
91 *Wassermann, Jakob* (2005a), S. 146.
92 *Wassermann, Jakob* (2005a), S. 150.

sein Körper brach zusammen. Auf ihre nochmalige Annäherung hin floh er ans andere Ende des Zimmers. Frau Behold folgte ihm und beschimpfte ihn: „Du Aas, du verdorbenes […]! Mach, daß du weiterkommst, und untersteh dich nicht, darüber zu sprechen, sonst massakrier' ich dich!"[93] Ihrem nach Hause zurückkehrenden Mann schrie sie zu: „Auf dem Schmausenbuk haben sie ihn betrunken gemacht! […] Marsch, ins Bett mit ihm!"[94] Am nächsten Morgen lag in Kaspars Zimmer die Amsel, die Frau Behold ihm geschenkt hatte, mit ausgebreiteten Flügeln tot auf dem Tisch; daneben auf einem weißen Teller das blutende kleine Herz der Amsel.

Seitdem war es für Kaspar im Hause Behold nicht mehr zu ertragen. Es mag sein, dass zu dieser Zeit bereits die ersten Anzeichen jener Gemütskrankheit Frau Beholds auftraten, infolge deren sie später ihrem Leben durch einen Sturz „vom Dachboden ihres Hauses"[95] ein trauriges Ende setzen sollte.

(3) Frau Behold vernahm, dass Tucher mit der Pflegschaft beauftragt worden war; diesen Ereignissen kam sie zuvor. Sie veranlasste, sämtliches Eigentum Kaspars in eine offene Kiste zu werfen und diese auf die Straße zu stellen. Danach schloss sie das Tor des Hauses „und lehnte sich befriedigt lächelnd zum Erkerfenster des ersten Stockwerks hinaus, um auf Caspars Rückkehr zu harren und die Verblüffung des angesammelten Volkes zu genießen".[96] Ein Polizeiwachtmann und ein Bediensteter Tuchers beförderten das Eigentum Kaspars in dessen neue Bleibe. Die Feindschaft der Frau Behold blieb weiterhin bestehen und zeigte sich noch Jahre später in einem verleumderischen Brief über Kaspar an die Frau des Lehrers Quandt – ein späterer Betreuer Kaspars.

Die Obsorge des Magistratsrates Behold, weitgehend von Frau Behold als Vertreterin übernommen, ermangelte jeglicher Voraussetzung. Der Ruf des angesehenen Kaufherrn Behold beruhte nicht zuletzt auf seiner immensen Arbeitstätigkeit, aufgrund deren er zur Ausübung einer ausreichenden Fürsorge für seinen Pflegling nicht zur Verfügung stand. Kaspar versäumte in dieser Zeit die Schule, offenbar ohne dass Behold eingriff; er schien sich weitgehend auf seine Frau verlassen zu haben, welche „gierig",[97] wie Daumer feststellte, bestrebt war, Kaspar in ihrem Haus zu haben. Der Beschreibung der persönlichen Motive durch die Schwester Daumers entsprechend lag die Bereitschaft zur Betreuung Kaspars keineswegs vordringlich in der Absicht, zu seiner Erziehung und Pflege beizusteuern. Frau Behold hätte durch hinreichende

---

93 *Wassermann, Jakob* (2005a), S. 151.
94 *Wassermann, Jakob* (2005a), S. 152.
95 *Wassermann, Jakob* (2005a), S. 339.
96 *Wassermann, Jakob* (2005a), S. 157.
97 *Wassermann, Jakob* (2005a), S. 142.

Mütterlichkeit zur menschlichen Entwicklung Kaspars beitragen können; aber sie suchte vor allem persönliche Zerstreuung und eigensüchtiges Vergnügen. Dieses musste sich besonders auf das Mutterbild Kaspars auswirken, der die Mutter ständig vermisste. Unverantwortlich erscheint das Verhalten der Frau Behold im Grünen Salon, mit welchem sie ihren sexuellen Trieben freien Lauf ließ. Auch die übrigen Fakten zeigen die Herzensträgheit einer Pflegeperson, die ihren Auftrag vernachlässigt und zudem duldet, dass seine Ehefrau den Pflegling zum Objekt eigennütziger Vergnügungssucht benutzte und dabei dessen Persönlichkeit vollkommen außer Acht ließ. So war es vonnöten, für Kaspar eine neue Bleibe zu suchen; hierzu war nach Ansicht der Stadtväter „niemand so wie Herr von Tucher geeignet".[98]

3. Tucher, der Unnahbare

Nach anfänglichen Bedenken war Tucher zur Übernahme der Pflegschaft bereit, denn er „war ein Pflichtmensch".[99] Da er Kaspar bereits während seiner Zeit bei Daumer verschiedener Lügereien überführt hatte,[100] sah Tucher es als seine Aufgabe an, „einen unglücklich Irrenden wieder auf die gebahnten Wege des Lebens führen"[101] zu können. Die von ihm stets für die Erziehung Kaspars als verderblich erachteten Phantastereien eines „unbefleckten Menschentums"[102] oder „eines märchenhaften Geschöpfs"[103] sowie das ständige Bestarrt- und Bewundertwerden wollte er ersetzen durch „Einfachheit, Ordnung, überlegte Strenge, kurz, die Prinzipien einer gesunden Zucht".[104] Für Tucher gehörten Grundsätze, die konsequent zu beachten waren, zum Wichtigsten des Lebens. Schon sein Äußeres – die betont aufrechte Haltung, die gepflegte Kleidung und das vornehme Auftreten – spiegelte seine innere Haltung. Kaspar mochte Tuchers ruhiges Wesen, seine sanfte Rede und auch seine Gepflegtheit.[105] Hingegen war Tucher von Anfang an bemüht, zwischen sich

---

98 *Wassermann, Jakob* (2005a), S. 155.
99 *Wassermann, Jakob* (2005a), S. 156.
100 Kaspar hatte zwei Notlügen benutzt, um ungestört zu Hause arbeiten zu können: Daumer habe ihm verboten, aus dem Haus zu gehen, und zudem habe eine Dame versprochen, ihm ein Geschenk zu bringen. Tucher bezeichnete die Notlügen als „böse Laster" (*Wassermann, Jakob* [2005a], S. 113). Er war überzeugt, „daß uns nur die äußerste Wachsamkeit und unerbittliche Maßnahmen vor gröberen Enttäuschungen bewahren können" (*Wassermann, Jakob* [2005a], S. 113).
101 *Wassermann, Jakob* (2005a), S. 156.
102 *Wassermann, Jakob* (2005a), S. 19.
103 *Wassermann, Jakob* (2005a), S. 41.
104 *Wassermann, Jakob* (2005a), S. 156.
105 Vgl. *Wassermann, Jakob* (2005a), S. 163 f.

und Kaspar eine Distanz zu errichten, welche den Respekt vor seiner Person wahrte. Überhaupt waren menschlich-nahe Beziehungen ihm eher suspekt, ebenso wie, Gefühle zu äußern.[106] Tucher, der für Kaspar einen bürgerlichen Brotverdienst anstrebte, legte zu diesem Zweck einen entsprechenden, genau eingeteilten Tagesplan fest. Sofort blieb für jeden Fremden das Haus verschlossen. Die Schule entfiel; stattdessen kam zwei Mal am Tag ein junger Privatlehrer in das Tuchersche Haus. Auch musste Kaspar auf das Reiten verzichten, da dieses nur Personen gehobenen Standes zukomme.[107] In Begleitung eines Polizisten oder eines Bediensteten Tuchers erfolgte täglich am Mittag ein Spaziergang an frischer Luft. Neben dem Zimmer Kaspars hatte Tucher eine Kammer eingerichtet, in welcher dieser nachmittags Tischler-, Buchbinder-, gelegentlich auch Uhrmacher-Arbeiten ausführte, die Tucher sehr lobte. Für die Zeit bei ihm bescheinigte Tucher Kaspar „eisernen Fleiß […] und […] hartnäckigen Lern- und Bildungseifer".[108] Es habe keinen Widerspruch, noch Auflehnung gegeben; niemals habe Kaspar weniger getan, als gefordert wurde. Tucher dachte: „Zum erstenmal erfährt er den Segen einer folgerechten Leitung";[109] seine Grundsätze triumphierten. Das zunächst angenehme längere Alleinsein im Hause Tucher empfand Kaspar bald als einen – zu den Prinzipien gehörenden – Zwang, der ihn menschliche Nähe vermissen ließ und dem er weitmöglichst zu entkommen trachtete. Über die später erfolgte Regelung Tuchers, Kaspar vom gemeinsamen Essen auszuschließen,[110] beschwerte sich dieser – gemäß den historischen Fakten – in seiner Vernehmung vor dem Königl. Kreis- und Stadtgericht Nürnberg am 24. November 1831:

> „Ich muß immer auf meinem Zimmer allein sitzen; […] ich vermisse in letzter Zeit das Familienleben, indem ich in die Familie des Herrn v. Tucher selten zugelassen […] werde."[111]

Tucher allerdings sah darin nur eine Treue zu seinen Prinzipien. Im Schema des Erziehungsplans lag eine zwei bis drei Mal wöchentlich stattfindende Unterhaltung Tuchers mit seinem Pflegling. Dabei forderte das Prinzip, dass

---

106 Vgl. *Wassermann, Jakob* (2005a), S. 158.

107 Vgl. *Wassermann, Jakob* (2005a), S. 157 f.

108 *Wassermann, Jakob* (2005a), S. 159.

109 *Wassermann, Jakob* (2005a), S. 159.

110 „Damit nun der Tag ein ununterbrochenes Ganzes für dich wird, sollst du des Mittags nicht mehr mit mir essen, sondern alle Mahlzeiten auf deinem Zimmer einnehmen" (*Wassermann, Jakob* [2005a], S. 163).

111 Zit. n. *Pies, Hermann* (1987), S. 196.

Tucher „eine würdevolle Unnahbarkeit bewahre",[112] und „verstattete nicht, daß man die Grenze der Zurückhaltung mehr als nützlich überschreite".[113] Tucher musste jedoch feststellen, dass seine Stimme beim Anblick Kaspars gelegentlich wider Willen milder klang. Eines Abends spielte er in Anwesenheit Kaspars einen Sonatensatz – nicht zufällig, denn dienstags und freitags spielte er prinzipiell von 18 bis 19 Uhr Klavier; bei einem Unterlassen des Spielens hätten die Prinzipien Schaden gelitten. Als Kaspar anschließend zu sagen wagte: „Traurig kann ich alleine sein, dazu brauch' ich keine Musik",[114] wurde er wegen seiner Anmaßung getadelt und aufs Zimmer geschickt. Anlässlich eines der festlichen Abende im Tucherschen Hause, zu denen Kaspar nicht mehr zugelassen war, stand dieser einem Verstoßenen gleich im Korridor des Hauses und lauschte. Die Süßigkeiten, die ein Lakai ihm auf einem Silbertablett anbot, hatte er soeben abgelehnt, als die alte Freifrau in silbernem Seidenkleid und silberner Haarschärpe hinzutrat und – die Augen streng auf Kaspar gerichtet – mit rauhem Ton fragte: „Süßes mag Er nicht? Warum mag Er denn Süßes nicht?"[115] Kaspar erstarrte in lähmender Furcht; er glaubte, die Stimme des Vermummten wiederzuhören. Den Arm ausgestreckt schrie er: „Nicht schlagen, nicht schlagen!"[116] Tucher war über das Aufsehen, das Kaspar unter den Gästen erregte – man dachte an ein Attentat –, auf das Peinlichste berührt. Jedes vermeidbare Aufsehen einer Person galt ihm als ungehörig und das Gleichmaß des Prinzips störend. Er führte Kaspar in dessen Zimmer und erklärte ihm in scharfem Ton, er werde ihn am nächsten Morgen wegen seiner ungehörigen Aufführung zur Rechenschaft ziehen. Als man aber vermutete, krankhafte Zustände Kaspars seien die Ursache seines Verhaltens gewesen – so sprach man von Mondsucht Kaspars –, sah Tucher ein, „daß den Grundsätzen eigentlich nichts zuleide geschehen war".[117]

In seinen Bemühungen, Kaspars Entwicklung positiv zu beeinflussen, war Tucher völlig gefangen in seinen Vorstellungen und Prinzipien; die strenge Art der Erziehung entsprach dem Wesen des Jünglings kaum.[118] Darüber vergaß er

---

112 *Wassermann, Jakob* (2005a), S. 161.
113 *Wassermann, Jakob* (2005a), S. 161.
114 *Wassermann, Jakob* (2005a), S. 163.
115 *Wassermann, Jakob* (2005a), S. 167.
116 *Wassermann, Jakob* (2005a), S. 168.
117 *Wassermann, Jakob* (2005a), S. 169.
118 „Hauser wird nun weitergereicht, nur um weiteren Vergewaltigungen seines verwundbaren Wesens ausgesetzt zu werden." *Theisz, Reinhard* (1976), S. 171. *Otto Hartwich* ([1911], S. 267) kritisierte Tucher „mit seiner erkünstelten Sachlichkeit und mit der Pedanterie seiner vielgenannten 'Grundsätze'".

die Herzensbedürfnisse seines Schützlings, der ohne Heimat und ohne Eltern aufwuchs und dennoch vom Tucherschen Familien- und Gesellschaftsleben ausgeschlossen wurde. Tucher überließ Kaspar weitgehend seiner Einsamkeit[119] und beachtete nicht, dass Kaspar, der keineswegs aus Hysterie schrie, ein spezielles Schicksal hatte; er übersah dessen besondere psychische Situation. Das eigentliche Anliegen Kaspars, die Erfahrung menschlicher Herzensqualität, wurde nicht beachtet. Tucher war von einer „Maschinerie"[120] okkupiert, die funktionieren musste; Nähe und Wärme zu vermitteln, war ihm nicht gegeben. Dies war Tuchers Schuld der „Trägheit des Herzens"; sein Versuch scheiterte letztlich. Kaspar „lebt in einer adventischen Stimmung, er wartet auf etwas, auf jemanden, das/der ihn aus der Enge hinausführen wird".[121] Hiermit trat Lord Stanhope auf den Plan.

4. Stanhope, der Ambivalente

Auch Lord Stanhope war Kaspar Hausers Pflegevater. Ungeachtet aller Bemühungen war es Stanhope durch ein Veto Präsident Feuerbachs untersagt worden, Kaspar mit sich fortzuführen – wie der geheime Auftrag der Feinde Kaspars an Stanhope lautete.[122] Jedoch erhielt er durch den von ihm getäuschten Feuerbach[123] die Pflegschaft über Kaspar Hauser in Nachfolge Tuchers, nachdem dieser wegen der Unvereinbarkeit seiner Erziehungsgrundsätze mit denen Stanhopes sein Amt als Pflegevater niedergelegt hatte. In einem Schreiben an Tucher erläuterte Feuerbach die neue Rechtslage:

> „Feuerbach an Herrn von Tucher: Dem Verlangen Euer Hochgeboren wie der eingetretenen Notwendigkeit Rechnung tragend, teile ich Ihnen hierdurch mit, daß Sie Ihres Amtes als Vormund Caspar Hausers von heute ab enthoben sind. Eine gleichzeitige Urkunde des Kreis- und Stadtgerichts wird Ihnen dies in amtlicher

---

119 Die Kritik Wassermanns (vgl. *Wassermann, Jakob* (2005a), S. 158) ist auch eine Kritik an der Erziehung der Zeit. Er kritisiert hier den Zwang, welchen die Jugend von ihren Lehrern und Erziehern erleiden muss. Vgl. *Theisz, Reinhard* (1976), S. 171.

120 Sie zeigte eine „zu starre Begrenzung im Endlichen, Überschätzung des Alltäglichen und damit verbunden eine zu ausgeprägte Pflichtbesessenheit. Das nun ist der Hauptfehler, dem Freiherr von Tucher erliegt." *Voegeli, Walter* (1956), S. 81.

121 *Kovács, Kálmán* (2000), S. 89.

122 Vgl. *Wassermann, Jakob* (2005a), S. 206. *Wassermann* (vgl. a.a.O., S. 205) erwähnte eine bezahlte Agententätigkeit Stanhopes im Dienste Metternichs.

123 Dieser widmete ihm sogar seine Schrift (*Feuerbach, Anselm* [1987]) über Kaspar Hauser: „Seiner Herrlichkeit, Herrn Grafen Stanhope, Pair von Groß-Brittanien u. s. w. [...] In der größten Wüste unsrer Zeit, wo unter den Gluthen eigensüchtiger Leidenschaft die Herzen immer mehr verschrumpfen und verdorren, endlich wieder einem wahren Menschen begegnet zu sein, ist eines der schönsten und unvergeßlichsten Ereignisse meines abendlichen Lebens." *Feuerbach, Anselm* (1987), S. I ff.

Form bekanntgeben, wie auch weiterhin die Verfügung, daß Caspar dem Grafen Stanhope zu überlassen sei; freilich einstweilen nur der Form nach, denn bis die schwierigen und verwickelten Verhältnisse eine Änderung erlauben werden, soll Caspar in der Familie des Lehrers Quandt Aufnahme finden; Lord Stanhope hat während dieser Zeit für seine zweckmäßige Erziehung und Verpflegung zu sorgen, ich selbst werde in Abwesenheit des Pflegevaters über das Wohl des Jünglings wachen."[124]

War Kaspar Hauser für den historischen Lord nur vorübergehend bedeutsam, verwandelte Wassermann Stanhope im Roman darüber hinausgehend in eine schillernde Gestalt, an welche sich „Furcht und Hoffnung des Lesers"[125] ketteten und die bald in den Mittelpunkt der Handlung rückte. In der Figur des literarischen Stanhope vereinte Wassermann das äußere und das innere Schicksal Kaspar Hausers, welches sich von doppelter Tragik erwies.[126] Der Stanhope des Romans war mehr als nur ein gedungener Scherge,[127] sondern – wie Hartwich formulierte – „ein Lucifer, eine moralisch gesunkene, göttliche Größe".[128] Stanhopes inneres Ringen, sein Hin- und Hergerissensein zwischen Auftrag und Gefühl, brachte eine Spannung mit sich, innerhalb derer sich das Schicksal Kaspar Hausers entschied. Für Kaspar war Stanhope der Gegenpol zu dem strengen Pflegevater Tucher; bereits bei der ersten Begegnung begab er sich in die geöffneten Arme Stanhopes. Dieser erschien ihm als der lang Ersehnte, als derjenige, der ihn aus der Enge seiner derzeitigen Verhältnisse zu befreien und zu seiner Mutter zu führen versprach.[129] Schon längere Zeit hatte der immer hoffnungsloser und verschlossener werdende Kaspar in ahnungsvollen Vorstellungen seiner Befreiung gelebt, aber auch in Ängsten, die es erforderlich machten, nachts neben seinem Bett ein Öllämpchen brennen zu lassen.[130] Die Darstellung Stanhopes durch Wassermann in der Begrüßungsszene zeigte bereits die Ambivalenz der Beziehung: So ließ Wassermann Stanhope „mit überraschender Erregung und sichtlich tief berührt: 'Caspar'"[131] sagen; ferner hieß es:

„Auf den Lord übte die wunderbare Ergriffenheit Caspars anscheinend große Wirkung. Für die Dauer mehrerer Sekunden war sein Gesicht heftig bewegt, und die

---

124 *Wassermann, Jakob* (2005a), S. 249.
125 *Hartwich, Otto* (1911), S. 263.
126 Vgl. *Hartwich, Otto* (1911), S. 262 ff.
127 Hier in Abgrenzung zu *Walter Voegeli*, für den Stanhope einzig „bezahlter Scherge der Verschwörer ist" ([1956], S. 90).
128 *Hartwich, Otto* (1911), S. 263.
129 Vgl. *Wassermann, Jakob* (2005a), S. 177.
130 Vgl. *Wassermann, Jakob* (2005a), S. 170.
131 *Wassermann, Jakob* (2005a), S. 177.

> Augen trübten sich wie in peinvollem Erstaunen. Er war ohne Zweifel verwirrt, die allzeit dienstbare Phrase versagte sich ihm, und bei der ersten zärtlichen Anrede klang die sonst seidenweiche Stimme rauh."[132]

Und dennoch – so erfährt der Leser – hatte Stanhope trotz seiner offensichtlichen edlen Impulse, Kaspar zu Hilfe zu kommen, sich dessen Feinden verpflichtet, ihn an sich zu binden, sodann mit sich zu nehmen und verschwinden zu lassen.[133] Stanhope verstand es, das Vertrauen und die Zuneigung Kaspars Hausers zu erwerben. Den Erziehungsprinzipien Tuchers stellte er Verständnis für die besondere Situation des Findlings und warmherzigen Umgang entgegen. Es gelang ihm, Kaspars Herz aufzuschließen. Er äußerte sich gegenüber Binder,

> „in Herrn von Tuchers Verfahren liege zu viel vorgefaßte Strenge, er handle nach einem erdachten Ideal von Tugend, eine so zarte Lebenspflanze könne nur in liebevollster Nachsicht aufgezogen werden. 'Seien wir doch eingedenk, daß das Schicksal eine alte Schuld an Caspar abzutragen hat, und daß es engherzig ist, immerfort hemmen und beschneiden zu wollen, wo die Natur selbst gegen den Willen der Menschen ein so herrliches Gebilde erzeugt hat.'"[134]

Als einziger Pflegevater vermochte Stanhope, Kaspar – zumindest vorübergehend – in seinem Innersten, in seinem Wesen zu berühren; er war nicht mehr Objekt unterschiedlicher Interessen und Ideale eines Pflegevaters, sondern durfte endlich er selbst sein und sein eigenes Wesen entfalten. Doch trotz des Versprechens, nach einem Jahr wiederzukehren und ihn mit sich nach England zu nehmen, verließ Stanhope Kaspar für immer. Dieser blieb gebrochen zurück, um schließlich leichtes Opfer seines Mörders zu werden. Im Roman entzog sich Stanhope seinem inneren Konflikt am Ende durch Freitod. Hartwich wies auf die historisch entfremdete Darstellung der Gestalt Stanhopes durch Wassermann hin, die er als gelungen betrachtete.[135] Wie hätte ohne die Beziehung zu Stanhope deutlich werden können, dass das Schicksal Kaspar Hausers auch anders hätte verlaufen können,[136] als schlussendlich in kleinstädtischer Enge zu versinken?

In verschiedenen Pflegepersonen stellt Wassermann dem Leser mehrere Varianten fehlerhafter Erziehungsmethoden und unterschiedliche Verstöße der Trägheit des Herzens drastisch vor Augen. Angesichts seines pädagogischen Potentials ist Stanhope – durch den ahnungslosen Gerichtspräsidenten ernannt

---

132 *Wassermann, Jakob* (2005a), S. 177 f.
133 Vgl. *Hartwich, Otto* (1911), S. 259.
134 *Wassermann, Jakob* (2005a), S. 190.
135 Vgl. *Hartwich, Otto* (1911), S. 262 f.
136 Vgl. *Hartwich, Otto* (1911), S. 263 f.

– hingegen ein „ambivalenter" Pflegevater, dessen Opfer Kaspar schließlich wird. Über die „Trägheit des Herzens" hinausgehend finden sich bei Stanhope Impulse, Pläne und Handlungen verbrecherischer Art; so wird er „zum doppelten Mörder",[137] der Kaspar durch seine nicht erfüllten Versprechungen in den seelischen und durch seine „Machenschaften" in den physischen Tod treibt.

5. Quandt,[138] der Argwöhnische

Wie Feuerbach in seinem Schreiben an Tucher ankündigte, erfolgte im Rahmen der Pflegschaft Stanhopes die Erziehung und Pflege Kaspars durch den Schullehrer Quandt in dessen Haus in Ansbach.[139] Am Ende des 14. Kapitels „Nacht wird sein"[140] gibt Wassermann in seinem Roman eine Vorausschau auf diese Zeit:

> „Nun, Caspar, sollst du in ein kleines Städtchen gehen und in ein kleines Haus, sollst in Verborgenheit leben, und die Wände der Welt sollen sich verengen, bis sie wieder zum Kerker werden. Gewalt hat sich der List verbrüdert, der Richter wird richten, was er sieht, und nicht wissen, was er fühlt. Niedrig sollst du werden, damit die Freunde sich in Feinde verwandeln und deine Einsamkeit leichtere Beute des Verfolgers sei. Das Blut soll gegen sich selber zeugen, Licht soll verweslich werden, Frucht soll nicht mehr wachsen, die Stimme des Himmels soll verstummen, und auf die Nacht, denn Nacht wird sein, soll keine Frühe folgen."[141]

Quandt bot seiner Umwelt ein Vorbild für die Erfüllung öffentlicher Pflichten und schien – wie Wassermann berichtete – „ein Heros der Tugend, eine wahre Mustersammlung von Tugenden"[142] zu sein, der allgemeine Achtung genoss.[143] Jedoch der wissende Dichter offenbart dem Leser auch andere, verborgene Seiten Quandts. Sein Edelmut beispielsweise war nicht frei von der Erwartung einer Belohnung; der Neid plagte ihn, wenn ein anderer geehrt wurde – der es doch viel weniger verdient hatte.[144] Tätigte er Einkäufe, registrierte er innerlich peinlich genau, was andere sich leisteten. Auch behandelte er seine Frau nicht immer so zuvorkommend, wie er dies in Gegenwart Dritter tat. Der heftigeren Wirkung wegen trocknete er den spanischen Rohr-

---

137 *Voegeli, Walter* (1956), S. 91.
138 Lehrer Quandt und seine Frau sind identisch mit dem historischen Lehrer „Johann Georg Meyer" und dessen Frau „Henriette Magdalena".
139 Vgl. *Wassermann, Jakob* (2005a), S. 249 f.
140 *Wassermann, Jakob* (2005a), S. 237 ff.
141 *Wassermann, Jakob* (2005a), S. 244.
142 *Wassermann, Jakob* (2005a), S. 292.
143 Vgl. *Wassermann, Jakob* (2005a), S. 239.
144 Vgl. *Wassermann, Jakob* (2005a), S. 292 f.

stock, bevor er mit diesem die schwierigen und renitenten Schüler in seiner Klasse züchtigte.[145] Schien der öffentliche Quandt mit seinen Lebensumständen zufrieden zu sein, fühlte sich der verborgene Quandt permanent in seinen Rechten benachteiligt. Dieser „Quandt an sich"[146] zeigte Eigenschaften wie z. B. Argwohn, Rachsucht, gespielte Bescheidenheit, Missgunst und Pedanterie. Das äußere Erscheinungsbild Quandts beschreibt Wassermann in einer karikierenden Interpretation folgendermaßen:

> „Quandt war mittelgroß und hager, über der hohen Stirn waren tabaksgelbe Haare mit Hilfe von Pomade ganz lächerlich glatt zurückgekämmt. Die Augen blickten schüchtern, fast betrübt, und blinzelten bisweilen, die Hakennase stach ein wenig prahlerisch in die Luft, der Mund, versteckt unter demütigen und zerbissenen Schnurrbartstoppeln, hatte einen säuerlichen Zug, der die Berufsgewohnheit vielen Nörgelns verriet."[147]

Gemäß Golo Mann war Quandt der „gottesfürchtig selbstgerechte, salbungsvoll schmunzelnde Quäler und Provinznest-Skeptiker";[148] ähnlich war er für Thomas Mann „ein ordinärer Skeptiker".[149]

Das Komplott, zu welchem Hickel den Lehrer Quandt veranlasste, beinhaltete die Entlarvung Kaspar Hausers als Betrüger.[150] Kaspar hatte in Nürnberg die kritischsten Beobachter durch seine besondere Ausstrahlung und Wesensart, nicht zuletzt auch durch seine außergewöhnlichen Sinneswahrnehmungen als ein Abbild ursprünglichen Menschentums überzeugt. Im Laufe seiner Entwicklung waren diese Gaben auf ein Normalmaß herabgesunken. Eine Neigung zum Lügen (vermutlich Not-Lügen, Sich-wichtig-Machen, „Sichliebmachenwollen"[151]) wurde von seinen Gegnern als Beweis für einen betrügerischen und hinterhältigen Charakter angesehen.[152] Als Quandt beim ersten Besuch feststellte, dass Kaspar keinerlei Besonderheiten aufwies, obgleich ihn verschiedenste Gelehrte jahrelang als eine außergewöhnliche, wundersame

---

145 Vgl. *Wassermann, Jakob* (2005a), S. 294.
146 *Wassermann, Jakob* (2005a), S. 291.
147 *Wassermann, Jakob* (2005a), S. 240 f.
148 *Mann, Golo* (1993), S. 386.
149 *Mann, Thomas* (1960), S. 554. Die Gleichsetzung der Gestalt Quandts mit einer „humoristischen Figur" (ebd.) ist m. E. im Hinblick auf den tragischen Hintergrund des Falles als verfehlt anzusehen. Deshalb wird in vorliegender Arbeit von „einer karikierenden Interpretation" durch Wassermann gesprochen.
150 Vgl. *Wassermann, Jakob* (2005a), S. 244.
151 *Wassermann, Jakob* (2005a), S. 346.
152 Vgl. *Wassermann, Jakob* (2005a), u. a. S. 86 f.

Erscheinung charakterisiert hatten, war er fassungslos.[153] Der Polizeileutnant meinte:

> „Man muß reinen Tisch machen. Man muß den hinterlistigen Burschen endlich Mores lehren. [...] Das ist die Meinung der ganzen Welt, zumindest des aufgeklärten und vernünftigen Publikums."[154]

Quandt wusste nun, was zu tun war, und bespitzelte Kaspar auf jede Weise. „Wir müssen aufpassen, liebe Jette, [...] wir müssen die Augen offen halten",[155] ermahnte er seine Frau. Für Quandt wurde alles an Kaspar verdächtig. Hörte er diesen spät abends unruhig in seinem Zimmer auf- und abgehen, schien er etwas auszuhecken.[156] Das gleiche galt, als er ihn bei heruntergelassenen Rouleaus in einer Ecke seines Zimmers nachdenklich auf dem Boden sitzend vorfand.[157] Verdächtig war bereits, dass Kaspar aufrecht am Tisch sitzen konnte, hatte er doch angeblich viele Jahre in einem Kerker verbringen müssen.[158] Hatte Kaspar sein Kopfkissen während der Nacht nassgeweint, vermutete Quandt, er habe es mit einem Glas Wasser befeuchtet.[159] Quandt sammelte, deutete und notierte vergangene und neueste Ereignisse zum erhofften Nachweis von Kaspars betrügerischem Wesen.[160] Der besorgte Pfarrer Fuhrmann suchte Feuerbach auf, teilte ihm die Zustände im Hause Quandts mit und klagte über den Lehrer:

> „Ein sonst so vortrefflicher Mann, und in allem, was den Hauser betrifft, wie verhext. [...] Aus allem, was der Hauser tut und sagt, schließt er im stillen das Gegenteil, sogar das Einmaleins aus diesem Mund scheint ihm eine Lüge. Ich glaube, er möchte ihm am liebsten die Brust aufschneiden, um zu sehen, was drinnen ist. [...] Ich kann mir nicht helfen, wenn ich sehe, wie da alles verdächtig gemacht wird."[161]

Quandt schreckte auch vor übelsten Beschimpfungen nicht zurück, wie das folgende Beispiel zeigt; er fragte Kaspar:

---

153 Vgl. *Wassermann, Jakob* (2005a), S. 280.
154 *Wassermann, Jakob* (2005a), S. 242 f.
155 *Wassermann, Jakob* (2005a), S. 291.
156 Vgl. *Wassermann, Jakob* (2005a), S. 314 f.
157 Vgl. *Wassermann, Jakob* (2005a), S. 314.
158 Vgl. *Wassermann, Jakob* (2005a), S. 313. Siehe dagegen „Bericht Caspar Hausers, von Daumer aufgezeichnet", demzufolge Kaspar berichtete, er sei „angekettet an ein Strohlager" (*Wassermann, Jakob* [2005a], S. 21) gewesen.
159 Vgl. *Wassermann, Jakob* (2005a), S. 317 f.
160 Der historische Lehrer Meyer schrieb die „Notizen über Kaspar Hauser" (in: *Pies, Hermann* [1985], S. 259–344), die nach Kaspars Tod dem Ansbacher Gericht übergeben wurden. Vgl. *Pies, Hermann* (1966), S. 122.
161 *Wassermann, Jakob* (2005a), S. 361 f.

> „'Was würden Sie in Ihrer Seelennot antworten, was antworten, wenn der erhabene Gott Sie zur Rechtfertigung aufforderte, zur Sühnung des verübten Trugs?' [...] 'Ich würde antworten: Du bist kein Gott, wenn du solches von mir verlangst.' [...] Quandt prallte zurück und schlug die Hände zusammen, 'Lästerer!' schrie er mit durchdringender Stimme. Dann streckte er den rechten Arm aus und rief: 'Hebe dich weg, du Unzucht, du verfluchter Lügengeist! Hinaus mit dir, Infamer! Besudle meine Luft nicht länger!'"[162]

Kaspar wurde einsilbiger und zog sich zunehmend von der menschlichen Gesellschaft zurück – für Quandt nur ein Zeichen, dass sein schlechtes Gewissen an ihm nagte.[163] Quandt nahm auch an, Kaspar habe sich die tödliche Stichverletzung im Hofgarten selber zugefügt, um das erloschene Interesse der Öffentlichkeit für seine Person erneut wachzurufen. Noch auf dem Sterbebett bedrängte er Kaspar: „Hauser! Hauser! Haben Sie mir nichts mehr zu sagen?"[164] Kaspars letzte Worte waren: „Ach Gott, ach Gott, so abkratzen müssen mit Schimpf und Schande!"[165] Nach seinem Tod hieß es, „Quandt wolle ein Buch schreiben, worin er haarklein nachzuweisen gedenke, daß Caspar ein Betrüger gewesen"[166] sei.

Die letzte der literarisch-provokativen Abhandlungen zum Thema der Trägheit des Herzens beinhaltet den Aufenthalt Kaspars bei dem Schullehrer Quandt in Ansbach, der von Feuerbach den Auftrag erhalten hatte, „einen tüchtigen Menschen aus ihm zu machen".[167] Stattdessen verstieg sich Quandt in die Vorstellung, Kaspar sei ein Betrüger,[168] der sich nur ein angenehmes Leben verschaffen wollte. Obgleich Quandt den Anspruch erhob, sich der Wahrheitsfindung verschrieben zu haben,[169] setzte er Kaspar rücksichtslos ständigen Verdächtigungen aus, anstatt ihm ein fürsorglicher Erzieher zu sein, dem sowohl das leibliche, wie auch das seelisch-geistige Wohl seines Zöglings ein Anliegen des Herzens ist. Ein Klima voller Misstrauen, Verachtung, Niedertracht und Gehässigkeit – an dieser Trägheit des Herzens ging Kaspar Hauser allmählich zugrunde: So war er seelisch bereits tot, bevor sein Mörder zustach.

---

162 *Wassermann, Jakob* (2005a), S. 449.
163 Vgl. *Wassermann, Jakob* (2005a), S. 441.
164 *Wassermann, Jakob* (2005a), S. 475.
165 *Wassermann, Jakob* (2005a), S. 476.
166 *Wassermann, Jakob* (2005a), S. 478.
167 *Wassermann, Jakob* (2005a), S. 322.
168 Vgl. *Wassermann, Jakob* (2005a), S. 478.
169 Vgl. *Wassermann, Jakob* (2005a), S. 448.

III. Die herzensträge Gesellschaft

Wassermann führt die Herzensträgheit der Pflegepersonen Kaspars als drastisch und provokativ hervorgehobene Beispiele nicht seltenen gesellschaftlichen Verhaltens vor Augen. In unterschiedlicher Ausprägung ist im Roman eine Herzensträgheit auch der übrigen Bürger nicht zu übersehen – bis auf eine Ausnahme: Wachsoldat Schildknecht.[170] Auch er verkörpert – in Annäherung an Kaspar Hauser – ein Abbild ursprünglichen Menschentums und vermag, unbeeinflusst von gesellschaftlich-materialistischer Vorteilssuche, den Mitmenschen in seinem Anliegen wahrzunehmen. Schildknecht, Sohn eines badischen Bäckers, – Hickels Angaben zufolge „treu wie Gold"[171] – hatte von Feuerbach den Auftrag erhalten, Kaspar „des Abends und bei Spaziergängen"[172] zu überwachen. Ungeachtet des Gebots Hickels, ihm die Inhalte der Gespräche Kaspars mit der befreundeten Clara von Kannawurf genauestens zu berichten, hielt Schildknecht sich in taktvoller Entfernung.[173] Als sich herausstellte, dass er Kaspar Geld für einen Theaterbesuch geliehen hatte, wurde er von Hickel entlassen und hatte wieder Kasernendienst zu leisten.[174] Beim Abschied erklärte er Kaspar jedoch, von Zeit zu Zeit wolle er seinen Pfiff unter dessen Fenster ertönen lassen, für den Fall, dass dieser seine Hilfe benötige. „Es geht um alles",[175] sagte eines Tages Kaspar zu Schildknecht, nachdem wieder einmal der Pfiff ertönt war, und verlangte nichts Geringeres von ihm, als eine Botschaft an seine mutmaßliche Mutter, Fürstin Stephanie von Baden, persönlich in Karlsruhe zu übergeben. Schildknecht war sofort bereit, das Wagnis zu übernehmen. Er verließ unbefugt die Kaserne,[176] wurde jedoch bei dem Versuch, Kaspars Auftrag auszuführen, verhaftet.[177] Wie Hickel Kaspar mitteilte, sollte Schildknecht wegen seiner Fahnenflucht in eine Strafanstalt eingeliefert werden.[178]

---

170 Vgl. *Wassermann, Jakob* (2005a), S. 403 ff.
171 *Wassermann, Jakob* (2005a), S. 389.
172 *Wassermann, Jakob* (2005a), S. 389.
173 Vgl. *Wassermann, Jakob* (2005a), S. 399. Offenbar hoffte Hickel, aus den Gesprächen bedeutsame Neuigkeiten zu erfahren.
174 Vgl. *Wassermann, Jakob* (2005a), S. 401.
175 *Wassermann, Jakob* (2005a), S. 413.
176 Vgl. *Wassermann, Jakob* (2005a), S. 419.
177 Vgl. *Wassermann, Jakob* (2005a), S. 435.
178 Vgl. *Wassermann, Jakob* (2005a), S. 435. „Kommt auf die Plassenburg, der Kerl." (ebd.).

Auch weitere Beispiele von Personen, die im Roman mit Kaspar in Verbindung standen, zeigen, wie die in der menschlichen Gesellschaft auffindbare „moralische Krankheit" der Herzensträgheit letztlich keinen Bürger verschont – sei er ansonsten Kaspar gegenüber noch so wohlwollend. Selbst der große Freund und Beschützer Kaspar Hausers, Anselm Ritter von Feuerbach, ist hiervon nicht ausgeschlossen. Bei allem persönlichen Engagement für den Findling sah er in dem „Fall Hauser" die Gelegenheit zu einem letzten großen Werk seiner Karriere, für das er Kaspar benötigte.[179] Der Anfrage Clara von Kannawurfs, Kaspar aus der unglücklichen Situation im Haus des Lehrers Quandt zu befreien und bei sich selbst aufzunehmen, entzog sich Bettine von Imhoff mit den Worten:

> „Ich bin nicht glücklich und nicht unglücklich genug, um mit Aufopferung des eignen einem fremden Schicksal mich hinzugeben",[180]

worauf ihr die Freundin Clara vorwurfsvoll entgegenhielt:

> „Ihr lest ein schönes Buch, ihr seht ein ergreifendes Theaterstück und seid erschüttert von diesen nur eingebildeten Leiden. [...] Ein trauriges Lied kann die Tränen entlocken. [...] Warum ist es immer nur das Unwirkliche oder das Ferne, woran ihr eure Teilnahme verschwendet? Warum immer nur dem Wort, dem Klang, dem Bild glauben und nicht dem lebendigen Menschen, dessen Not handgreiflich ist?"[181]

Ferner ließ es die Lauheit des Bürgermeisters Binder zu, dass Kaspar auf Anforderung des Rittmeisters Wessenig aus dem Vestnerturm geholt und im Gasthof zum Krokodil dessen Gästen vorgeführt wurde; dieses Verhalten wurde von Feuerbach gegenüber dem Bürgermeister ausdrücklich gerügt.[182] Auch Gefängniswärter Hill, der bei seinen zahlreichen Beobachtungen an Kaspar nichts Verbrecherisches entdecken konnte,[183] war nicht davor gefeit, subjektiven Interessen zu folgen, wenn er es gestattete, dass „nebenbei mancher Groschen in den Beutel"[184] wanderte.

Mit einer noch heute gültigen Kritik an der Herzensträgheit menschlicher Gesellschaft überschreitet Wassermann die bisherige, lediglich kriminalistisch-literarische Darstellung des Falles „Kaspar Hauser" und zeigt seelische Hintergründe auf. Das Neue, das Wassermann in die Hauser-Literatur einbrachte,

---

179 Vgl. *Wassermann, Jakob* (2005a), S. 233.
180 *Wassermann, Jakob* (2005a), S. 420 f.
181 *Wassermann, Jakob* (2005a), S. 421.
182 Vgl. *Wassermann, Jakob* (2005a), S. 38 ff.
183 Vgl. *Wassermann, Jakob* (2005a), S. 13.
184 *Wassermann, Jakob* (2005a), S. 33.

sollte nach seinem Willen keine bloße Fabel sein, sondern eine übergeordnete Idee, wie sie die „Trägheit des Herzens" darstellt.[185]

---

185 Vgl. *Wassermann, Jakob* (1928a), S. 130 f.

Sechstes Kapitel
Juristische Perspektiven

I. Mordversuch und Ermordung Kaspar Hausers

Wie Wassermann in seinem Roman in Anlehnung an die geschichtliche Realität berichtete,[1] erfolgte – historisch am 17. Oktober 1829[2] – in Nürnberg im Haus Daumers ein Mordanschlag auf Kaspar Hauser. Durch den Schlag eines vermummten Mannes mit einem metallenen Gegenstand[3] erlitt Kaspar eine stark blutende, aber nicht lebensgefährliche Stirnwunde.

An einem Winternachmittag – den historischen Überlieferungen zufolge am 14. Dezember 1833[4] – wurde Kaspar Hauser im Hofgarten von Ansbach mit einem „langen, blitzenden Gegenstand"[5] in die linke Brustseite gestochen und lebensgefährlich verletzt.[6] Einige Tage später verstarb er.[7] Auch in diesem Fall konnte der Täter nicht ermittelt werden.

II. Gerichtspräsident Feuerbach

Ungeachtet der übergeordneten Idee der „Trägheit des Herzens" ist der Kriminalrechtsfall „Kaspar Hauser" im Roman Wassermanns auch Ausgangspunkt eines strafrechtlichen Geschehens. Feuerbach, als erster Präsident des Appellationsgerichts Ansbach[8] in oberster Instanz für den Fall zuständig, rückt hiermit in den Vordergrund der folgenden Betrachtungen.

---

1 Vgl. *Wassermann, Jakob* (2005a), S. 117 ff.
2 Vgl. *Pies, Hermann* (1966), S. 57.
3 Historisch wurde von einem „Hackmesser" (*Daumer, Georg* [1983], S. 72) berichtet.
4 Vgl. *Pies, Hermann* (1966), S. 133.
5 *Wassermann, Jakob* (2005a), S. 460. Gemäß den historischen Tatsachen wurde Kaspar Hauser „durch ein spitzes und zweischneidiges Werkzeug" („Relation" des Dr. Horlacher. Zit. n. *Pies, Hermann* (1966), S. 149) in der linken Brustseite verletzt.
6 Vgl. *Wassermann, Jakob* (2005a), S. 460 ff.
7 Vgl. *Wassermann, Jakob* (2005a), S. 476. „Der Tod erfolgte 78 Stunden nach erlittener Verletzung." Gerichtsärztliches Gutachten des Dr. Albert. Zit. n. *Pies, Hermann* (1928), S. 159.
8 Vgl. *Wassermann, Jakob* (2005a), S. 33. Der historische Feuerbach wurde am 18. März 1817 erster Präsident des Appellationsgerichts für den Rezatkreis in Ansbach. Vgl. *Radbruch, Gustav* (1957), S. 132.

1. Das Memorial[9]

Wie Wassermann schilderte, zeigte das Gesicht Feuerbachs Spuren eines langen Grübelns über die Herkunft Kaspar Hausers; seine innere Spannung entlud sich zeitweise auch in heftigen Ausbrüchen gegenüber seiner Umgebung.[10] Dem Genie Feuerbach gelang es dennoch,

> „ein Wunderwerk der Kombination zu schaffen und mit wahrem Seherblick eine Hölle von Verworfenheit und Missetat zu durchdringen."[11]

Das Ergebnis seiner Recherchen erschreckte Feuerbach; denn ob am Ende der Kampf gewonnen oder verloren würde: Seine gesamte Existenz stand auf dem Spiel. Er fragte sich:

> „Durfte er es wagen, mit der fürchterlichen Wahrheit auf den Plan zu treten und die Rücksicht hintanzusetzen, die ihm durch sein Amt und das Vertrauen seines Königs auferlegt war?"[12] „O Qual, dachte er oft in schlaflosen Nächten, sonderbare Qual, dem rechtlosen Treiben als bestellter Wächter und mit untätiger Hand zusehen zu müssen."[13] „Die Krone von einem Fürstenhaupt zu reißen und mit Fingern auf das befleckte Diadem deuten, hieß das nicht, die Majestät auch des eigenen Königs beleidigen, geheiligte Überlieferungen mit Füßen treten, die unmündigen Völker zum Widerpart stacheln?"[14]

Feuerbach fand jedoch einen Weg zwischen ängstlicher Verheimlichung und Veröffentlichung des Entdeckten und ließ dem König von Bayern ein Memorial zukommen, in welchem er das Erkannte unkaschiert darstellte:[15]

> Kaspar müsse ein eheliches Kind sein; andernfalls wären weniger gravierende Mittel zur Verheimlichung der Elternschaft gebraucht worden als seine Isolation in langjähriger Einkerkerung und seine anschließende Aussetzung. Wer überhaupt wäre bereit, die Schuld eines derartigen Verbrechens auf sich zu nehmen und dieses zudem auf unbestimmte Zeit täglich zu wiederholen?[16]

---

9 Das Memorial des Wassermannschen Romans wurde an den König gerichtet. Es enthält wesentliche Ausschnitte des historischen Mémoires, welches – entgegen der literarischen Darstellung – der Königinmutter, Caroline von Bayern, aus dem Badischen Haus stammend und somit eine Tante (Schwester des Vaters) Kaspar Hausers, zugedacht war. Das historische Mémoire wurde aus politischen Gründen erst aus dem Nachlass Feuerbachs durch seinen Sohn Ludwig (vgl. *Feuerbach, Ludwig* [1976], S. 567–578) veröffentlicht. Vgl. *Pies, Hermann* (1966), S. 243.

10 Vgl. *Wassermann, Jakob* (2005a), S. 125 f.

11 *Wassermann, Jakob* (2005a), S. 126.

12 *Wassermann, Jakob* (2005a), S. 126.

13 *Wassermann, Jakob* (2005a), S. 127.

14 *Wassermann, Jakob* (2005a), S. 130.

15 Vgl. *Wassermann, Jakob* (2005a), S. 127.

16 Vgl. *Wassermann, Jakob* (2005a), S. 127 f.

Hieraus schloss er,

> „daß sehr mächtige und sehr reiche Personen an dem Verbrechen beteiligt sind, welche über gemeine Hindernisse unschwer hinwegschreiten, welche durch Furcht, außerordentliche Vorteile und glänzende Hoffnungen willige Werkzeuge in Bewegung setzen, Zungen fesseln und goldene Schlösser vor mehr als einen Mund legen können."[17]

Nur so war es nach Ansicht Feuerbachs möglich, dass die Aussetzung Kaspars in Nürnberg unbemerkt erfolgte und selbst die Ankündigung einer hohen Belohnung für die Entdeckung eines Täters nicht zum gewünschten Erfolg zu führen vermochte.

> „Deshalb muß Caspar eine Person sein, mit deren Leben oder Tod weittragende Interessen verkettet sind, folgerte Feuerbach. Nicht Rache und nicht Haß konnten Motive zur Einkerkerung gewesen sein, sondern er wurde beseitigt, um andern Vorteile zuzuwenden und zu sichern, die ihm allein gebührten. Er mußte verschwinden, damit andere ihn beerben, damit andere sich in der Erbschaft behaupten konnten."[18]

Die Träume Kaspars, in welchen er sich in einem sehr großen Haus (der Beschreibung nach ein Schloss)[19] befand – er hatte in Nürnberg noch nie ein Schloss gesehen –, wurden als Eindrücke aus früher Lebenszeit gewertet und bestätigten die Annahme hoher Geburt.[20]

Kaspar wurde zwar eingekerkert und lediglich mit Wasser und Brot ernährt; Feuerbach verwies in seinem Memorial jedoch auf Fälle, in welchen Derartiges aus hilfreichen Gründen geschah, um die Betroffenen vor denjenigen zu schützen, die ihnen nach dem Leben trachteten. Auch Kaspar hätte getötet werden können, jedoch ging man im Kerker mit ihm fürsorglich und pfleglich um, wonach die Annahme einer Schutzfunktion nicht abwegig erscheint:

> „Das Verlies für den Lebendigen wurde ein doppelt sicheres für den Toten."[21]

Zusammenfassend hieß es bei Feuerbach:

> „Ein Kind wurde für tot ausgegeben und wird noch jetzt dafür gehalten, welches in Wirklichkeit am Leben ist, und zwar in der Person Caspars; das will heißen, ein Kind, in dessen Person der nächste Erbe oder der ganze Mannesstamm seiner Familie erlöschen sollte, wurde beiseite geschafft, um nie wieder zu erscheinen; es wurde diesem Kind, das vielleicht gerade krank gelegen, ein anderes, totes oder

---

17 *Wassermann, Jakob* (2005a), S. 128.
18 *Wassermann, Jakob* (2005a), S. 128.
19 Vgl. *Wassermann, Jakob* (2005a), S. 69.
20 Vgl. *Wassermann, Jakob* (2005a), S. 69 f.
21 *Wassermann, Jakob* (2005a), S. 129.

sterbendes Kind untergeschoben, dieses als tot ausgestellt und begraben und so Caspar in die Totenstille gebracht."[22]

Feuerbach wies nach, dass das Geschlecht der Zähringer „jählings, in auffallender Weise und gegen jede menschliche Vermutung im Mannesstamm erloschen sei".[23] Dabei geschah das Aussterben des alten Geschlechts in einer kinderreichen Ehe, in der nur die Söhne[24] – und auffallend, Feuerbach zufolge „einem Wunder ähnlich",[25] bereits in der Wiege – verstorben waren, während die Töchter verschont blieben. Hierdurch wurde einer aus morganatischer Eheschließung entstammenden Nebenlinie die Sukzession auf den Thron ermöglicht.

> „Wie wäre es erklärbar, fragte Feuerbach, daß eine Mutter demselben Vater drei gesunde Töchter gebiert und als Söhne lauter Sterblinge? – Darin ist kein Zufall, behauptete er furchtlos, sondern System."[26]

Bereits kurz nach dem Erscheinen Kaspars in Nürnberg ging das Gerücht um, dieser sei ein für tot ausgegebener Prinz aus dem Geschlecht der badischen Zähringer. Öffentliche Blätter berichteten „sogar von einer angeblichen Geistererscheinung",[27] welche die Behauptung gewagt haben soll, die derzeitigen Regenten hätten den Thron durch Usurpation erworben, und ein erbberechtigter Prinz sei noch am Leben.

Wie Wassermann im Roman wissen ließ, bezeichnete Feuerbach in seinem Schreiben an den König das Land, in dem alles geschah, die Dynastie und auch den Namen des letzten regierenden Fürsten, der vor mehr als zehn Jahren unter Misstrauen erregenden Umständen verstorben war, sowie den Namen der Fürstin.[28] Er nannte auch die Urheber des Verbrechens; unter ihnen erschien das „Bild eines schwachen, doch ehrgeizigen Mannes"[29] sowie eine Frau „voll von dämonischem Wesen, der regierende Wille über dem grausen Geschehen".[30]

---

22 *Wassermann, Jakob* (2005a), S. 129. In der Erstausgabe der Romanveröffentlichung 1908 gebrauchte Wassermann anstelle des Begriffs „Totenstille" – m. E. sinnvoller – die Bezeichnung „Totenliste" (*Wassermann, Jakob* [1908], S. 149).
23 *Wassermann, Jakob* (2005a), S. 130.
24 „Zwei Söhne waren geboren." *Feuerbach, Ludwig* (1976), S. 575.
25 *Wassermann, Jakob* (2005a), S. 130.
26 *Wassermann, Jakob* (2005a), S. 130.
27 *Wassermann, Jakob* (2005a), S. 131.
28 Vgl. *Wassermann, Jakob* (2005a), S. 131.
29 *Wassermann, Jakob* (2005a), S. 131.
30 *Wassermann, Jakob* (2005a), S. 131.

Die Schrift Feuerbachs wurde unter Wahrung größter Vorsichtsmaßnahmen dem König übersandt, dessen Antwort lange auf sich warten ließ. Schließlich hieß es in einem Schreiben aus der königlichen Privatkanzlei,

> „die Natur des Unglaublichen selbst veranlasse eher zur Verwunderung, zur Bestürzung, als zu unbesonnenem Eingreifen; doch verspreche man, ja, man verspreche; vor allem werde Schweigen empfohlen, unbedingtes Schweigen; bei Verlust aller Gnade dürfe keine derartige Kunde als authentisch durch den Mund eines hohen Staatsbeamten nach außen dringen: man erwarte über den Punkt Verständigung und Unterwerfung".[31]

Die Antwort des Königs hieß: Schweigen!

2. Das Verbrechen am Seelenleben des Menschen

Wie andere historische Fakten des Hauser-Falles thematisierte Wassermann in seinem Roman auch die Schrift Feuerbachs „Kaspar Hauser. Beispiel eines Verbrechens am Seelenleben des Menschen".[32] Diese enthält außer der Darstellung des äußeren Geschehens um den Findling eine Beschreibung seiner Person sowie eine rechtliche Erörterung über das an Kaspar vermutete Verbrechen am Seelenleben des Menschen.[33] Zur Zeit Feuerbachs war – wenn auch nur als kurzfristige Episode – eine Diskussion über die Errichtung eines eigenen Tatbestandes für dieses Verbrechen im Strafgesetzbuch in Gang gekommen. Feuerbach erörterte diesen Disput in seiner Schrift und brachte darin gewiss auch seine an Kaspar gewonnenen Ansichten ein.[34]

a) Rechtshistorische Grundlagen

Die Lehre vom Verbrechen an immateriellen Kräften eines Menschen (z. B. Verstand, Geist, Gemüt oder Seele) geht auf Christian Wolff (1679–1754) und seine Naturrechtslehre zurück. Der vielseitige Wissenschaftler – u. a. Theologe, Mathematiker, Physiker und Philosoph – war nach Wilhelm Schrader „unter den Deutschen der Urheber der Aufklärung".[35] Aus dem Naturrecht

---

31 *Wassermann, Jakob* (2005a), S. 132.
32 *Feuerbach, Anselm* (1987); so in der Diskussion Quandts mit Hickel (vgl. *Wassermann, Jakob* [2005a], S. 370 ff.), sodann der Kanzlist Dillmann, der die Schrift Kaspar zum Lesen überreicht (vgl. a.a.O., S. 378 ff.), ferner Feuerbachs Tochter Henriette in einem Brief an ihren Bruder Anselm (vgl. a.a.O., S. 384 f.), des weiteren auch Schildknecht (vgl. a.a.O., S. 399) sowie Frau von Kannawurf (vgl. a.a.O., S. 406).
33 Vgl. *Feuerbach, Anselm* (1987), S. 53ff. Vgl. im Näheren auch *Forker, Armin* (1987), S. V.
34 Vgl. *Feuerbach, Anselm* (1987), S. 55 ff.
35 *Schrader, Wilhelm* (1898), S. 26.

formulierte er eine Dreiteilung der Güter des Lebens in solche der Seele, des Leibes und des äußeren Zustandes:

> „Die Güter der Seele (bona animi) sind diejenigen, welche die Seele; des Leibes, welche den Leib; des Glücks, welche den äußeren Zustand vollkommener machen."[36]

Auf dieser Grundlage entwickelte der sächsische Kriminalist Carl August Tittmann (1775–1834), ein Zeitgenosse Feuerbachs (1775–1833), in seiner Dissertation „De delictis in vires mentis humanae commissis"[37] 1795 die Forderung nach einer eigenständigen Deliktsart hinsichtlich der „Verbrechen gegen die Geisteskräfte des Menschen". Er führte vor Augen, dass ein derartiger Tatbestand von besonderer Art sei, der ihn von den übrigen Delikten gegen die Person substantiell unterscheide; zu diesen zählte er u. a. Delikte gegen die körperliche Unversehrtheit, die Freiheit, die Ehre und den Staat.[38] Die Fähigkeit zur geistigen Erkenntnis sei es, die den Menschen kennzeichne und welche – nächst dem Leben – als „das höchste Gut"[39] anzusehen sei.[40] Für den Fall einer Behinderung oder Auslöschung machte dies nach Tittmann die Einrichtung einer neuen und speziellen Deliktsart erforderlich: das Verbrechen an den Geisteskräften des Menschen.[41] Über dieses Verbrechen äußerte sich Tittmann auch in weiteren Werken, u. a. in seinem „Versuch über die wissenschaftliche Behandlung des peinlichen Rechts"[42] und in seiner Schrift „Handbuch der Strafrechtswissenschaft und der deutschen Strafgesetzkunde":[43]

> „Die Bedingung alles Rechtes für den Menschen ist die ihm beiwohnende Vernunft […], er hat demnach auf das Daseyn dieser Bedingung ein angebornes Recht, und die Verletzung desselben gehört mithin unter die Verbrechen. Der Name, der diese Verbrechen bezeichnet, kann Verstandesberaubung, oder, allgemeiner, Verbrechen wider die Geisteskräfte (noochiria) seyn. Diese enthalten dann jede Hand-

---

36 *Wolff, Christian* (1754), S. 65; sinngemäß: Die Güter der Seele sind diejenigen, welche die Seele vollkommener machen; die Güter des Leibes sind diejenigen, welche den Leib vollkommener machen; die Güter des Glücks sind diejenigen, welche den äußeren Zustand vollkommener machen.
37 *Tittmann, Carl* (1795).
38 Vgl. *Tittmann, Carl* (1795), S. 15.
39 *Küper, Wilfried* (2006), S. 177.
40 Vgl. *Tittmann, Carl* (1795), S. 15.
41 Vgl. *Tittmann, Carl* (1795), S. 15.
42 *Tittmann, Carl* (1798).
43 *Tittmann, Carl* (1822).

lung, durch welche die Thätigkeit der Verstandeskräfte eines Menschen gänzlich verhindert oder zerstört wird."[44]

Er erläuterte: „Diese Art von Verbrechen ist erst neuerlich in den Systemen einer besondern Berücksichtigung gewürdigt worden."[45] Als Tatbestand eines Verbrechens gegen die Geisteskräfte bezeichnete Tittmann:

„I) Bewirkung der Verstandeslosigkeit oder des Wahnsinnes bei einem Menschen, und II) eine freie Handlung, als die Ursache dieser Wirkung."[46]

Als Wirkung des Verbrechens wurde ein krankhafter Zustand des Körpers vorausgesetzt, „in welchem die menschliche Seele, die ihr verliehenen Kräfte zu Aufnahme, Aufbewahrung, Zusammensetzung und Vergleichung der Begriffe anzuwenden, außer Stand gesetzt, und die Harmonie dieser Kräfte gestört ist".[47] Dabei erschien es Tittmann gleichgültig, ob die Wirkung der Handlung lediglich in „Blödsinn (fatuitas)" als „Mangel an Begriffen, Gedächtniß und Beurtheilungskraft" besteht oder in „Wahnsinn im engern Sinne (delirium)" mit „einer fest haftenden prädominirenden falschen Vorstellung und daher rührenden Verkehrtheit der Begriffe".[48]

Christian Daniel Erhard, der Dissertationsbegleiter Tittmanns, vertrat 1816 in seinem „Entwurf eines Gesetzbuches über Verbrechen und Strafen für die zum Königreiche Sachsen gehörigen Staaten"[49] die gleiche Anschauung; aufgrund diverser Unzulänglichkeiten konnte sein Entwurf jedoch „als Grundlage eines Strafgesetzbuches […] nicht ernsthaft in Betracht gezogen"[50] werden.[51]

Julius Friedrich Heinrich Abegg nahm in seinen „Untersuchungen aus dem Gebiete der Strafrechtswissenschaft",[52] bei denen es sich insbesondere um eine „Rechtfertigung des gemeinen Rechts"[53] handelte, zunächst einen zustimmen-

---

44 *Tittmann, Carl* (1822), S. 366. Dazu verwies Tittmann auf die Erzählungen von Kindern, die in der Wildnis aufgewachsen sind. „Die Entziehung von aller Gelegenheit zu sinnlichen Eindrücken, welche die Seelenkräfte wecken müssen, […] und besonders der Mangel an Uebung der Sprachfähigkeit, hat solche Kinder immer in der Thierheit erhalten." (a.a.O., S. 368 Fußnote).
45 *Tittmann, Carl* (1822), S. 366 Fußnote.
46 *Tittmann, Carl* (1822), S. 370.
47 *Tittmann, Carl* (1822), S. 370.
48 *Tittmann, Carl* (1822), S. 370. Vgl. auch *Weber, Judith* (2009).
49 *Erhard, Christian* (1816).
50 *Krüger, Friedhelm* (1963), S. 108.
51 Über weitere Befürworter sowie Gegner des Ansatzes von Carl Tittmann vgl. die Ausführungen bei *Küper, Wilfried* (1991), S. 125 ff., sowie *Ders.* (2006), S. 179 ff.
52 *Abegg, Julius* (1830).
53 *Abegg, Julius* (1830a), S. 433.

den,⁵⁴ dann aber einen der Meinung von Tittmann und Erhard entgegengesetzten Standpunkt ein. Während letztere für die Aufstellung eines neuen, selbstständigen Deliktes – das Verbrechen am Seelenleben – plädierten, votierte Abegg dagegen. Er sagte, dass

> „ein selbstständiges absichtliches Verbrechen gegen die s. g. Geisteskräfte nicht angenommen werden könne, und daß nach gemeinem Recht keine Veranlassung hierzu vorhanden sey, indem, so weit wie überhaupt das Gebiet des Strafrechts berührt wird, es nicht an rechtlichen Gesichtspunkten fehlt, unter welche die Handlung gestellt werden kann."⁵⁵

Seine ablehnende Haltung begründete Abegg auch folgendermaßen:

> „Ohne behaupten zu wollen, daß die Unterdrückung der geistigen Freiheit ein geringeres Vergehen, als die der körperlichen sey, so muß man doch zugestehn, daß alsdann erstere nur ein Theil eines weiter ausgedehnten Verbrechens sey. Es wird nehmlich in der That die ganze individuelle (geistige und körperliche) Persönlichkeit dadurch afficirt, und für diesen Fall sind in unsern Rechten bestimmte Vorschriften vorhanden, unter welche sich derselbe einfach und mit einer Sicherheit subsumiren läßt."⁵⁶

b) Das Delikt in der Schrift (1832): „Kaspar Hauser. Beispiel eines Verbrechens am Seelenleben des Menschen"

Abgesehen vom Memorial, welches die näheren Einzelheiten des Falles nur dem König vorbehielt, finden sich Äußerungen Feuerbachs juridischer Art auch in seiner Schrift „Kaspar Hauser. Beispiel eines Verbrechens am Seelenleben des Menschen".⁵⁷ Ungeachtet des romanartigen Charakters der Schrift⁵⁸ unternahm Feuerbach auf einigen wenigen Seiten⁵⁹ einen juristischen Exkurs, insbesondere zum Thema des Verbrechens am Seelenleben des Menschen. Offenbar wurde Feuerbach, der in seiner Eigenschaft als Schöpfer des Bayeri-

---

54 „Gehen wir zuerst bei der Frage, ob überhaupt ein eigenes Verbrechen dieser Art zweckmäßig anzunehmen sey, von dem blos legislativ praktischen Gesichtspunkte aus, so scheint die Bejahung derselben keinem Bedenken zu unterliegen." *Abegg, Julius* (1830a), S. 380.

55 *Abegg, Julius* (1830a), S. 419.

56 *Abegg, Julius* (1830a), S. 413 f.

57 *Feuerbach, Anselm* (1987). Anders als im Memorial hielt sich Feuerbach in seiner auch für die Öffentlichkeit bestimmten Schrift in Bezug auf die Herkunft des Findlings zurück und beschränkt sich auf Andeutungen. Vgl. *Küper, Wilfried* (1991a), S. 44.

58 *Wilfried Küper* sprach von einem „Stück 'schöner Literatur' in meisterhafter Prosa" ([1991a], S. 39). Dennoch charakterisierte er Feuerbachs Schrift auch als ein „Ergebnis kriminalistischer Nachforschung und psychologischer Beobachtung" (ebd.). Dazu vgl. auch *Forker, Armin* (1987), S. Vff.

59 Vgl. *Feuerbach, Anselm* (1987), S. 53–62.

schen StGB von 1813 eine Integration des Verbrechens am Seelenleben in den Strafkodex nicht vornahm, durch die unmittelbare Erfahrung des Hauser-Falles anderen Sinnes. Durch das Zusammentreffen mit Kaspar Hauser wurde er dazu angeregt, sich intensiv mit einer neuen Deliktsart zu befassen, die im Kontext seiner Zeit zwar diskutiert, letztlich aber nicht gesetzlich verankert wurde.

Gemäß den in diesem Kontext Anwendung findenden Bestimmungen des Bayerischen StGB von 1813 betrafen die an Kaspar Hauser begangenen Verbrechen:[60]

(I) Verbrechen widerrechtlicher Gefangenhaltung nach StGB, Teil 1, Art. 192 bis 195,[61] doppelt ausgezeichnet sowohl hinsichtlich der Dauer als auch der Art.[62] Dabei galt die Dauer der Gefangenschaft von vermutlich frühester Kindheit bis in das Jünglingsalter als verschärfendes Moment. Als „ausgezeichnet" im Hinblick auf die Art betrachtete Feuerbach die mit der Gefangenhaltung verbundenen Misshandlungen, so das tierische Lager wie auch die Kost von lediglich Wasser und Brot,

> „vor allem, die grausame Versagung jeder, auch der kleinsten Gaben, welche die Natur, selbst über den Aermsten, mit freigebigen Händen ausschüttet, die Entziehung aller Mittel geistiger Entwickelung und Ausbildung, das widernatürliche Zurückhalten einer menschlichen Seele im Zustande vernunftloser Thierheit."[63]

(II) Verbrechen der Aussetzung nach StGB, Teil 1, Art. 174.[64] Das Verbrechen konnte unter bestimmten Bedingungen nicht nur an Kindern, sondern auch an Erwachsenen begangen werden, so wenn diese wegen Krankheit oder Gebrechlichkeit sich nicht selbst zu helfen vermochten. Zu einem derartigen Personenkreis gehörte sicherlich Kaspar Hauser, der den größten Teil seiner Kindheits- und Jugendjahre entfernt von jedem gesellschaftlichen Kontakt auf einem Strohsack liegend verbringen musste. Erst wenige Tage vor seiner Aussetzung lernte er Anfänge des Lesens, Schreibens, Rechnens, sowie einige Sätze sprechen und auch das Gehen. Außerdem war die Aussetzung Kaspars lebensgefährlich, da in Folge seiner völligen Unkenntnis der Lebensumstände die Gefahr bestand, im Straßenverkehr verletzt zu werden oder in den nahegelegenen Fluss „Pegniz" zu stürzen.

Im Anschluss an die Darstellung des zu jener Zeit geltenden Rechts führte auch Feuerbach das Verbrechen gegen die Geisteskräfte bzw. – wie zu be-

---

60 Vgl. auch *Küper, Wilfried* (1991), S. 65 ff.
61 Vgl. *Feuerbach, Anselm* (1987), S. 54.
62 Heute bezeichnet als „erfolgsqualifiziert".
63 *Feuerbach, Anselm* (1987), S. 54.
64 Vgl. *Feuerbach, Anselm* (1987), S. 54.

zeichnen er vorzog – das Verbrechen am Seelenleben des Menschen an.[65] Wenn auch eine derartige Bestimmung weder im gemeinen Recht noch im bayrischen Strafrecht Eingang gefunden hatte, wies Feuerbach hypothetisch auf eine vorrangige Bewertung dieses Delikts gegenüber dem Verbrechen der Gefangenhaltung hin. Ihm zufolge würde das Verbrechen der Gefangenhaltung von dem – schwerer wiegenden – Verbrechen am Seelenleben absorbiert werden. Wie Wilfried Küper formuliert, wurde Feuerbach „in den Bannkreis dieses 'neuen Delikts' gezogen".[66]

Als Argument für die schwerere Beurteilung des Verbrechens am Seelenleben führte Feuerbach an, dass die „Entziehung äusserer Freiheit"[67] nicht mit der inneren Verkümmerung verglichen werden kann, die durch den Entzug von menschlicher Nähe und geistigem Input hervorgerufen wurde. Am inneren Wesen des Menschen wurde hier ein Verbrechen begangen, infolgedessen dem Unglücklichen unersetzbare „Güter [...] zerstört oder verkümmert worden sind".[68] Nach Feuerbach war dies „hauptsächlich der verbrecherische Eingriff in das Seelenleben dieses Menschen, [...] welcher die empörendste Seite der an ihm verübten Handlung ausmacht";[69] denn

> „einen Menschen durch künstliche Veranstaltung von der Natur und andern vernünftigen Wesen auszuschließen, ihn seiner menschlichen Bestimmung zu entrücken, ihm alle die geistigen Nahrungsstoffe zu entziehen, welche die Natur der menschlichen Seele zu ihrem Wachsen und Gedeihen, zu ihrer Erziehung, Entwickelung und Bildung angewiesen hat: solches Unternehmen ist, ohne alle Rücksicht auf seine Folgen, an und für sich schon der strafwürdigste Eingriff in des Menschen heiligstes, eigenstes Eigenthum, in die Freiheit und Bestimmung seiner Seele."[70]

Als weiteren Aspekt führte Feuerbach den „thierischen Seelenschlaf"[71] an, in welchen Kaspar Hauser durch seine Gefangenhaltung versenkt wurde und der mit sich brachte, dass Kaspar auch seine gesamte Jugendzeit verloren hatte, „diesen ganzen großen und schönen Theil seines Lebens verlebt, ohne ihn gelebt zu haben";[72] in dieser Lebensphase konnte der Jüngling mit einem Toten verglichen werden. Neben der „verlebten" Zeit, die niemand mehr

---

65 Vgl. *Feuerbach, Anselm* (1987), S. 55.
66 *Küper, Wilfried* (1991), S. 146.
67 *Feuerbach, Anselm* (1987), S. 55.
68 *Feuerbach, Anselm* (1987), S. 55 f.
69 *Feuerbach, Anselm* (1987), S. 57.
70 *Feuerbach, Anselm* (1987), S. 57.
71 *Feuerbach, Anselm* (1987), S. 57.
72 *Feuerbach, Anselm* (1987), S. 57.

zurückzudrehen vermag, befand sich Kaspar Hauser, auch nach seiner Befreiung, in einem unnatürlichen Zustand, da er „ein Mensch ohne Kindheit und Jugend"⁷³ war, dessen eigentliches Leben erst mit etwa 17 Jahren begann. In diesem Zusammenhang sah Feuerbach den Findling als Opfer eines „partiellen Seelenmords".⁷⁴

Feuerbach kritisierte den von Abegg und Tittmann verwendeten Terminus „Verstandesberaubung",⁷⁵ da es sich – seiner Meinung nach – bei diesem Verbrechen um einen weitaus umfassenderen Tatbestand handelte. „Dann wird man an diesem Beispiele erkennen, daß die Verstandesberaubung den Begriff von Verbrechen am Seelenleben bei weitem nicht erschöpft."⁷⁶

Die Einzigartigkeit dieses Falles lag gemäß Feuerbach ferner darin, dass das verübte Verbrechen sich nicht nur im äußeren Tatbestand, sondern primär in der Psyche des Menschen manifestierte. Dabei stellte Feuerbach die Glaubwürdigkeit Kaspars nicht in Frage, denn

> „Zeugen können lügen, Urkunden verfälscht sein; aber kein anderer Mensch [...] vermöchte eine Lüge dieser Art so zu lügen, daß sie [...] wie die in Person erscheinende Wahrheit selbst aussähe. Wer an Kaspars Erzählung zweifelte, müßte an Kaspars Person zweifeln."⁷⁷

c) Die Vorarbeit zum Bayerischen StGB 1813

Zu dem Thema „Verbrechen an den Geisteskräften des Menschen" hatte sich Anselm von Feuerbach bereits früher im Rahmen einer Vorarbeit – mit demselben Titel⁷⁸ – zum StGB von 1813 geäußert.⁷⁹ Wie die Geschichte der

---

73 *Feuerbach, Anselm* (1987), S. 58.
74 *Feuerbach, Anselm* (1987), S. 58. Vgl. auch *Küper, Wilfried* (1991), S. 149.
75 *Abegg, Julius* (1830a), S. 396. *Tittmann, Carl* (1822), S. 366.
76 *Feuerbach, Anselm* (1987), S. 59.
77 *Feuerbach, Anselm* (1987), S. 61.
78 Vgl. *Feuerbach, Anselm* (1807): Verbrechen an den Geisteskräften des Menschen. (Eine Vorarbeit Feuerbachs zum bayr. Strafgesetzbuch). In: *Itin, Raissa-Rosa* (1913): Der Schutz der Entwicklung des Kindes als ein Problem der Strafgesetzgebung. Borna-Leipzig: Noske, S. 60–62. In Übereinstimmung mit *Wilfried Küper* wird vorliegend davon ausgegangen, dass es sich bei dem von *Raissa-Rosa Itin* veröffentlichten Text um die vollständige Vorarbeit Feuerbachs handelt: „Sie hat diese 'Vorarbeit' [...] in einem Anhang zu ihrer Dissertation publiziert." *Küper, Wilfried* (2006), S. 173.
79 So bedankte sich die Heidelberger Doktorandin *Raissa-Rosa Itin* in ihrer Dissertation „Der Schutz der Entwicklung des Kindes als ein Problem der Strafgesetzgebung" (*Itin, Raissa-Rosa* [1913]) bei *Gustav Radbruch* für „die liebenswürdige Überlassung der bis jetzt unveröffentlichten Vorarbeit zum bayrischen Strafgesetzbuch von Anselm Feuerbach" (a.a.O., S. 81).

bayrischen Strafgesetzgebung erkennen lässt, erfolgte in der Zeit der Regierung des Herzogs und Kurfürsten sowie späteren Königs Maximilian Joseph (1756–1825; seit 1799 Herzog und Kurfürst; 1806 zum König von Bayern gekrönt[80]) auch eine Neuordnung des gesamten Strafrechts.[81] 1804 erhielt Feuerbach, damals „wirklicher geheimer Rath und geheimer Referendär im Justizministerium",[82] den Auftrag, hinsichtlich eines neuen Strafgesetzbuches „einen andern Entwurf zu bearbeiten".[83] Bereits im Dezember 1807 legte er – zwei Jahre zuvor „zum geheimen Referendär in Kriminalsachen befördert"[84] – den ersten Teil des Strafgesetzbuchs („über Verbrechen und Strafen"[85]) vor. Es ist anzunehmen, dass die bezeichnete Vorarbeit Feuerbachs in dem Zeitraum der Einreichung der zahlreichen übrigen Vorarbeiten zum neuen Gesetzbuch anzusiedeln ist. Hiermit erhält auch die Annahme Wilfried Küpers, der die Vorarbeit Feuerbachs etwa „um das Jahr 1807"[86] – dem Zeitpunkt der Vorlage des ersten Teiles des Strafgesetzbuches – datierte, ihre Berechtigung.

In diesem Exposé[87] teilte Feuerbach das Verbrechen in zwei Hauptgattungen ein, und zwar in Handlungen,

I. „welche die Gesundheit der Geisteskräfte stören",[88]
II. „welche die Entwicklung oder Bildung der Geisteskräfte hindern."[89]

    Letzeres wurde abermals differenziert. Hier unterschied Feuerbach

    1. „Verhinderter Unterricht"[90] (Unterricht soweit üblich) und

---

80 Die Königskrone empfing er „aus der Hand Napoleons". *Mayer, Johannes* (1988), S. 73.

81 Vgl. Anmerkungen zum Strafgesezbuche für das Königreich Baiern (1813), S. 3. Dabei war das Strafgesetzbuch „der Anfang der neuen Maximilianeischen Gesezgebung für das Königreich Baiern". Anmerkungen zum Strafgesezbuche für das Königreich Baiern (1813), S. 4.

82 Anmerkungen zum Strafgesezbuche für das Königreich Baiern (1813), S. 12.

83 Anmerkungen zum Strafgesezbuche für das Königreich Baiern (1813), S. 12. Die Erarbeitung des ersten Entwurfes war dem Staatskanzler Aloys Wiguläus Freiherrn von Kreitmaier übertragen worden. Vgl. Anmerkungen zum Strafgesezbuche für das Königreich Baiern (1813), S. 5.

84 Anmerkungen zum Strafgesezbuche für das Königreich Baiern (1813), S. 13.

85 Anmerkungen zum Strafgesezbuche für das Königreich Baiern (1813), S. 13.

86 *Küper, Wilfried* (2006), S. 189.

87 „Ersichtlich auf eine künftige Gesetzgebung bezogen […], eine Art Vorstudie zum späteren Bayerischen Strafgesetzbuch von 1813." *Küper, Wilfried* (2006), S. 175.

88 *Feuerbach, Anselm* (1807), S. 60.

89 *Feuerbach, Anselm* (1807), S. 60.

90 *Feuerbach, Anselm* (1807), S. 60.

2. „Verhinderte Entwicklung der Gemüthskräfte selbst."[91]

Liegt (1) verhinderter Unterricht vor, so ist der Mensch unwissend, d. h., es wurden ihm die Mittel entzogen, seinen Geist zu schärfen und zu verwenden. In der Folge geschieht es, dass er sich ungeschickt, roh und ungesittet gebärdet. Diese Stufe des Verbrechens ist weit weniger strafbar als die folgende, da der fehlende Unterricht in der Regel nachträglich aufgeholt werden kann. Im zweiten Fall (2) der verhinderten Entwicklung der Gemütskräfte selbst handelt es sich bei einem derartigen Menschen – wie Feuerbach es ausdrückte – um ein „Thier mit Menschengestalt",[92] das nicht in der Lage ist, sein geistiges Vermögen anzuwenden. Solcher Mensch wird vielmehr von seinen Instinkten geleitet. Als gewöhnliches Resultat der verhinderten Entwicklung der Geisteskräfte nannte Feuerbach „lebenslang Dummheit und Blödsinn [...], ohne daß zu späte Kunst der gleichsam schon fast eingerosteten Seele leichte Beweglichkeit und Schärfe beibringen könnte".[93] Beide Verbrechensarten können in unterschiedlichen Hinsichten variieren, z. B. in ihrer Dauer.

Eine Besonderheit des Exposés ist die Hervorhebung der „Mündigkeit".[94] Dabei handelt es sich um einen Zeitabschnitt, der – gemäß Feuerbach – von der Natur diktiert wird. Diese Epoche spielt bei der „Entwickelung und Erziehung zum Menschen"[95] eine bedeutende Rolle, da sie als der Eintritt zum Menschsein verstanden werden kann. Wird der rechtzeitige Eintritt in diese Epoche verhindert oder hinausgezögert, verschiebt sich auch die Menschwerdung. Der Zeitpunkt, an welchem für ein Kind diese Entwicklungsepoche beginnt, ist individuell und variiert. Dennoch zeichnet sich eine „stetige Grenze"[96] ab, die auch die Legislative nutzt, um ihre Gesetze daran festzumachen; sie wird als „Grenze der Mündigkeit"[97] verstanden. Hat die Erziehung eines Kindes zum Menschen zu diesem Zeitpunkt noch nicht begonnen, so verbleibt es im Zustand eines Tieres. Je weiter dieser Zustand hinausgezögert wird, je länger Bildung und Erziehung dem Kind vorenthalten werden, umso schwieriger ist es, die versäumte Zeit nachzuholen. Die Grenze der Mündigkeit wird auf das 14. Lebensjahr gelegt, weil – so Feuerbach –

---

91 *Feuerbach, Anselm* (1807), S. 60.
92 *Feuerbach, Anselm* (1807), S. 60.
93 *Feuerbach, Anselm* (1807), S. 60.
94 *Feuerbach, Anselm* (1807), S. 61. Vgl. *Küper, Wilfried* (2006), S. 186.
95 *Feuerbach, Anselm* (1807), S. 61.
96 *Feuerbach, Anselm* (1807), S. 61.
97 *Feuerbach, Anselm* (1807), S. 61.

„die Natur selbst in den Zeiten nach der Mündigkeit keine so sichtbaren, kenntlichen Stufen mehr macht"[98] und

„für die Attentate, welche diese Grenze überschreiten, schon durch das Gesetz gesorgt"[99] ist.

Als untrüglichen Beweis für gestörte Geisteskräfte betrachtete Feuerbach die Unfähigkeit eines Menschen, sich sprachlich auszudrücken. Hier schloss er sich der zu seiner Zeit vorherrschenden Auffassung an, der zufolge die Fähigkeit der Sprache das Charakteristikum eines Menschen im Unterschied zum Tier darstellte.[100] Für ihn galt die Sprache als ein Sichtbarwerden des Geistes, denn:

„Wo die körperlichen Bedingungen zur Sprache sind und doch nicht Sprache ist, da ist Thierheit. Er spricht nicht mit dem Munde, weil seine Seele noch nicht sprechen kann."[101]

Der von Feuerbach in seiner „Vorarbeit" dargelegte Entwurf einer Strafbestimmung des Verbrechens an den Geisteskräften des Menschen fand keinen Eingang in das Bayerische Strafgesetzbuch von 1813.[102] Dass dem gesamten Bayerischen Strafgesetzbuch von 1813 kein solches Verbrechen bekannt war, wurde noch 1832 von Feuerbach indirekt bestätigt. So hieß es in seiner Schrift über Kaspar Hauser:

„Wäre dem gemeinen Recht oder dem baierischen Strafgesetzbuche ein besonderes Verbrechen gegen die Geisteskräfte [...] bekannt, [...]."[103]

d) „Anmerkungen zum Strafgesezbuche für das Königreich Baiern"

Auch in den 1813 und 1814 erschienenen dreibändigen „Anmerkungen zum Strafgesezbuche für das Königreich Baiern",[104] mit welchen die Bestimmungen des Gesetzes weitergehende Erläuterungen fanden, fehlte die Regelung eines Verbrechens an den Geisteskräften des Menschen. Die besondere Art der Kommentierung des Strafgesetzes ging zurück auf einen Beschluss des bayrischen Königs Maximilian Joseph vom 19. Oktober 1813,

---

98 *Feuerbach, Anselm* (1807), S. 61.
99 *Feuerbach, Anselm* (1807), S. 61.
100 Vgl. *Itin, Raissa-Rosa* (1913), S. 45.
101 *Feuerbach, Anselm* (1807), S. 62.
102 Vgl. *Stenglein, Melchior*, (1857).
103 *Feuerbach, Anselm* (1987), S. 55.
104 Anmerkungen zum Strafgesezbuche für das Königreich Baiern (1813) (1813a) (1814).

„nach den Protokollen Unsers geheimen Rathes, eine Darstellung der Beweggründe der von Uns sanctionirten gesezlichen Bestimmungen, mit gleicher Rücksicht auf Vollständigkeit und Präcision, dergestalt abfassen zu lassen, daß dieselbe alle weiteren Kommentarien entbehrlich mache."[105]

Diese Darstellung wurde, wie der König weiter erklärte,

„durch eine Kommission Unsers geheimen Raths nach den Quellen verfaßt, und einer besonderen Prüfung Unsers geheimen Ministeriums der Justiz unterworfen."[106]

Im 2. Band der „Anmerkungen zum Strafgesezbuche für das Königreich Baiern", Kapitel 2, findet sich zu Art. 178 („von Körperverletzung und Mißhandlung"[107]) folgende Kommentierung:

„Es wird unter den körperlichen Verletzungen jede Beschädigung der Gesundheit verstanden."[108]

Da demzufolge jede Gesundheitsbeschädigung als Körperverletzung angesehen wurde, fragt es sich, ob hier – zumindest in einem weitergefassten Sinn – die Verletzungen des Seelenlebens inbegriffen und als Köperverletzung zu bewerten sind. Jedoch stehen die im Kommentar angeführten Beispiele dieser Annahme entgegen: Beibringung schädlicher Stoffe (z. B. Betäubung oder Gift), Verletzungen fester Teile oder Verrenkungen bzw. Verdrehungen des Körpers.[109] So ist zu resümieren, dass es sich bei der Regelung des Art. 178 ausschließlich um Körperverletzung im stofflich-konkreten Sinn handelte, womit der Fall einer Verletzung des Seelenlebens nicht erfasst wurde. Es ist also festzuhalten, dass auch die „Anmerkungen zum Strafgesezbuche für das Königreich Baiern" keine Bestimmung eines Verbrechens am Seelenleben des Menschen enthielten.

Exkurs: Das Verbrechen am Seelenleben im heutigen deutschen Strafrecht

Nach dem Tod Kaspar Hausers sowie mit den umwälzenden Erkenntnissen moderner Medizin am Ende des 19. Jahrhunderts verschwand die Diskussion über das Verbrechen am Seelenleben.[110] Die deutsche Strafgesetzgebung, die vom Strafgesetzbuch für die preußischen Staaten (1851) zum Reichsstrafge-

---

105 Anmerkungen zum Strafgesezbuche für das Königreich Baiern (1813), S. I.
106 Anmerkungen zum Strafgesezbuche für das Königreich Baiern (1813), S. II.
107 Anmerkungen zum Strafgesezbuche für das Königreich Baiern (1813a), S. 51.
108 Anmerkungen zum Strafgesezbuche für das Königreich Baiern (1813a), S. 53.
109 Vgl. Anmerkungen zum Strafgesezbuche für das Königreich Baiern (1813a), S. 53.
110 Vgl. *Küper, Wilfried* (1991), S. 229.

setzbuch (1871) und damit zum heute geltenden Strafrecht führte, nahm eine besondere Bestimmung über das Verbrechen am Seelenleben nicht auf. Auch die 1889 von Richard Schmidt publizierte Abhandlung „Verbrechen an dem Seelenleben des Menschen",[111] mit welcher er für einen gesonderten Tatbestand des Verbrechens im Gesetz eintrat,[112] blieb ergebnislos.[113] In der strafrechtlichen Literatur der Folgezeit bis hin zu der umfassenden Studie „Vergleichende Darstellung des deutschen und ausländischen Strafrechts"[114] (1905) wurde die Frage nur noch in wenigen Anmerkungen erörtert.[115] Das römische Recht kannte unter der Bezeichnung „iniuria" ein Generaldelikt, welches „jegliche körperlich-seelische Misshandlung erfasste",[116] während das deutsche Recht schon früh seelische Störungen unbeachtet ließ.[117] Heute findet sich das Thema „Verbrechen am Seelenleben" lediglich in „Spuren des geltenden Rechts",[118] insbesondere im Rahmen der Fürsorgepflicht. Dazu erklärte Küper:

> „'Seelische' Verletzungen sind als Elemente 'anderer' Delikte über unsere Strafgesetze weit verstreut und hauptsächlich – unmittelbar oder mittelbar – der 'Körperverletzung' zugeordnet, die den führenden systematischen Gesichtspunkt darstellt."[119]

René Bloy bezog sich dazu auf die derzeit bestehende wissenschaftliche Kontroverse über die Zugehörigkeit rein psychischer Störungen in den Rahmen der Gesundheitsschädigung gemäß § 223 I StGB.[120] Der betreffende Text der Bestimmung lautet:

> „Wer eine andere Person [...] an der Gesundheit schädigt, wird mit Freiheitsstrafe bis zu fünf Jahren oder mit Geldstrafe bestraft."

Der hier zugrundeliegende Gesundheitsbegriff ist – so Bloy – „einer weiten Definition zugänglich".[121] Wenn auch Christian Wolff 1754 in seiner Naturrechtslehre zu der Dreiheit der Lebensgüter – neben dem Leib und dem äuße-

---

111 *Schmidt, Richard* (1889).
112 Vgl. *Schmidt, Richard* (1889), S. 62.
113 Vgl. *Küper, Wilfried* (1991), S. 236.
114 *Birkmeyer, Karl; Calker, Fritz*; u. a. (1905); hier insbesondere das Kapitel über „Die Körperverletzung" (*Löffler, Alexander* [1905]).
115 Vgl. *Küper, Wilfried* (1991), S. 230.
116 *Joecks, Wolfgang* (2012), S. 894.
117 Vgl. *Joecks, Wolfgang* (2012), S. 894.
118 Persönliche Mitteilung von Wilfried Küper am 13. Dezember 2012 an die Verfasserin.
119 *Küper, Wilfried* (1991a), S. 64 f.
120 Vgl. *Bloy, René* (2005), S. 233 ff.
121 *Bloy, René* (2005), S. 235.

ren Zustand – auch die immateriellen Kräfte des Menschen (wie Verstand, Geist, Gemüt oder Seele) einbezog,[122] zeigte sich nach Bublitz in der Folge

> „eine im gesamten Recht zu beobachtende Tendenz […], dem Schutz der Psyche im Vergleich zum Körper nur eine untergeordnete Bedeutung beizumessen."[123]

Grundsätzlich lässt das Strafrecht Psychisches nicht unberücksichtigt, wie beispielsweise § 15 StGB (Vorsatz) zeigt.[124] Aber, wie Bublitz treffend feststellte, es bleibt

> „der Schutz der seelischen Gesundheit allenfalls ein Lippenbekenntnis."[125]

Heute zeigen sich jedoch verschiedene Ansätze, den strafrechtlichen Schutz der Psyche ausreichend zu gewährleisten. Gabriele Wolfslast forderte 1985 in ihrer Schrift „Psychotherapie in den Grenzen des Rechts",[126] auch die Psyche als geschütztes – haftungsrechtlich bejahtes – Rechtsgut neben der Körperverletzung gemäß § 223 StGB anzuerkennen.[127] René Bloy vertrat die Ansicht, der strafrechtliche Schutz der Psyche sei nicht, wie von der Mehrheit der Autoren angenommen, als „globales Rechtsgut"[128] aufzufassen, sondern beziehe sich auf einzelne Individualrechtsgüter mit eng umgrenzten Teilaspekten und dem Ziel einer „Garantie *elementarer* Ermöglichungsbedingungen"[129] der Persönlichkeitsentwicklung. Jedoch handelt es sich hier lediglich um eine kasuistische Benennung der vorhandenen Tatbestände und deren – notwendigerweise unvollständige – Zusammenstellung. Dazu führte Bloy unter der Bezeichnung „Strafrechtlich relevante Angriffe auf die psychische Integrität"[130] folgende Bestimmungen im heutigen deutschen Strafrecht an:[131]

1) „Die Verletzung der psychischen Integrität als Grenzfall der Körperverletzung"[132]
    – Körperverletzung (§ 223 StGB)

---

122 Vgl. *Wolff, Christian* (1754), S. 65.
123 *Bublitz, Jan-Christoph* (2011), S. 28.
124 Vgl. auch *Bublitz, Jan-Christoph* (2011), S. 45.
125 *Bublitz, Jan-Christoph* (2011), S. 42.
126 *Wolfslast, Gabriele* (1985).
127 Vgl. *Wolfslast, Gabriele* (1985), S. 1.
128 *Bloy, René* (2005), S. 249.
129 *Bloy, René* (2005), S. 249.
130 *Bloy, René* (2005), S. 234. Vgl. auch *Bublitz, Jan-Christoph* (2011), S. 47 f.
131 Die in der nachfolgenden Übersicht aufgeführten terminologischen Klassifikationen sind zitiert aus *Bloy, René* (2005), S. 234 ff; die Bezeichnungen der Paragraphen sind entnommen aus Strafgesetzbuch (StGB) (2013) und Tierschutzgesetz (TierSchG) (2010).
132 *Bloy, René* (2005), S. 234.

- Mißhandlung von Schutzbefohlenen (§ 225 StGB)
- Schwere Körperverletzung (§ 226 StGB)

2) „Gefährdung der psychischen Entwicklung von jungen Menschen und widerstandsunfähigen Personen"[133]
   - Verletzung der Fürsorge- oder Erziehungspflicht (§ 171 StGB)
   - Sexueller Mißbrauch von Schutzbefohlenen (§ 174 StGB)
   - Sexueller Mißbrauch von Kindern (§ 176 StGB)
   - Schwerer sexueller Mißbrauch von Kindern (§ 176a StGB)
   - Sexueller Mißbrauch widerstandsunfähiger Personen (§ 179 StGB)
   - Förderung sexueller Handlungen Minderjähriger (§ 180 StGB)
   - Sexueller Mißbrauch von Jugendlichen (§ 182 StGB)
   - Verbreitung pornographischer Schriften (§ 184 StGB)
   - Verbreitung, Erwerb und Besitz kinderpornographischer Schriften (§ 184b StGB)
   - Entziehung Minderjähriger (§ 235 StGB)
   - Kinderhandel (§ 236 StGB)

3) „Verletzung der Willensbildungsfreiheit"[134]
   - Nötigung (§ 240 StGB)

4) „Angriffe auf das Ehrgefühl"[135]
   - Beleidigung (§ 185 StGB)

5) „Angriffe auf das Pietätsempfinden"[136]
   - Störung einer Bestattungsfeier (§ 167a StGB)
   - Störung der Totenruhe (§ 168 StGB)
   - Verunglimpfung des Andenkens Verstorbener (§ 189 StGB)

6) „Angriffe auf das Schamgefühl"[137]
   - Exhibitionistische Handlungen (§ 183 StGB)
   - Erregung öffentlichen Ärgernisses (§ 183a StGB)
   - Verbreitung pornographischer Schriften (§ 184 StGB)

7) „Indiskretionsdelikt"[138]
   - Verletzung der Vertraulichkeit des Wortes (§ 201 StGB)

8) „Angriffe auf das Sicherheitsgefühl"[139]
   - Bedrohung (§ 241 StGB)
   - Diebstahl mit Waffen; Bandendiebstahl; Wohnungseinbruchdiebstahl (§ 244 StGB)

9) „Angriffe auf das kreatürliche Solidaritätsgefühl"[140]

---

133 *Bloy, René* (2005), S. 237.
134 *Bloy, René* (2005), S. 238.
135 *Bloy, René* (2005), S. 239.
136 *Bloy, René* (2005), S. 240.
137 *Bloy, René* (2005), S. 241.
138 *Bloy, René* (2005), S. 242.
139 *Bloy, René* (2005), S. 243.

- Totschlag (§ 212 StGB)
- Körperverletzung (§ 223 StGB)
- Zufügung von Schmerzen, Leiden oder Schäden gegenüber Tieren (§ 1 TierSchG)
- Tötung oder Zufügung erheblicher Schmerzen gegenüber Tieren (§ 17 TierSchG)

10) „Individualrechtsgutsverletzung als Willenswidrigkeit"[141]
- Tötung auf Verlangen (§ 216 StGB)

Albin Eser zufolge

„kann auch die Erregung oder Steigerung einer psychischen pathologischen Störung Gesundheitsschädigung sein [...], wobei freilich die Befindlichkeitsstörung einen medizinisch bedeutsamen Krankheitswert besitzen muss."[142]

Eine ähnliche Ansicht vertrat auch Thomas Vormbaum, der Skepsis äußerte, wenn „Einwirkungen ohne somatische Symptome"[143] strafrechtlich verfolgt werden. Auch Hans-Ullrich Paeffgen schloss sich der herrschenden Meinung an, in der ein „somatologischer Krankheitsbegriff"[144] favorisiert wird. Zu den Schädigungen rechnete er beispielsweise die Schizophrenie oder auch „massive depressive Verstimmungen".[145] Andere Autoren äußerten sich ähnlich, so z. B. Bernhard Hardtung[146] und Klaus Hoffmann.[147] Bloy ging ferner davon aus, dass der Text des Gesetzgebers in der Überschrift des 17. Abschnitts des StGB – „Straftaten gegen die körperliche Unversehrtheit"[148] – auf eine lediglich körperliche Bedeutung der in jenem Abschnitt enthaltenen Tatbestände hinweist.[149] Er versprach sich hierdurch klare Konturen des maßgeblichen Gesundheitsbegriffs des § 223 I StGB; auch werde vermieden, dass Angriffe auf Personen miterfasst werden, die ausschließlich die seelische Integrität betreffen.[150] Zudem werde „der latenten Tendenz entgegengewirkt, die Individualrechtsgüter in einem Einheitsrechtsgut 'Person' aufgehen zu lassen".[151]

---

140 *Bloy, René* (2005), S. 246.
141 *Bloy, René* (2005), S. 246.
142 *Eser, Albin* (2006), S. 1905.
143 Schriftliche Mitteilung von Thomas Vormbaum am 7. Mai 2013 an die Verfasserin.
144 *Paeffgen, Hans-Ullrich* (2010), S. 933.
145 *Paeffgen, Hans-Ullrich* (2010), S. 940.
146 Vgl. *Hardtung, Bernhard* (2008), S. 867.
147 Vgl. *Hoffmann, Klaus* (2002), S. 397.
148 Strafgesetzbuch (StGB) (1871/2013), S. 102.
149 Vgl. *Bloy, René* (2005), S. 235.
150 Vgl. *Bloy, René* (2005), S. 235.
151 *Bloy, René* (2005), S. 235.

Eine Ausnahme hiervon bildet § 225 StGB, der die Misshandlung von Schutzbefohlenen betrifft und die psychische Integrität der Person in engen Grenzen schützt.[152] § 225 I StGB bildet gemäß Bloy eine psychische Parallele zur Körperverletzung des § 223 StGB.[153] In § 225 III Nr. 2 StGB findet sich ein weiterer Aspekt des Persönlichkeitsschutzes, der gewissermaßen als eine Reminiszenz an den historischen Zusammenhang mit dem im 18. und 19. Jahrhundert viel diskutierten „Verbrechen an den Geisteskräften" des Menschen erscheint.[154] Insoweit sei noch einmal auf Feuerbach hingewiesen, der aufgrund seiner an Kaspar Hauser gewonnenen Erkenntnisse die Notwendigkeit eines Schutzes der Entwicklung der Geistes- bzw. Seelenkräfte junger Menschen formulierte.[155] Wolfgang Joecks zufolge wird „das Festhalten an einem einseitig somatologischen Rechtsgutsverständnis immer zweifelhafter",[156] da die diffizilen inneren Verbindungen zwischen physischen und psychischen Störungen kaum abzugrenzen seien. Sich der Minderheit der heutigen Autoren anschließend war Jan-Christoph Bublitz der Ansicht:

> „Wer den Gesundheitsschutz ernst nimmt, kommt kaum umhin, (schwere) psychische Verletzungen strafrechtlich zu erfassen."[157]

Außerdem sei

> „aus Sicht einer den Gesundheitsschutz gebietenden Verfassung [...] eine strafrechtliche Dogmatik, die den inneren Empfindungen des Menschen keine Beachtung schenkt, kaum zu begründen."[158]

Zur Klärung des Tatbestandes einer Verletzung wollte er die Einwirkungshandlungen in den Vordergrund rücken und unterschied dabei vier Varianten:

> „Körperliche Einwirkungen mit körperlicher Folge,
> körperliche Einwirkungen mit psychischer Folge,
> psychische Einwirkungen mit körperlicher Folge,
> psychische Einwirkungen mit psychischer Folge."[159]

Bublitz vertrat die Meinung, dass nur durch die Schaffung eines eigenen Tatbestandes der Schutz der psychischen Integrität ausreichend gewährleistet

---

152 Vgl. *Bloy, René* (2005), S. 237.
153 Vgl. *Bloy, René* (2005), S. 237.
154 Vgl. *Bloy, René* (2005), S. 237. Vgl. auch *Küper, Wilfried* (1991), S. 229.
155 Vgl. *Feuerbach, Anselm* (1987), S. 54 ff.
156 *Joecks, Wolfgang* (2012), S. 895.
157 *Bublitz, Jan-Christoph* (2011), S. 55.
158 *Bublitz, Jan-Christoph* (2011), S. 43.
159 *Bublitz, Jan-Christoph* (2011), S. 49.

werden kann.[160] Daraus ergaben sich für ihn folgende Vorschläge bzgl. körperlicher und seelischer Schutzbestimmungen:

1) Körperliche Schutzbestimmung:
„Strafbar ist, wer durch körperliche Eingriffe oder unerlaubte psychische Einwirkungen die körperliche Unversehrtheit eines anderen verletzt."[161]

2) Seelische Schutzbestimmung:
„Strafbar ist, wer durch körperliche Eingriffe oder unerlaubte psychische Einwirkungen die psychische Integrität eines anderen schwerwiegend verletzt."[162]

Bublitz sah zwei Möglichkeiten, schwere psychische Verletzungen strafrechtlich zu verfolgen. Die erste Möglichkeit liegt in dem Überschreiten der Dogmatik des § 223 StGB. Sein Vorschlag ging jedoch dahin, einen neuen Tatbestand zum Schutz der psychischen Integrität einzuführen.[163] Er bezog die Problematik des rechtlichen Schutzes der Psyche nicht allein auf das Strafrecht, sondern auch auf den Geist-Gehirn-Dualismus des gesamten Rechts.[164] So konkretisierte er die von ihm erwünschte Entwicklung in seinen Ausführungen zum (straf-)rechtlichen Schutz der Psyche in einem Untertitel:

„Vom Körperverletzungstatbestand zum Grundrecht auf mentale Selbstbestimmung."[165]

Das Grundgesetz (GG) bestimmt in Art. 2 Abs. 2:

„Jeder hat das Recht auf Leben und körperliche Unversehrtheit. Die Freiheit der Person ist unverletzlich. In diese Rechte darf nur auf Grund eines Gesetzes eingegriffen werden."

Dass die Auslegung des Begriffs „körperliche Unversehrtheit" sich auch auf den Schutz der Psyche erstreckt, wird hier nicht expressis verbis erwähnt. Es liegt m. E. jedoch nahe, dieses entsprechend dem Verständnis des § 223 StGB aufzufassen, welcher die Berücksichtigung psychischer Verletzungen bedingt erlaubt, insoweit den Störungen ein medizinisch bedeutsamer Krankheitswert zugrundeliegt.[166]

Viele hoheitliche Maßnahmen werden im öffentlichen Recht durch den Gesetzgeber bereits in ihrem Gefährdungspotential begrenzt; z. B. befasst sich Art. 104 Abs. 1 S. 2 GG (ähnlich auch § 136a StPO, § 56 Abs. 1 StVollzG und

---

160 Vgl. *Bublitz, Jan*-Christoph (2011), S. 55.
161 *Bublitz, Jan-Christoph* (2011), S. 58.
162 *Bublitz, Jan-Christoph* (2011), S. 59.
163 Vgl. *Bublitz, Jan*-Christoph (2011), S. 55. Vgl. auch *Schmidt, Richard* (1889).
164 Vgl. *Bublitz, Jan-Christoph* (2011), S. 59.
165 *Bublitz, Jan-Christoph* (2011), S. 28.
166 Vgl. *Eser, Albin* (2006), S. 1905.

§ 1631 Abs. 2 BGB) mit dem Verbot seelischer Misshandlung.[167] Das BVerfG setzte sich in der Entscheidung 45, 187 bzgl. eines Falles lebenslanger Freiheitsstrafe mit etwaigen psychischen Schäden bei langwieriger Haft auseinander. Aufgrund der Entscheidung 54, 56 des BVerfG zum „Fluglärm" darf Art. 2 GG nicht allein auf die körperliche Unversehrtheit begrenzt ausgelegt werden, da ansonsten beispielsweise „psychische Folterungen, seelische Quälereien und entsprechende Verhörmethoden"[168] keine hinreichende Beachtung finden.[169] Dennoch werde – so Bublitz in Übereinstimmung mit Hans Forkel[170] – sowohl vom BVerfG wie auch vom BGH der Schutz der Psyche nicht ausreichend gewährleistet.[171] Über den Rahmen der deutschen Gesetzgebung hinausweisend erwähnte Bublitz auch Artikel der

– Europäischen Menschenrechtskonvention (EMRK Art. 3 (Verbot der Folter); Art. 8 (Recht auf Achtung des Privat- und Familienlebens); Art. 9 [Gedanken-, Gewissens- und Religionsfreiheit]),
– Allgemeinen Erklärung der Menschenrechte (AEMR Art. 18 [Recht auf Gedanken-, Gewissens- und Religionsfreiheit]) sowie
– Europäischen Grundrechtecharta (EuGRCH Art. 3 Abs. 1 [„Jede Person hat das Recht auf körperliche und geistige Unversehrtheit"]; Art. 10 [Gedanken-, Gewissens- und Religionsfreiheit]),

in welchen der psychische Schutz der Person ebenfalls thematisiert wird.[172] Insoweit ist insbesondere auf Art. 3 Abs. 1 EuGRCH Bezug zu nehmen, wonach „jede Person [...] das Recht auf körperliche und geistige Unversehrtheit" hat. Diese Bestimmung könnte richtungweisend für eine zukünftige Erweiterung des nationalen Grundrechts sein.[173]

Wie sollte de lege ferenda ein Schutz der Psyche im heutigen deutschen Strafrecht aussehen?

„Die Psyche genießt derzeit überhaupt keinen eigenständigen Schutz, sondern höchstens einen mittelbaren, soweit weitere körperliche Schäden eintreten."[174]

Die Aufnahme der seelischen Integrität der Person in einer eigenen Schutzbestimmung des StGB fehlt bis heute. Die Auflistung einzelner Individualrechts-

---

167 Vgl. z. B. *Bublitz, Jan-Christoph* (2011), S. 60.
168 BVerfGE 54, 56 (75).
169 Vgl. *Bublitz, Jan-Christoph* (2011), S. 59.
170 Vgl. *Forkel, Hans* (2005), S. 193.
171 Vgl. *Bublitz, Jan-Christoph* (2011), S. 61.
172 Vgl. *Bublitz, Jan-Christoph* (2011), S. 61 ff.
173 Vgl. *Bublitz, Jan-Christoph* (2011), S. 62.
174 *Bublitz, Jan-Christoph* (2011), S. 42.

güter, welche René Bloy einem globalen Rechtsgut vorzieht,[175] bildet m. E. hierfür keinen Ersatz. Die dem Verfahren germanischen Rechts entsprechende Gliederung des Stoffes in mehrere Einzeltatbestände der real greifbaren Ebene lässt, wie Küper hervorgehoben hat, seelische Verletzungen lediglich als „Elemente 'anderer' Delikte"[176] in Erscheinung treten. Das heutige Strafrecht erlaubt zwar unter Anwendung von § 223 StGB zuzüglich eines somatischen Krankheitsaspektes die Geltendmachung psychischer Schäden. Dabei wird jedoch ein psychischer Tatbestand einem Bereich der Körperverletzung beigeordnet. Dem steht die genannte Forderung von Bublitz gegenüber, den Schutz der psychischen Integrität als eigenen Tatbestand im Strafgesetz zu verankern – dies umso mehr, als es im Zusammenhang mit dem medizinischen Fortschritt möglich ist, „verändernd in die Psyche einzugreifen".[177]

Die wissenschaftliche Hervorhebung der Seele als Lebensgut erfolgte – wie erwähnt – bereits 1754 durch Christian Wolff und wurde durch Feuerbach nochmals aufgegriffen. Es bleibt zunächst fraglich, weshalb bis heute dem seelischen Moment ein derart geringer Stellenwert im Strafgesetzbuch zugeordnet wird. Bublitz sah die Ursache u. a. darin, dass psychische Vorgänge in der Innenwelt des Menschen ablaufen und von außen nur schwer nachvollzogen werden können; ähnliches gilt bzgl. der diagnostischen Besonderheiten und der Klassifizierung psychischer Verletzungen.[178] Generell ist im juristischen Kontext ein Bewusstsein der Seele angesichts anderweitiger Anforderungen durch die intellektuell ausgerichtete Ratio nur wenig präsent, was zu einer Nichtbeachtung der Gefühlswelt verleiten kann.

In der Gesellschaft vollzog sich um die Wende vom 19. zum 20. Jahrhundert ein Bewusstseinswandel, der den innerseelischen Vorgängen zunehmend Raum gab. Sigmund Freud (1856–1939) entdeckte die Psychoanalyse und entwickelte seine Lehre von den bis dahin weitgehend unbekannten Gesetzen des Unbewussten, so z. B. die Trieblehre.[179] Carl Gustav Jung (1875–1961), anfänglich ein Schüler Freuds, gilt als Entdecker einer eigenen Lehre, die er „Analytische Psychologie"[180] nannte. Freud, Jung und deren Schüler revolutionierten den Bereich der Psyche, indem sie die Seele als Lebensgut in die Gesellschaft einführten und damit auch deren Stellenwert im gesellschaftlichen

---

175 Vgl. *Bloy, René* (2005), S. 249.
176 *Küper, Wilfried* (1991a), S. 65.
177 *Bublitz, Jan-Christoph* (2011), S. 56.
178 Vgl. *Bublitz, Jan-Christoph* (2011), S. 45.
179 Vgl. *Freud, Sigmund* z. B. (1910), (1989).
180 *Jung, Carl Gustav* (1995d).

Kontext anhoben. Mit der Hinwendung nach innen fand gleichzeitig eine wachsende Bewusstseinsentfaltung des Einzelnen statt. Die Wandlung zu einem modernen, ganzheitlichen Denken nahm hier wesentlich ihren Anfang. Die Anerkennung der Seele erfolgte im juristischen Bereich jedoch nur zögerlich. Das Verbrechen am Seelenleben wurde nicht – wie die Körperverletzung in § 223 StGB – in einem eigenen Tatbestand vermerkt, sondern dem Körperverletzungsparagraphen angefügt. Bublitz überzeugte ferner, wenn er im Hinblick auf die künftige Zunahme von verändernden Eingriffen in die Psyche die Inanspruchnahme einer gesonderten Vorschrift u. a. auch für zweckdienlich hielt.[181]

Es ist m. E. an der Zeit, eine eigene Bestimmung über das Verbrechen am Seelenleben in das deutsche Strafgesetzbuch aufzunehmen. Die althergebrachte Sicht der Psyche innerhalb der Gesellschaft – so etwa die Psyche als befremdende Welt von Unkörperlichem – hat sich in einen realen Bezug zu dem Lebensgut „Psyche" gewandelt. Es ist zu erwarten, dass in der Folge weiterführender Errungenschaften der Medizin den Interventionen mit seelischer Relevanz besondere Bedeutung zukommen wird; außerdem erhöhen die neuen Technologien das Gefährdungspotential. In Anbetracht dessen erscheint eine besondere Regelung auch zweckmäßig. Die körperliche und seelische Schutzbestimmung sollte m. E. nicht in einem gemeinsamen Paragraphen, so z. B. in § 223 StGB, erfolgen, was erneut eine Unterordnung des Seelischen bedeuten würde, sondern getrennt in einem jeweils einzelnen Paragraphen erscheinen. Dennoch sollte der Zusammenhang in Anbetracht der engen Verbundenheit von Körper und Seele in einem gemeinsamen Abschnitt des Strafgesetzbuches gesichert sein. Vorgeschlagen wird, in die Überschrift des 17. Abschnitts „Straftaten gegen die körperliche Unversehrtheit" auch seelische Verletzungen einzubeziehen. Diese Überschrift könnte lauten: „Straftaten gegen die körperliche und seelische Unversehrtheit". Als weitere Untergliederung sollte eine Aufteilung in (A) "Körperliche Verletzungen" und (B) "Seelische Verletzungen" vorgenommen werden. In Anlehnung an das bestehende Strafrecht könnte danach folgende Formulierung zur Anwendung gelangen:

Siebzehnter Abschnitt.
Straftaten gegen die körperliche und seelische Unversehrtheit

(A)   Körperliche Verletzungen
    § 223   Körperverletzung
    (1)   Wer eine andere Person durch körperliche oder psychische Einwirkungen körperlich misshandelt, wird mit Freiheitsstrafe bis zu fünf Jahren oder mit Geldstrafe bestraft.

---

181 Vgl. *Bublitz, Jan-Christoph* (2011), S. 56.

(2) Der Versuch ist strafbar. §§ 224–231.

(B) Seelische Verletzungen
§ 232 Seelische Verletzung
(1) Wer eine andere Person durch körperliche oder psychische Einwirkungen seelisch misshandelt, wird mit Freiheitsstrafe bis zu fünf Jahren oder mit Geldstrafe bestraft.
(2) Der Versuch ist strafbar.

Durch die Aufgliederung der Straftaten in (A) „Körperliche Verletzungen" und (B) „Seelische Verletzungen" wird Raum geschaffen, in welchen – bei Bedarf – zusätzliche Paragraphen eingefügt werden können, die bei der zu erwartenden Zunahme von Eingriffen in die Psyche benötigt werden. Darüber hinaus erhält mit diesem Formulierungsvorschlag auch das seelische Moment seinen eigenen, dem Körperlichen gleichwertigen Platz. Infolge des engen Zusammenhangs von Körper und Seele kann jedoch keine exakte Trennung zwischen körperlichen und seelischen Verletzungen erfolgen. Dazu erklärte Bublitz:

> „Jedes seelische Leid und jede psychische Störung ist in einem gewissen Sinne psychosomatisch, weil sie auf somatischen (hirnphysiologischen) Vorgängen beruhen."[182]

Aus dieser Sicht ist Vormbaum insoweit zuzustimmen, als mit den psychischen Verletzungen grundsätzlich auch somatische Symptome verbunden sind.[183]

Somit gilt: Erst dann, wenn auch die Psyche einen der Körperverletzung entsprechenden Stellenwert in einer eigenen Schutzbestimmung des Strafgesetzes erhält, wird dem Seelenleben des Menschen ausreichende Berücksichtigung zuteil.

3. Der Tod Feuerbachs – ein Mord?

Im Roman wird – der Realität entsprechend – berichtet, dass Präsident Feuerbach im Frühjahr 1833 auf einer Reise in der Nähe von Frankfurt verstarb. Offizieller Anlass der Reise war, dass Feuerbach sich in Frankfurt mit seiner Schwester Rebekka aussöhnen wollte, mit der er viele Jahre zerstritten war.[184] Darüber hinaus plante er – so ist einem Brief seiner Tochter Henriette an ihren

---

182 *Bublitz, Jan-Christoph* (2011), S. 35.
183 Vgl. schriftliche Mitteilung von Thomas Vormbaum am 7. Mai 2013 an die Verfasserin.
184 1829 hatte sich Feuerbach in einem empörten Brief an die Schwester ablehnend zu deren Eheschließung geäußert. Vgl. *Radbruch, Gustav* (1957/1934), S. 208.

Bruder Anselm zu entnehmen[185] –, einen „verabschiedeten und irgendwo am Main lebenden Minister",[186] in welchem Feuerbach „einen der Hauptanstifter der an dem Findling begangenen Greuel"[187] vermutete, aufzusuchen und diesen „zu einem Geständnis zu zwingen".[188] Wassermann ließ Hickel schildern:

> „In Ochsenfurt am Main habe Seine Exzellenz über Unwohlsein geklagt und sei zu Bett gegangen; in der Nacht habe er gefiebert, der gerufene Arzt habe ihn zur Ader gelassen und habe behauptet, die Krankheit sei bedeutungslos. Am Morgen darauf sei plötzlich das Ende eingetreten."[189]

Durch den Regierungspräsidenten Mieg nach der Todesursache Feuerbachs befragt, übermittelte Hickel achselzuckend die Einschätzung des Arztes: „Er glaubte an Herzschwäche."[190]

Gustav Radbruch hat in seiner Biographie Feuerbachs das historische Geschehen folgendermaßen berichtet:[191] Pfingstmontag, den 27. Mai 1833, fühlte sich Feuerbach nach einem Ausflug von Frankfurt auf das Schloss in Königstein unwohl und war genötigt, sich in einem Gasthof niederzulegen. Auf der Rückfahrt erlitt er einen Schlaganfall, durch welchen er linksseitig gelähmt wurde und die Sprache verlor, sodass er sich nur mit Hilfe von Stift und Zetteln verständigen konnte. Er wurde in das Gartenhaus vor dem Allerheiligentor gebracht. Am darauffolgenden Tag traten Krämpfe auf, die sich erst nach Stunden wieder legten. Gegen 2 Uhr morgens, am 29. Mai, verstarb er. Nach Überlieferung seiner Familie heißt es, Feuerbach habe auf einen Zettel geschrieben: „Man hat mir etwas gegeben";[192] demnach glaubte er, vergiftet worden zu sein.

Ob der Präsident vergiftet wurde, muss angesichts der damaligen Begrenztheit medizinischer Maßnahmen selbst bei der vorgenommenen Obduktion Feuerbachs offen bleiben.

---

185 Vgl. *Wassermann, Jakob* (2005a), S. 384 ff.
186 *Wassermann, Jakob* (2005a), S. 385 f.
187 *Wassermann, Jakob* (2005a), S. 386.
188 *Wassermann, Jakob* (2005a), S. 386.
189 *Wassermann, Jakob* (2005a), S. 409.
190 *Wassermann, Jakob* (2005a), S. 409.
191 Vgl. *Radbruch, Gustav* (1957/1934), S. 208 f.
192 Zit. n. *Radbruch, Gustav* (1957/1934), S. 209.

III. Agent Stanhope

Dem Kriminalrechtsfall entsprechend gab sich auch im Roman Philip Henry Lord Stanhope zunächst den Anschein eines großen Menschenfreundes, der Kaspar Hauser – gerührt von dessen Schicksal – an sich zu binden versuchte.[193] Später, noch nach dem Tod Hausers, wurde er jedoch zu einem erbitterten Gegner, der in seinem ehemaligen „Liebling"[194] nunmehr einen Betrüger sehen wollte.

1. Der Auftrag

Stanhope gibt nicht nur dem Rechtsfall besondere Rätsel auf, auch im Roman wurde er als Geheimnisträger eines kriminellen Geschehens dargestellt. Der Lord war in Wirklichkeit nicht, wie er vorgab, der vermögende Reisende, der einen zufälligen Rad-Schaden seiner Kalesche nahe Nürnberg zum Anlass nahm, Kaspar Hauser zu begegnen. Der Ansicht des Hauser-Forschers Johannes Mayer zufolge war der historische Stanhope vielmehr ein Drahtzieher europäischer Politik in den bewegten Zeiten Napoleons und den Tagen des Vormärz.[195]

Im historischen Kontext war Philip Henry Lord Stanhope (1781–1855), Pair of England, der 4. Earl Stanhope.[196] Er stammte aus einer Familie mit freimaurerischer Tradition,[197] die ihren Sitz auf Schloss Chevening in England hatte.[198] Der erste Graf Stanhope (1673–1721) wurde 1717 im Zusammenhang mit seiner politischen Karriere geadelt.[199] Philip Henrys Kindheit und Jugend waren geprägt durch die skurrilen politischen, philosophischen und pädagogischen Vorstellungen seines Vaters[200] und der häufig – aus gesellschaftlichen Gründen – abwesenden Mutter.[201] Mit der Hilfe seiner Halbschwester, Hester Lucie, gelang Philip Henry die Flucht aus dem vom Vater verhängten „immu-

---

193 Johannes Mayer sprach hier von zehn Monaten intensiver Bemühung. Vgl. *Mayer, Johannes* (1988), S. 411.
194 *Wassermann, Jakob* (2005a), S. 179, S. 190 und S. 242. Vgl. auch *Mayer, Johannes* (1988), S. 421.
195 Vgl. *Mayer, Johannes* (1988), S. 7 ff.
196 Vgl. *Mayer, Johannes* (1988), S. 9.
197 Vgl. *Mayer, Johannes* (1988), S. 22.
198 Vgl. *Mayer, Johannes* (1988), S. 15.
199 Vgl. *Mayer, Johannes* (1988), S. 13.
200 Vgl. *Mayer, Johannes* (1988), S. 20 ff.
201 Vgl. *Mayer, Johannes* (1988), S. 20.

red at home"[202] nach Deutschland zu einem – allerdings kaum erfolgreichen – Studium in Erlangen. Im Hinblick auf die Verschleuderung des Familienbesitzes durch den Vater bestand schon 1801, unterstützt durch politisch arrivierte Freunde, der Plan zu einer Agententätigkeit.[203] Diese war vermutlich die Grundlage seiner späteren häufigen Reisen zwischen England, Frankreich, Deutschland und Österreich.[204]

Wie Johannes Mayer zum historischen Rechtsfall berichtete, begab sich Stanhope am 29. April 1831 mit der auftragsgemäßen Absicht nach Deutschland, „sich des Findlings zu bemächtigen".[205] Am 28. Mai 1831 fand durch die Vermittlung des Bankiers Merkel in Nürnberg die erste Begegnung zwischen Bürgermeister Binder, Kaspar Hauser und Stanhope statt.[206] Mayer zufolge stellte Stanhope

> „mit Talent und Vehemenz […] die hier erforderliche Erscheinung eines solch raren Exemplars reinster Menschlichkeit bei gleichzeitig großem irdischen Reichtum dar und gewann damit die erste und entscheidende Verhandlungsrunde."[207]

Im Roman von Jakob Wassermann hatte die erste Begegnung zwischen Stanhope und Kaspar, die im Haus seines Vormunds Baron von Tucher stattfand, für beide zunächst eine ergreifende Wirkung.[208] Stanhope, berührt von dem Wesen Kaspars, ging mit ausgebreiteten Armen auf ihn zu.

> „Für die Dauer mehrerer Sekunden war sein Gesicht heftig bewegt, und die Augen trübten sich wie in peinvollem Erstaunen."[209]

In Kaspar keimte die Hoffnung auf, der Graf werde ihn aus seiner beengenden Situation befreien, und er begab sich in dessen Arme. Auf Tucher hingegen machte der Graf einen zwiespältigen Eindruck:

> „Es war allerdings etwas Gefährliches um den Mann, das spürte Herr von Tucher auf den ersten Blick, doch ebensosehr lag ein bestrickender Reiz von Weltlichkeit und geistreicher Anmut über seiner Person."[210]

---

202 Zit. n. *Pies, Hermann* (1987), S. 191.
203 Vgl. *Mayer, Johannes* (1988), S. 66.
204 Zur Familiengeschichte vgl. *Pies, Hermann* (1987), S. 191 ff. Vgl. auch *Mayer, Johannes* (1988), S. 13 ff. und S. 66 ff.
205 *Mayer, Johannes* (1988), S. 328.
206 Vgl. *Mayer, Johannes* (1988), S. 328.
207 *Mayer, Johannes* (1988), S. 332.
208 Vgl. *Wassermann, Jakob* (2005a), S. 177.
209 *Wassermann, Jakob* (2005a), S. 177 f.
210 *Wassermann, Jakob* (2005a), S. 176.

Darüber hinaus erschien er ihm als „ein Meister in der Kunst, seine wahren Absichten zu verschleiern";[211] dennoch schöpfte Tucher keinen Verdacht – der „Name Stanhope gab ausreichende Bürgschaft".[212]

Analog zur historischen Darstellung[213] wird auch im Romankapitel „Die geheimnisvolle Mission und was ihrer Ausführung im Wege steht"[214] die Rolle Stanhopes als die eines Agenten offenbart:

> „Er begab sich in den Dienst hoher Herren und studierte die schmutzigsten Mysterien ihrer Vorzimmer und ihrer Hintertreppen. Er wurde Emissär des Papstes und bezahlter Agent Metternichs. Bald war sein Name ausgestrichen aus der Liste der Untadeligen und jenen Abenteurern zugezählt, die an den Grenzbezirken der Gesellschaft eine gefürchtete Korsarenrolle spielen. Die außerordentlichen Talente, die er besaß, machten ihm keine Aufgabe schwer; der unablässige Zwang zu handeln, die Vielfältigkeit der Beziehungen erstickten die Stimmen des Gewissens und die Empfindung dunkler Schmach."[215]

Der Auftrag, welchen Stanhope zu erfüllen hatte, war folgender:

> „Du hast den Findling aus dem Bereich zu entfernen, in welchem er anfängt für uns gefährlich zu werden, lautete die Weisung. Nimm ihn zu dir, nimm ihn mit in ein Land, wo niemand von ihm weiß, laß ihn verschwinden, stürze ihn ins Meer oder wirf ihn in eine Schlucht oder miete das Messer eines Bravos oder laß ihn unheilbar krank werden, wenn du dich auf Quacksalberei verstehst; aber verrichte das Werk gründlich, sonst ist uns nicht gedient."[216]

Seine Tätigkeit als Agent wurde desweiteren in einem geheimnisvollen Brief „an den Grauen"[217] angedeutet, in welchem er die Aufgabe, Kaspar Hauser an sich zu binden, ansprach.

2. Stanhope und Feuerbach

Wenn es bereits erstaunt – im Roman wie in der historischen Überlieferung –, dass die Zuwendung außergewöhnlich hoher Geldsummen und Geschenke Stanhopes an Kaspar Hauser nicht Misstrauen, sondern eher Bewunderung bei den Nürnberger Bürgern hervorrief, so vermochte selbst der erfahrene Gerichtspräsident Feuerbach der Taktik Stanhopes nichts entgegenzusetzen. Stanhope suchte Feuerbach, welcher gegen die Entfernung Kaspars aus Nürn-

---

211 *Wassermann, Jakob* (2005a), S. 176.
212 *Wassermann, Jakob* (2005a), S. 176.
213 Vgl. *Mayer, Johannes* (1988), S. 328.
214 *Wassermann, Jakob* (2005a), S. 189–212.
215 *Wassermann, Jakob* (2005a), S. 205.
216 *Wassermann, Jakob* (2005a), S. 206.
217 *Wassermann, Jakob* (2005a), S. 271.

berg durch Stanhope ein Veto eingelegt hatte, zu einer Rücksprache in Ansbach auf. Bei dieser Unterredung erklärte Feuerbach, dass er Kaspar Hauser unter keinen Umständen Stanhope überlassen werde. Stanhope entgegnete:

> „Lassen Sie mich Ihnen, Exzellenz, vor Augen führen, daß Caspars Lage in Nürnberg unhaltbar ist. Aufs sonderbarste angefeindet und von keinem unter allen, die sich seine Schützer nennen, verstanden, […] ist er waffenlos ausgesetzt. Zudem will die Stadt […] nur noch bis zum nächsten Sommer für ihn sorgen und ihn dann einem Handwerksmeister in die Lehre geben. […] Es dünkt mich schade, die seltene Blume in einen von aller Welt zerstampften Rasen setzen zu lassen."[218]

Feuerbach begründete seine Entscheidung im Näheren:

> „Hier steht so Ungeheures auf dem Spiel, daß jeder Gnadenbeweis und jedes Liebesopfer daneben gar nicht mehr in Frage kommt. Hier ist den in Abgründen kauernden Dämonen des Verbrechens ein Recht zu entreißen und dem bangen Auge der Mitwelt, wenn nicht als Trophäe, so doch als Beweis dafür entgegenzuhalten, daß es auch dort eine Vergeltung gibt, wo Untaten mit dem Purpurmantel bedeckt werden."[219]

Stanhope bemühte sich, Feuerbach dennoch umzustimmen, indem er diesen auf die möglicherweise dadurch entstehenden Leiden Kaspar Hausers hinwies:

> „Und ist das Recht, das Sie jenen entreißen wollen, die Leiden dessen wert, dem es zukommt?"[220]

Feuerbach antwortete entschieden:

> „Ja! Auch dann, wenn er daran verbluten müßte!"[221]

Stanhope, der sich mit dieser Antwort nicht begnügen wollte, fragte weiter:

> „Und wenn er verblutet, ohne daß Sie Ihr Ziel erreichen?"[222]

Darauf erwiderte Feuerbach:

> „Dann wird aus seinem Grab die Sühne wachsen."[223]

Als Stanhope bei diesem heiklen Gesprächsthema zur Vorsicht mahnte, wobei „sein Blick langsam von den Fenstern zur Tür wanderte",[224] entgegnete Feuerbach:

---

218 *Wassermann, Jakob* (2005a), S. 224 f.
219 *Wassermann, Jakob* (2005a), S. 226.
220 *Wassermann, Jakob* (2005a), S. 226.
221 *Wassermann, Jakob* (2005a), S. 226.
222 *Wassermann, Jakob* (2005a), S. 226.
223 *Wassermann, Jakob* (2005a), S. 226.
224 *Wassermann, Jakob* (2005a), S. 226.

„Ich könnte mir denken, daß es einem Bürger des freien England unbegreiflich ist, wenn ein Mensch wie ich seine Ruhe und die Sicherheit der Existenz aufgeben muß, um das Gewissen des Staats für die primitivsten Forderungen der Gesellschaft wachzurütteln. [...] Ich fürchte nichts, weil ich nichts zu hoffen habe."[225]

Stanhope erklärte Feuerbach, auch er habe Kenntnisse von den Hintergründen des Falles; er betrachte sich als „Sendboten"[226] einer Frau; „es ist die unglücklichste aller Frauen".[227] Seine Absicht sei, Kaspar in ein anderes Land in Sicherheit zu bringen und ihn dort zu verbergen.

„Offenheit gegen Offenheit, Herr Graf!"[228]

meinte Feuerbach daraufhin. In diesem Moment fühlte er sich dem Grafen nahe; „die blauen Augen des Lords strahlten durchsichtig wie Saphire".[229] Feuerbach berichtete ihm offen von seiner Enttäuschung über seine berufliche Entwicklung, die ihn schließlich in das abgelegene Ansbach geführt hatte.

„Mein Leben war für eine andre Bahn bestimmt, einst glaubte ich es wenigstens, als in der Verborgenheit einer Kreisstadt beschlossen zu werden. Ich habe meinem König Dienste geleistet, die gewürdigt worden sind und die vielleicht dazu beigetragen haben, seinem Namen das stolze Attribut des Gerechten zu verleihen. Noch größere wollte ich leisten, sein Volk erhöhen, die Krone zu einem Symbol der Menschlichkeit machen. Dies scheiterte. Ich ward zurückgestoßen."[230]

Weiter berichtete er:

„Von früher Jugend an habe ich mich dem Gesetz geweiht. Ich habe den Buchstaben verachtet, um den Sinn zu veredeln. Der Mensch war mir wichtiger als der Paragraph. [...] Ich lebte nie für mich, ich lebte kaum für meine Familie; ich habe die Vergnügungen der Geselligkeit, der Freundschaft, der Liebe entbehrt; [...] ich war arm, ich blieb arm, geduldet von oben, begeifert von unten, mißbraucht von den Starken, überlistet von den Schwachen. [...] Sie waren viele, ich einer."[231] „Aber was es bedeutet, eine aufs Große und Allgemeine gerichtete Existenz vernichtet zu sehen, bevor noch die letzte Faser des Geistes, der sie trug und nährte, ihre Kraft verzehrt hat, das empfinden nicht jene, das weiß nur ich."[232]

Feuerbach, über seine Mitteilsamkeit selbst verwundert, sagte:

---

225 *Wassermann, Jakob* (2005a), S. 227.
226 *Wassermann, Jakob* (2005a), S. 227.
227 *Wassermann, Jakob* (2005a), S. 227.
228 *Wassermann, Jakob* (2005a), S. 230.
229 *Wassermann, Jakob* (2005a), S. 227.
230 *Wassermann, Jakob* (2005a), S. 230 f.
231 *Wassermann, Jakob* (2005a), S. 231.
232 *Wassermann, Jakob* (2005a), S. 232.

„Herr Graf, ich bin mir nicht ganz klar darüber, was mich bewegt, so zu Ihnen zu sprechen. Es erstaunt mich selbst."[233]

Stanhope, durch diese Worte heftig bewegt, erwiderte:

„Alles, was ich zu antworten vermag, ist: nehmen Sie mich als Freund, Exzellenz, betrachten Sie mich als Ihren Helfer. Ihr Vertrauen ist mir wie ein Wink von oben."[234]

Sodann versicherte ihm Feuerbach, daß er seinem Umgang mit Kaspar Hauser keinerlei Beschränkungen auferlege. Sein Haus sei das seine, denn auch er, der Richter, habe ein offenes Herz für Freundschaft. Feuerbach widmete sein letztes Werk dem Grafen Stanhope mit folgenden Worten:

„Niemand hat nähere Ansprüche auf diese Schrift, als Eure Herrlichkeit, in dessen Person die Vorsehung dem Jüngling ohne Kindheit und Jugend, einen väterlichen Freund, einen vielvermögenden Beschützer gesendet hat. Jenseits des Meeres, im schönen Alt-England, haben Sie ihm eine sichere Freistätte bereitet, bis die aufgehende Sonne der Wahrheit die Nacht verdrängt, welche über dem geheimnißvollen Schicksal dieses Menschen liegt. Vielleicht, daß den Rest seines zur Hälfte gemordeten Lebens noch Tage erwarten, um derentwillen er es nicht mehr beklagen wird, das Licht dieser Welt gesehen zu haben. Für solche That kann nur der Genius der Menschheit Ihnen vergelten. In der großen Wüste unsrer Zeit, wo unter den Gluthen eigensüchtiger Leidenschaft die Herzen immer mehr verschrumpfen und verdorren, endlich wieder einem wahren Menschen begegnet zu sein, ist eines der schönsten und unvergeßlichsten Ereignisse meines abendlichen Lebens. Mit inniger Verehrung und Liebe Eurer Herrlichkeit gehorsamster Diener von Feuerbach."[235]

Jedoch: „Wie sollte sich Feuerbach in 'Ihrer Herrlichkeit' getäuscht haben!"[236] angesichts der schon bald eintretenden Anstrengungen Stanhopes, Kaspar Hauser als Betrüger darzustellen.[237]

3. Briefe Stanhopes

„Ein Kapitel in Briefen"[238] in Wassermanns Roman enthält u. a. ein Schreiben des Freiherrn von Tucher an Lord Stanhope, in welchem dieser die dringliche Bitte äußerte, der Lord möge Kaspar Hauser aus seinem Zustand der Ungewissheit hinsichtlich der beabsichtigten Reise befreien, denn der Jüngling

---

233 *Wassermann, Jakob* (2005a), S. 232.
234 *Wassermann, Jakob* (2005a), S. 234.
235 *Feuerbach, Anselm* (1987), einleitende Widmung.
236 *Pies, Hermann* (1987), S. 208.
237 Vgl. *Pies, Hermann* (1987), S. 208 ff.
238 *Wassermann, Jakob* (2005a), S. 245–275.

„spricht, denkt und träumt von nichts anderm als von der bevorstehenden Reise".[239]

In dem Schreiben Lord Stanhopes an einen dem Leser unbekannten Empfänger – Wassermann nannte ihn „den Grauen"[240] – wurde die Rolle Stanhopes als die eines Agenten deutlich. Der Verfasser teilte seinem Gegenüber mit, ein gewisser Herr von F. (vermutlich Feuerbach in der Sache seines Memorials) sei nach München abgereist und wolle mit der Königin sprechen. In Bezug auf seinen Auftrag gab Stanhope im Übrigen zu bedenken, dass das Opfer Kaspar „wehrhaft werden"[241] könnte.

> „Der bislang vorgeschriebene Teil meiner Aufgabe ist erfüllt. Was verlangt man noch von mir?"[242] „Auf jeden Fall, und dies nun im Ernst, entlassen Sie mich aus der Arena. Ich bin betäubt, ich bin müde, meine Nerven gehorchen nicht mehr, ich werde alt, ich fange an, den Geschmack an Treibjagden zu verlieren; es erregt meinen Widerwillen, wenn der geängstigte Hase dem bissigsten der Hunde von selbst in die Zähne rennt, ich bin zu sehr Schöngeist, um dies noch ergötzlich zu finden, und ich könnte kaum dafür eingestehen, daß ich nicht im letzten Moment eine Bresche in die Treiberkette schlage, die der verfolgten Kreatur zur Flucht verhilft."[243]

Dennoch versicherte Stanhope dem „Grauen", dieser habe nichts zu befürchten, denn er, Stanhope, sei ein „treuer Diener"[244] – seiner selbst. In diesem Sinne forderte er außerdem die ihm versprochene Entlohnung ein.

Nach dem Tod Kaspars bekannte sich Stanhope in einigen historischen Briefen, so auch an den Lehrer Meyer in Ansbach vom 27. März 1834,[245] zu seiner Einstellung, Kaspar Hauser sei unglaubwürdig. Dort hieß es:

> „Als ich sein Pflegevater wurde, wußte ich nicht, daß er so wenig glaubwürdig war, wie ich nachher aus vielen Umständen schließen mußte; auch hatte er sich mir damals noch nicht in einem so unvortheilhaften Lichte gezeigt, als nachher."[246]
> „Es ist leider nicht zu läugnen, und ich muß auch gestehen, daß den Angaben von Kaspar Hauser nicht zu trauen war; daß er sehr vieles erdichtete und entstellte, und

---

239 *Wassermann, Jakob* (2005a), S. 245.
240 *Wassermann, Jakob* (2005a), S. 271.
241 *Wassermann, Jakob* (2005a), S. 274.
242 *Wassermann, Jakob* (2005a), S. 272.
243 *Wassermann, Jakob* (2005a), S. 274.
244 *Wassermann, Jakob* (2005a), S. 274.
245 Vgl. *Stanhope, Philip* (1834).
246 *Stanhope, Philip* (1834), S. 6.

daß er in manchen Momenten, wo nicht in seiner ganzen Geschichte, uns betrogen hat."[247]

In einem Brief an den Polizeirat Merker in Berlin vom 14. August 1834[248] beklagte Stanhope:

„Ich, der für meine Pflicht es hielt, öffentlich zu gestehen, daß ich getäuscht wurde und irrige Meinungen gefaßt hatte, bin von einem gewissen Staatsrath 'den Feind und Verfolger von Kaspar Hauser' genannt."[249] „Auch ist es sonderbar genug, daß Einige nicht glauben wollen, daß K. H. ein Betrüger war, weil man noch nicht ausgemittelt hat, was seine früheren Verhältnisse, seine Herkunft und sein Aufenthaltsort waren."[250]

In einem weiteren Brief[251] an den Schullehrer Meyer führte Stanhope aus, dass Kaspar mit seinem zweiten angeblichen Mordversuch die Absicht hatte,

„den Stempel auf die Wahrheit und Wichtigkeit seiner Geschichte zu drücken, wie auch von neuem allgemeine Theilnahme zu erregen, und zu zeigen, daß er nicht in Sicherheit in Ansbach leben könnte, sondern anderswohin gebracht werden müßte."[252]

Aus den folgenden Zitaten wird deutlich, dass Stanhope eine andere Einschätzung der Tatsachen angab, um Kaspar zu diskreditieren.[253] So hieß es in dem betreffenden Brief zum Anschlag auf Kaspar:

„Der Ort und der Tag scheinen unvorsichtig und unzweckmäßig gewählt worden zu seyn, indem es ein Markttag war und viele Personen in der Nähe des Uzischen Denkmals vorbeizugehen pflegen, wenn sie des Nachmittags nach Hause zurückkehren."[254]

Demgegenüber beschrieb Hermann Pies das historische Geschehen anders: Der Vorfall ereignete sich an einem durch Gestrüpp uneinsehbaren Ort nahe des Uz-Denkmals; aufgrund der winterlichen Wetterverhältnisse – es schneite sogar – befanden sich in unmittelbarer Nähe des Tatortes keine Personen.[255]

---

247 *Stanhope, Philip* (1834), S. 11 f.
248 Vgl. *Stanhope, Philip* (1834a).
249 *Stanhope, Philip* (1834a), S. 3.
250 *Stanhope, Philip* (1834a), S. 4.
251 Stanhope, Philip (1835a).
252 *Stanhope, Philip* (1835a), S. 104.
253 Stanhope gab nunmehr vor, das in Kaspar gesetzte Vertrauen verloren zu haben. Er hielt sogar das Auftauchen Kaspars 1828 in Nürnberg für inszeniert und seine Berichte der Phantasie entsprungen. Vgl. *Mayer, Johannes* (1988), S. 423.
254 *Stanhope, Philip* (1835a), S. 100.
255 Vgl. *Pies, Hermann* (1966), S. 138.

Desweiteren trug Stanhope vor, Kaspar habe nach der Rückkehr zu Lehrer Meyer diesem nichts von seiner Verletzung berichtet:

> „Als er zu Ihnen kam, sagte er kein Wort von dem Vorfalle, obwohl unter ähnlichen Umständen jedes Kind es gethan hätte."[256]

Wie Meyer selber in seiner Vernehmung dagegen berichtete, war Kaspar zwar nicht fähig zu sprechen, machte dem Lehrer durch Bewegungen aber deutlich, ihm schnellstmöglich in den Hofgarten zu folgen.[257] Schließlich äußerte Kaspar dennoch Folgendes:

> „Hofgarten gegangen – Mann – Messer gehabt – Beutel geben – gestochen – ich laufen was könnt, Beutel noch dort liegen."[258]

Mit diesen und noch weiteren ähnlichen Äußerungen[259] versuchte Stanhope, seinen ehemaligen Schützling Kaspar Hauser zu einem Betrüger abzustempeln und sein Ansehen nach dem Tod vor der Welt herabzusetzen.

4. Stanhopes Selbstmord

Im Unterschied zur historischen Überlieferung, in der Stanhope eines natürlichen Todes starb,[260] setzte der Graf im Roman seinem Leben durch Selbstmord ein Ende.

Eines Abends, als der Lehrer Quandt und seine Frau noch nicht nach Hause zurückgekehrt waren, betrat Kaspar das stille Haus. Auf seinem Weg zur Treppe vernahm er plötzlich eine Stimme, die leise den Namen „Stephan"[261] rief. Die Stimme ertönte erneut, diesmal lauter. Sie erschallte auch noch ein drittes Mal „wie von Schluchzen erstickt".[262] Da sah Kaspar oberhalb der Tür, „körperlos schwebend, ein fahlleuchtendes Gesicht. Es war das Gesicht Stanhopes, mit aufgerissenen Augen und aufgerissenem Mund."[263] Danach verschwand das Antlitz, und auch die Stimme erklang nicht wieder.

Diese Erscheinung weist auf den Selbstmord Stanhopes hin, der im Roman berichtet wird:[264] Mitten in einer Theatervorführung im Hause Imhoff trat

---

256 *Stanhope, Philip* (1835a), S. 101.
257 Vgl. *Pies, Hermann* (1966), S. 143.
258 Zit. n. *Pies, Hermann* (1966), S. 143.
259 Vgl. z. B. *Stanhope, Philip* (1834), (1834a), (1835a).
260 Vgl. *Mayer, Johannes* (1988), S. 577 f.
261 *Wassermann, Jakob* (2005a), S. 229.
262 *Wassermann, Jakob* (2005a), S. 369.
263 *Wassermann, Jakob* (2005a), S. 369.
264 Vgl. *Wassermann, Jakob* (2005a), S. 425 ff.

Hickel mit der Nachricht ein, Graf Stanhope habe sich umgebracht. Sein Jäger habe berichtet, dass Stanhope im Schloss seines Freundes, des Grafen von Belgarde an der normannischen Küste, tot aufgefunden wurde. Er hatte sich im Turmzimmer an einer Seidenschnur erhängt.

Dass Stanhope den Namen „Stephan" – der älteste Sohn der Großherzogin Stephanie von Baden wurde „Stephan" genannt[265] – ausspricht, weist darauf hin, dass er Kenntnisse von den Hintergründen des Falles Kaspar Hauser hatte und im Augenblick seines Todes das Geheimnis preisgab. Die Ambivalenz seiner Haltung – gespalten in Agent und Beschützer Kaspars – wurde deutlich, indem ihm der Suizid als die einzige Lösung seiner Zerrissenheit erschien.

IV. Polizeileutnant Hickel

Im Frühjahr 1833 beabsichtigte Präsident Feuerbach, sich auf einer Reise nach Frankfurt von Polizeileutnant Joseph Hickel (1795–1862)[266] begleiten zu lassen. Da für diese Unternehmung höchste Vorsicht geboten war, ermahnte er Hickel zu absoluter Verschwiegenheit. Auch forderte er diesen eindringlich auf, stets zu bedenken, mit dem Auftrag, ihn auf dieser Reise zu begleiten, einen großen Beweis seines Vertrauens erhalten zu haben. Als Hickel dies teilnahmslos bestätigte, überkamen Feuerbach plötzlich dunkle Vorahnungen und Besorgnisse.[267]

Einige Zeit danach begegnete Hickel vor seiner Wohnungstür einem unbekannten Mann, der ihm wortlos einen versiegelten Brief überreichte.[268] Obwohl er den Boten nur kurz sehen konnte, bemerkte er sogleich die falschen Haare und den falschen Bart des Kuriers. Hickel öffnete den chiffrierten Brief, dessen Code ihm bekannt war. Der Text des Briefes betraf die in Aussicht stehende Reise mit dem Präsidenten Feuerbach und ließ Hickel zunächst erschaudern. Er musste den Brief, dessen Inhalt er schon beim ersten Lesen verstanden hatte, wieder und wieder lesen; „aber er las, um nicht denken zu müssen".[269]

Gegen 19:30 Uhr verließ er in Begleitung seines Hundes die Wohnung, anscheinend wieder gutgelaunt. Am Tor des Herrieder Turmes blieb er jedoch

---

265 Vgl. *Wassermann, Jakob* (2005a), S. 229.
266 Vgl. *Pies, Hermann* (1966), S. 152.
267 Vgl. *Wassermann, Jakob* (2005a), S. 389.
268 Vgl. *Wassermann, Jakob* (2005a), S. 397 f.
269 *Wassermann, Jakob* (2005a), S. 398.

stehen und lehnte sich „wie zur Bildsäule erstarrt"[270] gegen das Schilderhäuschen.

> „Trotz der Dunkelheit konnte man wahrnehmen, daß sein Gesicht aschfahl war, und es lag über seinen Zügen eine bleierne Düsterkeit."[271]

Kaspar und Frau von Kannawurf, die zufällig des Weges kamen, bemerkten etwas Erschreckendes an Hickel; Frau von Kannawurf äußerte zu Kaspar:

> „Wie furchtbar! Was für ein Mann! Was mag ihn peinigen!"[272]

Bald darauf jedoch sah man Hickel mit einigen Kollegen im Gasthaus „Goldene Gabel" beim Fischessen. Um 21 Uhr konnte man ihn beim Kartenspiel im Kasino finden, das er erst morgens um 4 Uhr verließ.

Im Roman könnte verdächtig erscheinen, dass Hickel – kurz vor der geplanten Reise mit Feuerbach – beabsichtigte, sich in einer Apotheke „Pülverchen gegen Schlaflosigkeit"[273] zu beschaffen. Auffällig war ebenfalls, dass Hickel nach dem Tod Feuerbachs „wie ein großer Herr"[274] in einer Wohnung auf der Promenade lebte, wobei jedoch der finanzielle Hintergrund im Unklaren blieb.[275]

V. Säumnisse der Behörden

Der Feststellung Feuerbachs zufolge wurden die polizeilichen Maßnahmen zur Ermittlung des Täters im Fall des Attentats vom 17. Oktober 1829 in Nürnberg ungenügend geführt. Die historischen Quellen belegen, dass die Meldung an die Polizei sowie deren Einsatz um Stunden verspätet geschah, wodurch bereits wichtige Zeit zur Sicherung der Spuren und zur Verfolgung des Täters verlorenging.[276] Im Roman wurde u. a. protokolliert – wie Feuerbach verärgert feststellte –, dass eine Hallwächtersfrau beim Hauptspital einen Mann gesehen habe, der sich in einer Feuerkufe die Hände reinigte. Ferner gab ein Öbstnerweib zu Protokoll, ein Fremder habe sie gefragt, wer den Zugang durch das

---

270 *Wassermann, Jakob* (2005a), S. 397.
271 *Wassermann, Jakob* (2005a), S. 397.
272 *Wassermann, Jakob* (2005a), S. 397.
273 *Wassermann, Jakob* (2005a), S. 373.
274 *Wassermann, Jakob* (2005a), S. 418.
275 Vgl. *Wassermann, Jakob* (2005a), S. 419.
276 Vgl. *Pies, Hermann* (1966), S. 74.

Tiergärtner Tor kontrolliere und ob man ungehindert passieren könne.[277] Daraufhin bemerkte Feuerbach ungehalten:

> „Hören Sie, Mann Gottes! Der Übeltäter, auf den wir da fahnden, wäscht seine Hände nicht auf offener Straße, er läßt sich mit keinem Öbstnerweib in Gespräche ein und braucht keinen Examinator zu fürchten. Zu niedrig habt ihr gegriffen, viel zu niedrig."[278]

Zu weiteren Versäumnissen des Verfahrens wies Feuerbach auch auf die fehlende Kontrolle der Namensliste der zur Zeit des Vorfalls in den Gasthöfen abgestiegenen Fremden hin.[279]

Ähnlich dem Attentat in Nürnberg verzögerte sich auch bei dem Mordanschlag in Ansbach am 14. Dezember 1833 die Bearbeitung des Vorfalls durch die Behörden.[280] Als im Roman Lehrer Quandt die Verwundung Kaspars, die literarisch gegen 16 Uhr,[281] historisch gegen 15 Uhr[282] im Tiergarten geschah, im Rathaus zu Ansbach zur polizeilichen Anzeige bringen wollte, wurde ihm erklärt, eine Anzeige könne nicht aufgenommen werden, da sich der Bürgermeister in der Badewirtschaft befände. Zudem zeigte auch Quandt keine besondere Eile, seinen Auftrag auszuführen. So hieß es bei Wassermann:

> „Der Lehrer schwatzte noch eine Weile mit ihm [dem diensttuenden Offizianten], dann begab er sich unwillig und verdrossen in die eine Viertelstunde vor der Stadt gelegene Kleinschrottsche Badewirtschaft, wo der Bürgermeister im Kreis seiner Vertrauten beim Bier saß."[283]

Nach längerer Diskussion wurde die Protokollierung des Vorfalls schließlich gestattet; es war jedoch bereits 18 Uhr, als die Akte endlich dem Stadtgericht überreicht werden konnte.[284] Kaspar wurde erst am nächsten Morgen veranlasst, eine Beschreibung des Vorgefallenen abzugeben, und auch jetzt erst wurden Zeugen ermittelt und vernommen.[285] Doch es war bereits zu viel Zeit vergangen, um den Täter stellen zu können. Auch die Untersuchung der

---

277 Vgl. *Wassermann, Jakob* (2005a), S. 120 f.
278 *Wassermann, Jakob* (2005a), S. 121.
279 Vgl. *Wassermann, Jakob* (2005a), S. 121.
280 Vgl. *Pies, Hermann* (1966), S. 207 und S. 146.
281 Vgl. *Wassermann, Jakob* (2005a), S. 458.
282 Vgl. die Zeugenangaben bei *Pies, Hermann* (1966), S. 134 ff.
283 *Wassermann, Jakob* (2005a), S. 463.
284 Vgl. *Wassermann, Jakob* (2005a), S. 463.
285 Vgl. *Wassermann, Jakob* (2005a), S. 466 ff.

Blutspuren am Tatort im Tiergarten ergab keine aussagekräftigen Ergebnisse, da inzwischen der Schnee von Neugierigen zertreten worden war.[286]

Ähnliche Versäumnisse hinsichtlich der Zeitverzögerung berichteten die historischen Quellen.[287] Somit darf gesagt werden, dass das Versagen der Behörden sowohl in Nürnberg wie auch in Ansbach das Gelingen der Ermittlungen erheblich beeinträchtigt hatte.

---

286 Vgl. *Wassermann, Jakob* (2005a), S. 467.
287 Vgl. *Pies, Hermann* (1966), S. 146 und S. 207.

Epilog

Im Blick auf die gewonnenen Ergebnisse stellt sich die Frage, inwieweit der Dichter Jakob Wassermann mit seinem Caspar-Hauser-Roman für den heutigen Juristen einen erkenntniserweiternden Beitrag zu leisten vermag, wie das „Law and Literature Movement" es vorsieht.

Hatte die nach dem Tod Kaspar Hausers einsetzende literarische Darstellung des Kriminalrechtsfalles zunächst überwiegend sensationellen Charakter, vollzog sich mit der neuen Literatengeneration um die Zeit des Übergangs zum 20. Jahrhundert ein Wandel.[1] „Zum Symbol wird die Gestalt",[2] hieß es dementsprechend bei Wassermann im Vorspann seines Hauser-Romans. Die reale Person „Kaspar Hauser" wurde im Roman zum Sinnbild eines reinen und schuldlosen Menschentums erhöht. Neben dem Kriminalrechtsfall avancierte die Botschaft der „Trägheit des Herzens"[3] zum wesentlichen Element und zweiten Titel des Romans. Dass die Trägheit des Herzens ein allgemeinmenschliches Problem darstellt, wurde an den verschiedenen Personen deutlich, die Kaspar nach seiner Entlassung aus dem Vestnerturm zur Erziehung und Pflege aufnahmen. Mochten sie ihm noch so wohlgesonnen sein oder ihn als Betrüger verdammen, ein jeder war bestrebt, Kaspar nach den eigenen Vorstellungen zu formen. Kaspars Wesen blieb dabei unbeachtet. Der Dichter Wassermann griff den Stoff „Kaspar Hauser" als einen in der Kriminalrechtsgeschichte außergewöhnlichen und hochvirulenten Fall auf. Dabei hielt er sich eng an die historischen Tatsachen, weswegen im Roman nur wenige Divergenzen zum realen Kriminalrechtsfall auftraten. Er fokussierte Aspekte des historischen Falles und malte diese literarisch aus; so beleuchtete er z. B. Kaspar als unschuldiges Opfer und ließ das Verhalten der Menschen ihm gegenüber besonders kontrastreich erscheinen. Indem Wassermann in seinem „Caspar Hauser" gewisse Charaktereigenschaften der Protagonisten verstärkt hervorhob, wollte er auf verschiedene Arten von Herzensträgheit – der Krankheit auch unserer Zeit – aufmerksam machen. Sein Ziel war es, die Menschen aus dieser Trägheit wachzurütteln und sie gleichzeitig auf den Weg der Menschlichkeit zu führen.

---

1 Vgl. *Verlaine, Paul* (1896), S. 99 f.
2 *Wassermann, Jakob* (2005a), S. 7.
3 *Wassermann, Jakob* (2005a).

Der Psychologe Alexander Mitscherlich thematisierte mit dem sog. Kaspar-Hauser-Komplex das „Problem der Lieblosigkeit, des Mangels".[4] Thorsten Herbst sprach im pädagogischen Kontext von einem Kaspar-Hauser-Effekt, wenn Kinder in unserer Gesellschaft nach Grundsätzen erzogen werden, bei denen „radikal einseitige Zielvorstellungen der Erwachsenen im Vordergrund stehen".[5] Dass die Beschäftigung mit Kaspar Hauser auch in den erwähnten Disziplinen Pädagogik und Psychologie Eingang gefunden hat, zeigt, dass das Thema „Kaspar Hauser" auch heute nichts von seiner Aktualität verloren hat. Eine Erklärung hierfür formulierte Jeffrey M. Masson; er sprach davon, dass „die Mißhandlungen, denen Kaspar Hauser ausgesetzt war, trotz ihrer Einzigartigkeit unseren eigenen Erfahrungen so fern nicht sind".[6] Seiner Ansicht nach fungiert die Geschichte Kaspar Hausers stellvertretend für persönlich Erlittenes und für verdrängte Erfahrungen, die ins Bewusstsein gehoben werden.

Wassermanns Roman stellt das gegenwärtige Rechtsbewusstsein vor die Frage, ob und inwieweit die „Trägheit des Herzens" in einen juristisch relevanten Tatbestand einmünden sollte. Bejahendenfalls würde sich hieraus ergeben, die Beachtung der Trägheit über die lediglich moralische Einstellung hinaus innerhalb der Legislative durch die Einbeziehung juristisch relevanter Bestimmungen entsprechend zu sichern. Insoweit könnte diese Fokussierung für die Entwicklung des zukünftigen Rechts von Bedeutung sein.

„Wir alle sind Sünder und Opfer der 'Trägheit des Herzens'",[7] so Hermann Pies. Insoweit bildet Kaspar Hauser eine immerwährende Mahnung an das Gewissen der Menschen.[8]

---

[4] *Mitscherlich, Alexander* (1950), S. 16.
[5] *Herbst, Thorsten* (2010), S. 173.
[6] *Masson, Jeffrey* (1995), S. 377.
[7] *Pies, Hermann* (1928), S. 9.
[8] Vgl. *Mayer, Johannes; Tradowsky, Peter* (1984), S. 284.

ANHANG

Literaturverzeichnis

ABEGG, Julius Friedrich Heinrich (1830): Untersuchungen aus dem Gebiete der Strafrechtswissenschaft. Breslau: Max.

ABEGG, Julius Friedrich Heinrich (1830a): Beiträge zur Kritik der Lehre von den s. g. Verbrechen gegen die Geisteskräfte. In: Ders.: Untersuchungen aus dem Gebiete der Strafrechtswissenschaft. Breslau: Max, S. 379–435.

ADLER, Alfred (1997): Praxis und Theorie der Individualpsychologie. Frankfurt a. M.: Fischer-Taschenbuch-Verlag.

ALBERS, Willi (1981): Handwörterbuch der Wirtschaftswissenschaft (HdWW), Band 3. Stuttgart: Fischer.

ALLGEMEINE ERKLÄRUNG DER MENSCHENRECHTE (AEMR) (1948): Resolution 217 A (III) der Generalversammlung vom 10. Dezember 1948. http://www.ohchr.org/EN/UDHR/Pages/Language.aspx?LangID=ger (zuletzt aufgerufen am 5.8.2013).

ANMERKUNGEN ZUM STRAFGESEZBUCHE FÜR DAS KÖNIGREICH BAIERN (1813). Nach den Protokollen des königlichen geheimen Raths, Band 1. München: Redaktion des allgemeinen Regierungsblatts. http://books.google.de/books?id=DptRAAAAcAAJ&printsec=frontcover&hl=de&source=gbs_ge_summary_r&cad=0#v=onepage&q&f=false (zuletzt aufgerufen am 5.8.2013).

ANMERKUNGEN ZUM STRAFGESEZBUCHE FÜR DAS KÖNIGREICH BAIERN (1813a). Nach den Protokollen des königlichen geheimen Raths, Band 2. München: Redaktion des allgemeinen Regierungsblatts. http://books.google.de/books?id=Qz1EAAAAcAAJ&printsec=frontcover&hl=de&source=gbs_ge_summary_r&cad=0#v=onepage&q&f=false (zuletzt aufgerufen am 5.8.2013).

ANMERKUNGEN ZUM STRAFGESEZBUCHE FÜR DAS KÖNIGREICH BAIERN (1814). Nach den Protokollen des königlichen geheimen Raths, Band 3. München: Redaktion des allgemeinen Regierungsblatts. http://books.google.de/books?id=TmdPAAAAcAAJ&printsec=frontcover&hl=de&source=gbs_ge_summary_r&cad=0#v=onepage&q&f=false (zuletzt aufgerufen am 5.8.2013).

ANONYMUS (1908): Jakob Wassermann. Caspar Hauser oder Die Trägheit des Herzens. Roman [Verlagsanzeige]. In: Börsenblatt für den Deutschen Buchhandel. Nr. 86, 13. April 1908, S. 4255.

AQUIN, Thomas von (1895): Summa Theologiae. Textum Leoninum Romae. http://www.corpusthomisticum.org/ (zuletzt aufgerufen am 5.8.2013).

ARNDT, Adolf (1955): Rechtsdenken in unserer Zeit. Positivismus und Naturrecht. Tübingen: Mohr.

ARNTZEN, Helmut; Müller-Dietz, Heinz (Kmt.) (2004): Karl Kraus: Sittlichkeit und Kriminalität (1908). In: Vormbaum, Thomas (Hrsg.): Juristische Zeitgeschichte. Abteilung 6 (Reiß, Gunter [Mit-Hrsg.]): Recht in der Kunst – Kunst im Recht, Band 17. Berlin: Berliner Wissenschafts-Verlag.

ARP, Hans (1964/1912): Kaspar ist tot. In: Huelsenbeck, Richard (Hrsg.): Dada. Eine literarische Dokumentation. Reinbek bei Hamburg: Rowohlt, S. 212–213.

AUFRICHT, Hans (1923): Jakob Wassermann zu seinem 50. Geburtstag am 10. März 1923. In: Die Neue Rundschau. XXXIV. Jahrgang der Freien Bühne, Band 1. Berlin: S. Fischer, S. 227–238.

AUFRICHT-RUDA, Hans (1933): Jakob Wassermann. Ein Gespräch an seinem 60. Geburtstage (10. März 1933). In: Die Neue Rundschau. XLIV. Jahrgang der Freien Bühne, Band 1. Berlin: S. Fischer, S. 362–376.

AUFSCHNAITER, Barbara; Brötz, Dunja; Schroeder, Friedrich-Christian (Kmt.) (2007): Alexander Puschkin: Pique Dame (1834). In: Vormbaum, Thomas (Hrsg.): Juristische Zeitgeschichte. Abteilung 6 (Reiß, Gunter [Mit-Hrsg.]): Recht in der Kunst – Kunst im Recht, Band 29. Berlin: Berliner Wissenschafts-Verlag.

AUST, Hugo; Lüderssen, Klaus (Kmt.) (2001): Theodor Fontane: Unterm Birnbaum (1885). In: Vormbaum, Thomas (Hrsg.): Juristische Zeitgeschichte. Abteilung 6 (Reiß, Gunter [Mit-Hrsg.]): Recht in der Kunst – Kunst im Recht, Band 5. Baden-Baden: Nomos Verlagsgesellschaft.

BAHR, Hermann (Hrsg.) (1894–1904): Die Zeit. Wiener Wochenschrift für Politik, Volkswirtschaft, Wissenschaft und Kunst. Wien: Vernay.

BARTNING, Adolf (^{2}1928): Neues über Kaspar Hauser. Ansbach: Brügel & Sohn.

BARTNING, Luise (Hrsg.) (1930): Altes und Neues zur Kaspar-Hauser-Frage . Ansbach: Brügel & Sohn.

BAYERISCHES STRAFGESETZBUCH vom 6. Mai 1813. Hrsg. von Stenglein, Melchior (1857). München: Kaiser.

BECHSTEIN, Ludwig (1854): Der Dunkelgraf. Frankfurt a. M.: Meidinger.

BERNDT, Ludwig (1884): Kaspar Hauser, der Findling von Nürnberg. Regensburg: Manz.

BING, Siegmund (1929): Jakob Wassermann. Weg und Werk des Dichters. Nürnberg: Frommann & Sohn.

BIRKMEYER, Karl; Calker, Fritz van; u. a. (Hrsg.) (1905): Vergleichende Darstellung des deutschen und ausländischen Strafrechts. Vorarbeiten zur deutschen Strafrechtsreform. Besonderer Teil, Band 5. Berlin: Otto Liebmann. http://archive.org/stream/vergleichendeda00reicgoog#page/n5/mode/2up (zuletzt aufgerufen am 5.8.2013).

BITTERLI, Urs (^{3}2004): Die „Wilden" und die „Zivilisierten". Grundzüge einer Geistes- und Kulturgeschichte der europäisch-überseeischen Begegnung. München: C. H. Beck.

BLUMENBERG, Hans (1989): Höhlenausgänge. Frankfurt a. M.: Suhrkamp.

BLOY, René (2005): Der strafrechtliche Schutz der psychischen Integrität. In: Arnold, Jörg; Burkhardt, Björn; Gropp, Walter; u. a. (Hrsg.): Menschengerechtes Strafrecht. Festschrift für Albin Eser zum 70. Geburtstag. München: C. H. Beck, S. 233–255.

BRINKMANN, Bernd (2006): Neuester Stand der Forschung der Gerichtsmedizin und Pathologie der Universität Münster: Dem Mythos auf der Spur. Rechtsmedizinische

Erkenntnisse im berühmtesten Mordfall des 19. Jahrhunderts. In: Feuerbach, Anselm von: Kaspar Hauser. Holzminden: Reprint-Verlag-Leipzig, Vorwort S. 1–4.

BROOKS, Peter (2000): Troubling confessions. Speaking guilt in law and literature. Chicago: University of Chicago Press.

BUBLITZ, Jan-Christoph (2011): Der (straf-)rechtliche Schutz der Psyche: Vom Körperverletzungstatbestand zum Grundrecht auf mentale Selbstbestimmung. In: Rechtswissenschaft, Heft 1. Baden-Baden: Nomos, S. 28–69.

BÜRGERLICHES GESETZBUCH (BGB) in der Fassung der Bekanntmachung vom 2.01.2002 (BGBl. I S. 42, ber. S. 2909, 2003 I S. 738), zuletzt geändert durch Gesetz vom 20.04.2013 (BGBl. I S. 831) m.W.v. 25.04.2013. http://dejure.org/gesetze/BGB (zuletzt aufgerufen am 5.8.2013).

BUMKE, Joachim (^{8}2004): Wolfram von Eschenbach. Stuttgart, Weimar: J. B. Metzler.

BUNDESVERFASSUNGSGERICHTSENTSCHEIDUNG 45, 187 (BVerfGE 45, 187) http://www.servat.unibe.ch/dfr/bv045187.html (zuletzt aufgerufen am 5.8.2013).

BUNDESVERFASSUNGSGERICHTSENTSCHEIDUNG 54, 56 (BVerfGE 54, 56). http://www.servat.unibe.ch/dfr/bv056054.html (zuletzt aufgerufen am 5.8.2013).

CARDOZO STUDIES IN LAW AND LITERATURE (1989ff). Berkeley: University of California Press. http://www.jstor.org/journals/10431500.html (zuletzt aufgerufen am 5.8.2013).

CORCOS, Christine Alice (2000): An International Guide to Law and Literature Studies, Volume 1 and 2, Buffalo: William S. Hein.

DANTE Alighieri (1908): La Divina Commedia (Die Göttliche Komödie). Purgatorio (Der Läuterungsberg). In: Zoozmann, Riccardo (Hrsg.): Dantes Poetische Werke, Band II. Freiburg: Herder.

DAMM, Sigrid (1998): Christiane und Goethe. Eine Recherche. Frankfurt, Leipzig: Insel.

DAUMER, Georg Friedrich (Hrsg.) (o. J.): Hafis. Eine Sammlung persischer Gedichte. Leipzig: Reclam.

DAUMER, Georg Friedrich (1859): Enthüllungen über Kaspar Hauser. Frankfurt a. M.: von Meidinger Sohn & Comp.

DAUMER, Georg Friedrich (1873): Kaspar Hauser. Sein Wesen, seine Unschuld, seine Erduldungen und sein Ursprung. Regensburg: Coppenrath.

DAUMER, Georg Friedrich (1983/1832): Mitteilungen über Kaspar Hauser. Dornach: Rudolf Geering.

DAUMER, Georg Friedrich (1995): Erste Aufzeichnungen über Kaspar Hauser (1828–1830). In: Ders.; Feuerbach, Anselm von (Hrsg.): Kaspar Hauser. Frankfurt a. M.: Eichborn, S. 111–267.

DAUMER, Georg Friedrich; Feuerbach, Anselm von (Hrsg.) (1995a): Kaspar Hauser. Frankfurt a. M.: Eichborn.

DERR, Ch.; Möller, N. (1999): Jakob Wassermann. Caspar Hauser oder Die Trägheit des Herzens (1907/1908). Warum sind die Bösen immer nur böse? Das wiedergefundene Symbol. In: Schlich, Jutta (Hrsg.): „Warum fliegen da lauter so schwarze Würmer herum?". Das Kaspar-Hauser-Syndrom in Literatur und Film, Forschung und Lehre. Würzburg: Königshausen & Neumann, S. 55–57.

DEUTSCHE Bischofskonferenz (Hrsg.) (1995): Katholischer Erwachsenen-Katechismus, Band 2. Freiburg: Herder. http://www.alt.dbk.de/katechismus/index.php (zuletzt aufgerufen am 5.8.2013).

DÖBLIN, Alfred (1933): Für Jakob Wassermann. In: Die Neue Rundschau. XLIV. Jahrgang der Freien Bühne, Band 1. Berlin: S. Fischer, S. 360 f.

DÜRCKHEIM, Karlfried Graf (1976): Meditieren – wozu und wie. Die Wende zum Initiatischen. Freiburg, Basel, Wien: Herder.

ECCLESIA Catholica (1993): Katechismus der Katholischen Kirche. München: R. Oldenbourg.

ENDRES, Joseph Anton (1910): Die Zeit der Hochscholastik: Thomas von Aquin. Mainz: Kirchheim.

ERHARD, Christian Daniel (1816): Entwurf eines Gesetzbuches über Verbrechen und Strafen für die zum Königreiche Sachsen gehörigen Staaten. Gera, Leipzig: Heinsius.

ESCHENBACH, Wolfram von (1998): Parzival. Berlin, New York: Walter de Gruyter.

ESCHRICHT, Daniel Friedrich (1857): Unverstand und schlechte Erziehung. Vier populäre Vorlesungen über Kaspar Hauser. Berlin: Decker.

ESER, Albin (2006); siehe: Schönke, Adolf; Schröder, Horst; Lenckner, Theodor; Eser, Albin; u. a. (^{27}2006): Strafgesetzbuch. Kommentar. München: C. H. Beck.

EUROPÄISCHE GRUNDRECHTECHARTA (EuGRCH) (2000): Charta der Grundrechte der Europäischen Union. http://www.europarl.europa.eu/charter/pdf/text_de.pdf (zuletzt aufgerufen am 5.8.2013).

EUROPÄISCHE MENSCHRECHTSKONVENTION (EMRK) (1950/2010): Europäische Konvention zum Schutz der Menschenrechte und Grundfreiheiten. http://www.echr.coe.int/NR/rdonlyres/F45A65CD-38BE-4FF7-8284-EE6C2BE36FB7/0/GER_CONV.pdf (zuletzt aufgerufen am 2.02.2013).

FEHR, Hans (1931): Das Recht in der Dichtung. Bern: Francke.

FETSCHER, Iring; Plachta, Bodo (Kmt.) (2001): Bertolt Brecht: Die Dreigroschenoper (1928) / Dreigroschenroman (1934). In: Vormbaum, Thomas (Hrsg.): Juristische Zeitgeschichte. Abteilung 6 (Reiß, Gunter [Mit-Hrsg.]): Recht in der Kunst – Kunst im Recht, Band 3. Baden-Baden: Nomos Verlagsgesellschaft.

FEUERBACH, Anselm von (1795): Über die einzig möglichen Beweisgründe gegen das Daseyn und die Gültigkeit der natürlichen Rechte. Leipzig, Gera: Heinsius.

FEUERBACH, Anselm von (1799 f.): Revision der Grundsätze und Grundbegriffe des positiven peinlichen Rechts, Band 1 und 2. Erfurt: Hennings.

FEUERBACH, Anselm von (1801): Lehrbuch des gemeinen in Deutschland geltenden peinlichen Rechts. Giessen: Heyer.

FEUERBACH, Anselm von (1807): Verbrechen an den Geisteskräften des Menschen. (Eine Vorarbeit Feuerbachs zum bayr. Strafgesetzbuch.) In: Itin, Raissa-Rosa (1913): Der Schutz der Entwicklung des Kindes als ein Problem der Strafgesetzgebung. Borna-Leipzig: Noske, S. 60–62.

FEUERBACH, Anselm von (1808) (1811): Merkwürdige Criminal-Rechtsfälle, Band 1 und 2. Giessen: Müller.

FEUERBACH, Anselm von (1828f): Aktenmäßige Darstellung merkwürdiger Verbrechen, Band 1 und 2. Giessen: Heyer.

FEUERBACH, Anselm von (^{3}1987/1832): Kaspar Hauser. Beispiel eines Verbrechens am Seelenleben des Menschen. Heidelberg: Kriminalistik Verlag.

FEUERBACH, Ludwig (1976/1852): Paul Johann Anselm Ritter von Feuerbachs Leben und Wirken. Berlin: Akademie-Verlag.

FLAUBERT, Gustave (1961/1877): Un Cœur simple. In: Ders.: Trois Contes. Paris: Éditions Garnier Frères, S. 1–73.

FLECHTNER, Ulrich (o. J.): Kaspar Hauser. Herkunft. http://ulrich-flechtner.de/Herkunft/herkunft.html (zuletzt aufgerufen am 5.8.2013).

FLECHTNER, Ulrich (2010): Kaspar Hauser. Literaturliste. http://www.ulrich-flechtner.de/Literatur/literatur.html (zuletzt aufgerufen am 5.8. 2013).

FORKEL, Hans (2005): Das „Caroline-Urteil" aus Straßburg – richtungweisend für den Schutz auch der seelischen Unversehrtheit. In: Scharf, Albert; Dünnwald, Rolf; e. a.: Zeitschrift für Urheber- und Medienrecht (ZUM), 49. Jahrgang, Heft 3. Baden-Baden: Nomos Verlagsgesellschaft, S. 192–194.

FORKER, Armin (1987): Nachwort zu Paul Johann Anselm Ritter von Feuerbachs Erkenntnissen über Kaspar Hauser. In: Feuerbach, Anselm von: Kaspar Hauser. Beispiel eines Verbrechens am Seelenleben des Menschen. Heidelberg: Kriminalistik Verlag, S. I–XIX.

FRENZEL, Elisabeth (^{5}1999): Motive der Weltliteratur. Ein Lexikon dichtungsgeschichtlicher Längsschnitte. Stuttgart: Kröner.

FRENZEL, Elisabeth (^{10}2005): Stoffe der Weltliteratur. Ein Lexikon dichtungsgeschichtlicher Längsschnitte. Stuttgart: Kröner.

FRENZEL, Herbert A.; Frenzel, Elisabeth (1964): Daten deutscher Dichtung. Chronologischer Abriss der deutschen Literaturgeschichte, Band 2: Vom Biedermeier bis zur Gegenwart. München : Deutscher Taschenbuch-Verlag.

FREUD, Sigmund (1910): Über Psychoanalyse. Leipzig, Wien: Franz Deuticke. http://www.gutenberg.org/files/20613/20613-h/20613-h.htm (zuletzt aufgerufen am 5.8.2013).

FREUD, Sigmund (1970): Der Familienroman der Neurotiker (1909 [1908]). In: Ders.: Studienausgabe, Band IV. Psychologische Schriften. Frankfurt a. M.: S. Fischer, S. 221–226.

FREUD, Sigmund (^{6}1989): Psychologie des Unbewußten. Frankfurt a. M.: S. Fischer.

FUHRMANN, Heinrich (1833): Kaspar Hauser's Confirmationsfeier am 20. May 1833. Ansbach: Brügel'scher Druck.

FUHRMANN, Heinrich (1833a): Trauerrede bei der am 20. Dezember 1833 erfolgten Beerdigung des am 14. desselben Monats meuchlings ermordeten Kaspar Hauser. Ansbach: Brügel'scher Druck.

FUHRMANN, Heinrich (1834): Kaspar Hauser. Beobachtet und dargestellt in der letzten Zeit seines Lebens. Ansbach: Dollfuß.

GARNIER, Joseph Heinrich (1834): Einige Beiträge zur Geschichte Caspar Hausers nebst einer dramaturgischen Einleitung. Straßburg: Schuler.

GASTPAR, Huldrych (2006): Gebser, Jean. In: Historisches Lexikon der Schweiz. Bern: Schwabe. http://www.hls-dhs-dss.ch/textes/d/D11818.php (zuletzt aufgerufen am 5.8.2013).

GEBSER, Jean (^{4}2007/1986): Ursprung und Gegenwart, 1.–3. Teil. In: Ders.: Gesamtausgabe, Bände 2–4. Schaffhausen: Novalis.

GEMOLL, Wilhelm (^{9}1988): Griechisch-Deutsches Schul- und Handwörterbuch. München, Wien: G. Freytag.

GOETHE, Johann Wolfgang von (1994): Die Leiden des jungen Werthers. In: Wiethölter, Waltraud (Hrsg.): Johann Wolfgang Goethe. Sämtliche Werke. I. Abteilung, Band 8. Frankfurt a. M.: Deutscher Klassiker Verlag, S. 10–267.

GOLDSTEIN, Walter (1929): Wassermann. Sein Kampf um Wahrheit. Leipzig, Zürich: Grethlein & Co.

GOLDSTEIN, Walter (1933): Jakob Wassermann, der Mann von sechzig Jahren. Berlin: Künstlerdank.

GOTTSCHALK, Birgit (1995): Das Kind von Europa. Zur Rezeption des Kaspar-Hauser-Stoffes in der Literatur. Wiesbaden: Deutscher Universitäts-Verlag.

GREGORIUS Magnus (1849): Moralia in Iob, XXXI. 45,3. Edition: J.-P. Migne PL75. http://monumenta.ch/latein/yyy.php?tabelle=Gregorius_Magnus&linkname=csg020 9&prefix=&bildnummer=244&suffix=&string=torpor&from_year=&to_year=&satz =&hi lite_id=&domain=&lang=0&msize=large&fsize=&hide_apparatus=1&inframe =1&synall=&target=&error_msg=&work=&index=&other_codices=&no_trace=1& show_trace=1 (zuletzt aufgerufen am 5.8.2013).

GRIMM, Jacob (Hrsg.) (1812) (1815): Kinder- und Hausmärchen der Brüder Grimm. Köln: Diederichs.

GRIMM, Jacob (1819) (1826) (1831): Deutsche Grammatik, Bände 1–4. Göttingen: Dieterich.

GRIMM, Jacob (1828): Deutsche Rechtsalterthümer, Göttingen: Dieterich.

GRIMM, Jacob (1840) (1842) (1863) (1866) (1869) (1878): Weisthümer. 1.–7. Teil. Göttingen: Dieterichsche Buchhandlung.

GRIMM, Jacob (1882/1991): Von der Poesie im Recht. In: Ehrismann, Otfried (Hrsg.): Jacob Grimm und Wilhelm Grimm. Werke. Kleinere Schriften 6: Rezensionen und vermischte Aufsätze: Teil 3, Band 6, Abt. 1. Hildesheim, Zürich und New York: Olms-Weidmann, S. 152–191.

GROTZFELD, Heinz (Hrsg.) (1993): Märchen aus 1001 Nacht, Band 1. München: Eugen Diederichs.

GRUNDGESETZ FÜR DIE BUNDESREPUBLIK DEUTSCHLAND (GG) (1949/2012) in der im Bundesgesetzblatt Teil III, Gliederungsnummer 100-1, veröffentlichten bereinigten Fassung, das zuletzt durch Artikel 1 des Gesetzes vom 11. Juli 2012 (BGBl. I S. 1478) geändert worden ist. http://www.gesetze-im-internet.de/bundesrecht/gg/gesamt.pdf (zuletzt aufgerufen am 5.8.2013).

GUTZKOW, Karl (1870): Die Söhne Pestalozzi's. Berlin: Janke.

HÄBERLE, Peter (1983): Das Grundgesetz der Literaten: Der Verfassungsstaat im (Zerr?)-Spiegel der Schönen Literatur. Baden-Baden: Nomos Verlagsgesellschaft.

HÄBERLE, Peter (^{2}1996): Verfassung als öffentlicher Prozeß: Materialien zu einer Verfassungstheorie der offenen Gesellschaft. Berlin: Duncker & Humblot.

HÄBERLE, Peter (^{2}1998): Verfassungslehre als Kulturwissenschaft. Berlin: Duncker & Humblot.

HAFIZ, Samsaddin Muhammad (1912): Eine Sammlung persischer Gedichte. Übertragen von Georg Friedrich Daumer. Jena: Diederichs.

HALFT, Daniel (2006): Die Szene wird zum Tribunal! Eine Studie zu den Beziehungen von Recht und Literatur am Beispiel des Schauspiels „Cyankali" von Friedrich Wolf. In: Vormbaum, Thomas (Hrsg.): Juristische Zeitgeschichte. Abteilung 6 (Reiß, Gunter [Mit-Hrsg.]): Recht in der Kunst – Kunst im Recht, Band 31. Berlin: Berliner Wissenschafts-Verlag.

HANDKE, Peter (1968): Kaspar. Frankfurt a. M.: Suhrkamp.

HARDTUNG, Bernhard (2008): Die Körperverletzungsdelikte. In: Juristische Schulung, 48. Jahrgang. München, Frankfurt a. M.: C. H. Beck, S. 864–869.

HARTWICH, Otto (1911): Feinde der Natürlichkeit. Jakob Wassermann: Kaspar Hauser. In: Ders.: Kulturwerte aus der modernen Literatur, Band 2. Bremen: Franz Leuwer, S. 247–273.

HEIDENREICH, Friedrich Wilhelm (1834): Kaspar Hauser's Verwundung, Krankheit und Leichenöffnung. Berlin: Reimer.

HEIMANN, Moritz (1919): Das jüngste Gericht im Roman. In: Die Neue Rundschau. XXX. Jahrgang der Freien Bühne, Band 1. Berlin: S. Fischer, S. 367–373.

HERBST, Thorsten (2010): Die kindliche Einsamkeit. Wie sie entsteht, welche Konsequenzen sie hat ... und worin unsere Verantwortung besteht. Paderborn: Junfermann. http://books.google.de/books?id=gzSiMWmoib8C&printsec=frontcover&hl=de&source=gbs_ge_summary_r&cad=0#v=onepage&q&f=false (zuletzt aufgerufen am 5.8.2013).

HERZOG, Werner (1974): Jeder für sich und Gott gegen alle (Film). Leipzig: Kinowelt Home Entertainment.

HESSE, Hermann (1933): Für Jakob Wassermann. In: Die Neue Rundschau. XLIV. Jahrgang der Freien Bühne, Band 1. Berlin: S. Fischer, S. 360.

HIPPIUS-Gräfin Dürckheim, Maria (1966): Beitrag aus der Werkstatt. In: dies. (Hrsg.): Transzendenz als Erfahrung. Beitrag und Widerhall. Festschrift zum 70. Geburtstag von Graf Dürckheim. Weilheim: Otto Wilhelm Barth, S. 67–83.

HIPPIUS-Gräfin Dürckheim, Maria (1982): Der Weg von der Initiation zur Individuation. Veranschaulicht am „Geführten Zeichnen". In: Dürckheim, Karlfried (Hrsg.): Der zielfreie Weg. Im Kraftfeld initiatischer Therapie. Freiburg: Herder, S. 21–38.

HIRTH, Georg (Hrsg.) (1896–1940): Jugend. Münchner illustrierte Wochenschrift für Kunst und Leben. München: Verlag der Jugend.

HOCK, Stephan (1908): Kaspar Hauser redivivus. In: Neue Freie Presse. Nr. 15725, 17. Mai 1908, o. S.

HÖRISCH, Jochen (Hrsg.) (1979): Ich möchte ein solcher werden wie... Materialien zur Sprachlosigkeit des Kaspar Hauser. Frankfurt a. M.: Suhrkamp.

HOFER, Klara (1924): Das Schicksal einer Seele. Die Geschichte vom Kaspar Hauser. Unter Berücksichtigung der neuesten Feststellungen. Nürnberg: Schrag.

HOFFMANN, Ferdinand (1879): Kaspar Hauser, der Findling von Nürnberg. Oberhausen: Spaarmann.

HOFFMANN, Klaus (2002): Scheinbare Anschläge – Zur Strafbarkeit sog. Trittbrettfahrer. In: Pötz, Paul-Günter; Küper, Wilfried; Wolter, Jürgen (Hrsg.): Goltdammer's Archiv für Strafrecht, 149. Jahrgang. Heidelberg: R. v. Decker, S. 385–402.

HOLZHAUER, Heinz; Woesler, Winfried (Kmt.) (2000): Annette von Droste-Hülshoff: Die Judenbuche (1842) / Die Vergeltung (1841). In: Vormbaum, Thomas (Hrsg.): Juristische Zeitgeschichte, Abteilung 6 (Reiß, Gunter [Mit-Hrsg.]): Recht in der Kunst – Kunst im Recht, Band 4. Baden-Baden: Nomos Verlagsgesellschaft.

ITIN, Raissa-Rosa (1913): Der Schutz der Entwicklung des Kindes als ein Problem der Strafgesetzgebung. Borna-Leipzig: Noske.

JACOB, Herbert (Hrsg.) (1998): Deutsches Schriftstellerlexikon 1830–1880, Band 2.1. Berlin: Akademie Verlag.

JOECKS, Wolfgang; Miebach, Klaus (Hrsg.) (^{2}2012): Münchener Kommentar zum Strafgesetzbuch, Band 4. §§ 185–262 StGB. München: C. H. Beck.

JUNG, Carl Gustav (1995): Gesammelte Werke, Bände 1–20. Solothurn, Düsseldorf: Walter-Verlag.

JUNG, Carl Gustav (1995a): Psychologische Typen. In: Ders.: Gesammelte Werke, Band 6. Solothurn, Düsseldorf: Walter-Verlag.

JUNG, Carl Gustav (1995b): Die Archetypen und das Kollektive Unbewußte. In: Ders.: Gesammelte Werke, Band 9/I. Solothurn, Düsseldorf: Walter-Verlag.

JUNG, Carl Gustav (1995c): Über die Psychologie des Unbewußten. In: Ders.: Gesammelte Werke, Band 7. Solothurn, Düsseldorf: Walter-Verlag, S. 11–125.

JUNG, Carl Gustav (1995d): Zwei Schriften über Analytische Psychologie. In: Ders.: Gesammelte Werke, Band 7. Solothurn, Düsseldorf: Walter-Verlag.

JUNGMANN, Otto (1935): Kaspar Hauser. Stoff und Problem in ihrer literarischen Gestaltung. Würzburg: Triltsch.

KARLWEIS, Marta (1935): Jakob Wassermann. Bild, Kampf und Werk. Amsterdam: Querido.

KAYSER, Rudolf (1934): Jakob Wassermann. Gestalt und Glauben. In: Die Neue Rundschau. XLV. Jahrgang der Freien Bühne, Band 1. Berlin: S. Fischer, S. 444–454.

KINDER, Hermann; Hilgemann, Werner (Hrsg.) (1964): dtv-Atlas zur Weltgeschichte, Band 1. Von den Anfängen bis zur Französischen Revolution. München: Deutscher Taschenbuch-Verlag.

KINDHÄUSER, Urs; Neumann, Ulfrid; Paeffgen, Hans-Ullrich (Hrsg.) (^{3}2010): Strafgesetzbuch, Band 2. Baden-Baden: Nomos Verlagsgesellschaft.

KLEE, Fritz (2004, 1929): Neue Beiträge zur Kaspar-Hauser-Forschung. Offenbach: Hauser.

KLUNCKER, Karlhans (1984): Georg Friedrich Daumer. Leben und Werk 1800–1875. Bonn: Bouvier.

KOESTER, Rudolf (1996): Jakob Wassermann. (Köpfe des 20. Jahrhunderts, Band 122). Berlin: Morgenbuch.

KOHLER, Josef (1883): Shakespeare vor dem Forum der Jurisprudenz. Würzburg: Stahel'sche Universitäts-Buch- und Kunsthandlung.

KOVÁCS, Kálmán (2000): Kaspar-Hauser-Geschichten. Stationen der Rezeption. Frankfurt a. M.: Peter Lang.

KRAFT, Thomas (2008): Jakob Wassermann. Biografie. München: Deutscher Taschenbuch-Verlag.

KRAMER, Kurt (2008): Kaspar Hauser. Ein kurzer Traum und kein Ende. Norderstedt: Books on Demand.

KREMER, Detlef; Tenckhoff, Jörg (Kmt.) (2006): Franz Kafka: Der Proceß. Roman (1925). In: Vormbaum, Thomas (Hrsg.): Juristische Zeitgeschichte. Abteilung 6 (Reiß, Gunter [Mit-Hrsg.]): Recht in der Kunst – Kunst im Recht, Band 25. Berlin: Berliner Wissenschafts-Verlag.

KRÜGER, Friedhelm (1963): Christian Daniel Erhard und sein Entwurf eines Gesetzbuches über Verbrechen und Strafen für das Königreich Sachsen. Bonn: Röhrscheid.

KÜPER, Wilfried (1991): Das Verbrechen am Seelenleben. Feuerbach und der Fall Kaspar Hauser in strafrechtsgeschichtlicher Betrachtung. Heidelberg: Manutius.

KÜPER, Wilfried (1991a): Das „Verbrechen am Seelenleben" und das „Verbrechen gegen die Geisteskräfte". Strafrechtshistorische Betrachtungen zu P. J. A. Feuerbachs Schrift über Kaspar Hauser. In: Heidelberger Jahrbücher, Band 35, S. 35–66.

KÜPER, Wilfried (Hrsg.) (1993): Paul Johann Anselm Feuerbach: „Reflexionen, Maximen, Erfahrungen". Heidelberg: Manutius.

KÜPER, Wilfried (2006): „Die Sprache ist das Organ der Vernunft." Ein unbekannter Text Paul Johann Anselm Feuerbachs (1775–1833). In: Kern, Bern-Rüdiger; Wadle, Elmar; Schroeder, Klaus-Peter; Katzenmeier, Christian (Hrsg.): Humaniora. Medizin – Recht – Geschichte. Festschrift für Adolf Laufs zum 70. Geburtstag. Berlin, Heidelberg: Springer, S. 173–189.

Kusmin, Michail A. (1991): Das wundersame Leben des Joseph Balsamo, Graf Cagliostro. Frankfurt, Leipzig: Insel.

Lang, Heinrich von (1833): Bemerkungen über den Artikel „Kaspar Hauser" im „Conversations-Lexikon der neuesten Zeit und Literatur". In: Blätter für literarische Unterhaltung, Band 1. Leipzig: Brockhaus, S. 549–550.

Langen, Albert (Hrsg.) (1896ff): Simplicissimus. Illustrierte Wochenschrift. München: Albert Langen.

Leonhardt, Ulrike (1995): Prinz von Baden, genannt Kaspar Hauser. Hamburg: Rowohlt.

Linde, Antonius von der (1887): Kaspar Hauser. Eine neugeschichtliche Legende, Band 1 und Band 2. Wiesbaden: Limbarth.

Littell, Jonathan (2006) Les Bienveillantes. Paris: Gallimard.

Löffler, Alexander (1905): Die Körperverletzung. (Abschnitt 17 des II. Teiles des RStrGB). In: Birkmeyer, Karl; Calker, Fritz van; u. a. (Hrsg.): Vergleichende Darstellung des deutschen und ausländischen Strafrechts. Vorarbeiten zur deutschen Strafrechtsreform. Besonderer Teil, Band 5. Berlin: Otto Liebmann, S. 205–383. http://archive.org/stream/vergleichendeda00reicgoog#page/n221/mode/2up (zuletzt aufgerufen am 5.8.2013).

Lüderssen, Klaus (Hrsg.) (1999): „Die wahre Liberalität ist Anerkennung." Goethe und die Jurisprudenz. In: Vormbaum, Thomas (Hrsg.): Juristische Zeitgeschichte. Abteilung 6 (Reiß, Gunter [Mit-Hrsg.]): Recht in der Kunst – Kunst im Recht, Band 2. Baden-Baden: Nomos Verlagsgesellschaft.

Lüderssen, Klaus (Kmt.) (2001); siehe: Aust, Hugo; Lüderssen, Klaus (Kmt.) (2001): Theodor Fontane: Unterm Birnbaum (1885). In: Vormbaum, Thomas (Hrsg.): Juristische Zeitgeschichte. Abteilung 6 (Reiß, Gunter [Mit-Hrsg.]): Recht in der Kunst – Kunst im Recht, Band 5. Baden-Baden: Nomos Verlagsgesellschaft.

Lüderssen, Klaus (22002, 1991): Produktive Spiegelungen. Recht in Literatur, Theater und Film. In: Vormbaum, Thomas (Hrsg.): Juristische Zeitgeschichte. Abteilung 6 (Reiß, Gunter [Mit-Hrsg.]): Recht in der Kunst – Kunst im Recht, Band 12. Baden-Baden: Nomos Verlagsgesellschaft.

Lüderssen, Klaus (2005): „… daß nicht der Nutzen des Staats Euch als Gerechtigkeit erscheine." Schiller und das Recht. Frankfurt, Leipzig: Insel.

Lüderssen, Klaus (2007): Produktive Spiegelungen. Recht in Literatur, Theater und Film, Band 2. In: Vormbaum, Thomas (Hrsg.): Juristische Zeitgeschichte. Abteilung 6 (Reiß, Gunter [Mit-Hrsg.]): Recht in der Kunst – Kunst im Recht, Band 33. Berlin: Berliner Wissenschafts-Verlag.

Lüderssen, Klaus (2007a): Eichendorff und das Recht. Frankfurt, Leipzig: Insel.

Mann, Golo (1980): Der schönste Krimi aller Zeiten. Über Jakob Wassermanns „Caspar Hauser". In: Frankfurter Allgemeine Zeitung, Jg. 32, Nr. 7 (9. Januar 1980), Feuilleton, Romane von gestern – heute gelesen, S. 21.

MANN, Golo (1993): Der schönste Krimi aller Zeiten. In: Wassermann, Jakob: Caspar Hauser oder Die Trägheit des Herzens (Nachwort). München: Langen Müller, S. 383–387.

MANN, Heinrich (1933): Für Jakob Wassermann. In: Die Neue Rundschau. XLIV. Jahrgang der Freien Bühne, Band 1. Berlin: S. Fischer, S. 357.

MANN, Klaus (1925): Kaspar-Hauser-Legenden. In: Ders.: Vor dem Leben. Erzählungen. Hamburg: Enoch, S. 161–194.

MANN, Thomas (1935): Zum Geleit. In: Karlweis, Marta: Jakob Wassermann. Bild, Kampf und Werk. Amsterdam: Querido, S. 5–11.

MANN, Thomas (1960): Reden und Aufsätze 2. In: Ders.: Gesammelte Werke in zwölf Bänden, Band X. Frankfurt a. M.: S. Fischer.

MANN, Thomas (2002): Wassermanns „Caspar Hauser". In: Detering, Heinrich (Hrsg.): Thomas Mann. Essays I. 1893–1914. Frankfurt a. M.: S. Fischer, S. 197–199.

MARHEINEKE, Philipp Konrad (1834): Das Leben im Leichentuch. Enthüllung eines argen Geheimnisses. In Briefen. Berlin: Mylius. http://bavarica.digitale-samm lungen.de/resolve/display/bsb10375958.html (zuletzt aufgerufen am 5.8.2013).

MARTENS, Kurt (1903): Kaspar Hauser. Drama in vier Akten. Berlin: Fontane.

MARQUARDSEN, Heinrich (21968/1877): Feuerbach. In: Historische Commission bei der Königl. Akademie der Wissenschaften (Hrsg.): Allgemeine Deutsche Biographie, Band 6. Berlin: Duncker & Humblot, S. 731–745.

MASSON, Jeffrey M. (1995): Kaspar Hauser will nicht sterben. In: Daumer, Georg Friedrich; Feuerbach, Anselm von: Kaspar Hauser. Frankfurt a. M.: Eichborn, S. 343–377.

MAYER, Johannes; Tradowsky, Peter (1984): Kaspar Hauser. Das Kind von Europa. Stuttgart: Urachhaus.

MAYER, Johannes (1985): Vorwort des Herausgebers. In: Pies, Hermann: Kaspar Hauser. Augenzeugenberichte und Selbstzeugnisse, Band 1. Stuttgart: Urachhaus, S. 7–11.

MAYER, Johannes (1988): Philip Henry Lord Stanhope. Der Gegenspieler Kaspar Hausers. Stuttgart: Urachhaus.

MAYER, Johannes (1995): Entstehung und Überlieferung der Daumerschen Aufzeichnungen. In: Daumer, Georg Friedrich; Feuerbach, Anselm von (Hrsg.): Kaspar Hauser. Frankfurt a. M.: Eichborn, S. 269–309.

MEHLE, Ferdinand (21995): Der Kriminalfall Kaspar Hauser. Kehl, Strasbourg, Basel: Morstadt.

MERKER, Johann Friedrich Karl (1830): Caspar Hauser, nicht unwahrscheinlich ein Betrüger. Berlin: Rücker.

MEYER, Julius (1872): Authentische Mittheilungen über Caspar Hauser. Ansbach: Seybold.

MILLER, Henry (42002): Nachwort zu Wassermann, Jakob: Etzel Andergast. München: Deutscher Taschenbuch-Verlag, S. 611–667.

MITSCHERLICH, Alexander (1946): Freiheit und Unfreiheit in der Krankheit. Das Bild des Menschen in der Psychiatrie. Hamburg: Claaßen und Goverts.

MITSCHERLICH, Alexander (1950): Ödipus und Kaspar. Tiefenpsychologische Probleme in der Gegenwart. In: Lasky , Melvin J. (Hrsg.): Der Monat. Eine Internationale Zeitschrift. 3. Jahrgang, Heft 25. Berlin: Gesellschaft für internationale Publizistik, S. 11–18. http://www.ceeol.com/aspx/getdocument.aspx?logid=5&id=d4054267-e1d5-443f-868f-c4f00594e237 (zuletzt aufgerufen am 5.8.2013).

MITTELSTÄDT, Otto (1876): Kaspar Hauser und sein badisches Prinzentum. Heidelberg: Bassermann.

MITTERMAIER, Carl Joseph Anton (1988): Über die Prinzipien des sogenannten Naturrechts. In: Küper, Wilfried (Hrsg.): Carl Joseph Anton Mittermaier. Symposium 1987 in Heidelberg. Vorträge und Materialien. Heidelberg: R. v. Decker & C. F. Müller, S. 167–243.

MÖLK, Ulrich (Hrsg.) (1996): Literatur und Recht. Literarische Rechtsfälle von der Antike bis in die Gegenwart. Göttingen: Wallstein.

MÜLLER-DIETZ, Heinz (1973): Literaturbericht. Strafvollzug (Teil I). In: Bockelmann, Paul u.a. (Hrsg.): Zeitschrift für die gesamte Strafrechtswissenschaft, Band 85. Berlin, New York: Walter de Gruyter, S. 128–168.

MÜLLER-DIETZ, Heinz (1973a): Literaturbericht. Strafvollzug (Teil II). In: Bockelmann, Paul u.a. (Hrsg.): Zeitschrift für die gesamte Strafrechtswissenschaft, Band 85. Berlin, New York: Walter de Gruyter, S. 975–1014.

MÜLLER-DIETZ, Heinz (1975): Literaturbericht. Strafvollzug (Teil I). In: Bockelmann, Paul u.a. (Hrsg.): Zeitschrift für die gesamte Strafrechtswissenschaft, Band 87. Berlin, New York: Walter de Gruyter, S. 338–379.

MÜLLER-DIETZ, Heinz (1975a): Literaturbericht. Strafvollzug (Teil II). In: Bockelmann, Paul u.a. (Hrsg.): Zeitschrift für die gesamte Strafrechtswissenschaft, Band 87. Berlin, New York: Walter de Gruyter, S. 680–710.

MÜLLER-DIETZ, Heinz (1990): Grenzüberschreitungen. Beiträge zur Beziehung zwischen Literatur und Recht. Baden-Baden: Nomos-Verlagsgesellschaft.

MÜLLER-DIETZ, Heinz (1999): Recht und Kriminalität im literarischen Widerschein. Gesammelte Aufsätze. In: Vormbaum, Thomas (Hrsg.): Juristische Zeitgeschichte. Abteilung 6 (Reiß, Gunter [Mit-Hrsg.]): Recht in der Kunst – Kunst im Recht, Band 1. Baden-Baden: Nomos Verlagsgesellschaft.

MÜLLER-DIETZ, Heinz (Kmt.) (2004); siehe: Arntzen, Helmut; Müller-Dietz, Heinz (Kmt.) (2004): Karl Kraus: Sittlichkeit und Kriminalität (1908). In: Vormbaum, Thomas (Hrsg.): Juristische Zeitgeschichte. Abteilung 6 (Reiß, Gunter [Mit-Hrsg.]): Recht in der Kunst – Kunst im Recht, Band 17. Berlin: Berliner Wissenschafts-Verlag.

MÜLLER-DIETZ, Heinz; Brötz, Dunja (Kmt.) (2005): Fjodor Dostojewski: Aufzeichnungen aus einem Totenhaus (1860). In: Vormbaum, Thomas (Hrsg.): Juristische Zeitgeschichte. Abteilung 6 (Reiß, Gunter [Mit-Hrsg.]): Recht in der Kunst – Kunst im Recht, Band 22. Berlin: Berliner Wissenschafts-Verlag.

MÜLLER-DIETZ, Heinz; Huber, Martin (Kmt.) (2006): Friedrich Schiller: Verbrecher aus Infamie (1786). In: Vormbaum, Thomas (Hrsg.): Juristische Zeitgeschichte. Abteilung 6 (Reiß, Gunter [Mit-Hrsg]): Recht in der Kunst – Kunst im Recht, Band 24. Berlin: Berliner Wissenschafts-Verlag.

MÜLLER-DIETZ, Heinz (2007): Recht und Kriminalität in literarischen Spiegelungen. In: Vormbaum, Thomas (Hrsg.): Juristische Zeitgeschichte. Abteilung 6 (Reiß, Gunter [Mit-Hrsg.]): Recht in der Kunst – Kunst im Recht, Band 28. Berlin: Berliner Wissenschafts-Verlag.

MÜLLER-DIETZ, Heinz (2007a): Zur Ästhetik des Bösen. Kunst und Verbrechen. In: Festschrift für Heike Jung. Zum 65. Geburtstag am 23. April 2007. Baden-Baden: Nomos Verlagsgesellschaft, S. 641–654.

MÜLLER-DIETZ, Heinz (2008): Zum Bild des Strafverteidigers in der modernen Literatur. In: Strafrecht und Wirtschaftsstrafrecht – Dogmatik, Rechtsvergleich, Rechtstatsachen". Festschrift für Klaus Tiedemann zum 70. Geburtstag. Köln: Carl-Heymanns-Verlag, S. 1271–1288.

MÜLLER-DIETZ, Heinz (2009): Literatur und Recht. Blockseminar am 9./10. Januar 2009. Saarbrücken: Universität des Saarlandes.

MÜLLER-KAMPEL, Beatrix (2007): Jakob Wassermann. Eine biographische Collage. Wien: Mandelbaum.

NAUCKE, Wolfgang; Linder, Joachim (Kmt.) (2000): Heinrich von Kleist: Michael Kohlhaas (1810). In: Vormbaum, Thomas (Hrsg.): Juristische Zeitgeschichte. Abteilung 6 (Reiß, Gunter [Mit-Hrsg.]): Recht in der Kunst – Kunst im Recht, Band 6. Baden-Baden: Nomos Verlagsgesellschaft.

NEUBAUER, Martin (1994): Jakob Wassermann. Ein Schriftsteller im Urteil seiner Zeitgenossen. Frankfurt a. M.: Peter Lang.

NEUMANN, Erich (21980): Kunst und schöpferisches Unbewusstes. Zürich: Daimon.

NORDKOLLEG Rendsburg, Akademie für kulturelle Bildung (2005): Programm Tagung zu Literatur und Recht: „Literatur, Recht und Musik". Rendsburg: Nordkolleg.

NORDKOLLEG Rendsburg, Akademie für kulturelle Bildung (2009): Programm 5. Tagung zu Literatur und Recht: „Literatur, Recht und Religion". Rendsburg: Nordkolleg.

NORDKOLLEG Rendsburg, Akademie für kulturelle Bildung (2013): Programm 7. Tagung zu Literatur und Recht: „Recht und Juristen im Spiegel von Literatur und Kunst". Rendsburg: Nordkolleg. http://www.nordkolleg.de/programm/ seminarprogramm.html?_REDIRECT=netseminare_details.asp&HausID=714C282F24723673 &SeminarID=1906&sdfKategorie=103&sdfKategorie1=&sdfMonat=&sdfQuartal= &sdfKurzbezeichnung=&sdfSeminarNr=&sdfKategorie=103&sdfKategorie1=&sdf Monat=&sdfQuartal=&sdfKurzbezeichnung=&sdfSeminarNr=& (zuletzt aufgerufen am 5.8.2013).

OECHEL-METZNER, Claudia-Elfriede (2005): Arbeit am Mythos Kaspar Hauser. Frankfurt a. M.: Peter Lang.

OLIVERA, Dom Bernardo (2007): Eine Traurigkeit, die das Verlangen nach Gott zersetzt. Rundbrief von Generalabt Dom Bernardo Olivera OCSO, 26. Januar 2007.

http://www.ocso.org/index.php?option=com_docman&task=doc_download&gid=276&Itemid=147 (zuletzt aufgerufen am 5.8.2013).

OVERATH, Angelika (1997): Ein aufgefundenes Kind wird erfunden. Kaspar Hauser oder die pfingstliche Rezeption. In: Neue Zürcher Zeitung. Nr. 112 (17. Mai 1997), S. 66.

PAEFFGEN, Hans-Ullrich (2010); siehe: Kindhäuser, Urs; Neumann, Ulfrid; Paeffgen, Hans-Ullrich (Hrsg.) (32010): Strafgesetzbuch, Band 2. Baden-Baden: Nomos Verlagsgesellschaft.

PEITLER, Hans; Ley, Hans (1927): Kaspar Hauser. Über tausend bibliographische Nachweise. Ansbach: C. Brügel & Sohn.

PIEROTH, Bodo (1992ff): Das juristische Studium im Literarischen Zeugnis. In: Zeitschrift Jura – Juristische Ausbildung. Berlin, New York: Walter de Gruyter.

PIEROTH, Bodo (2001): Lesen macht gewalttätig. Interview mit Gregor Schmitz. Spiegel-Online, UniSpiegel. Recht und Literatur. http://www.spiegel.de/unispiegel/wunderbar/0,1518,128626,00.html (zuletzt aufgerufen am 5.8.2013).

PIES, Hermann (Hrsg.) (21928): Die amtlichen Aktenstücke über Kaspar Hausers Verwundung und Tod. Bonn: Kulturhistorischer Verlag.

PIES, Hermann (1966): Kaspar Hauser. Eine Dokumentation. Ansbach: C. Brügel & Sohn.

PIES, Hermann (1973): Kaspar Hauser. Fälschungen, Falschmeldungen und Tendenzberichte. Ansbach: Ansbacher Museumsverlag.

PIES, Hermann (21985/1925): Kaspar Hauser. Augenzeugenberichte und Selbstzeugnisse, Band 1. Stuttgart: Urachhaus.

PIES, Hermann (21987/1956): Die Wahrheit über Kaspar Hausers Auftauchen und erste Nürnberger Zeit, Band 2. Stuttgart: Urachhaus.

PLATON (1850): Ion. In: Platons Werke. Griechisch und Deutsch mit kritischen und erklärenden Anmerkungen. Erster Theil: Ion. Leipzig: Wilhelm Engelmann. http://books.google.de/books?id=K_EYAAAAIAAJ&printsec=frontcover&dq=platon+ion&hl=de&sa=X&ei=n68CUrOIKIP3O-GPgeAC&ved=0CD8Q6AEwAA#v=onepage&q=platon%20ion&f=false (zuletzt aufgerufen am 10.08.2013).

POSNER, Richard A. (1986): Law and Literature: A Relation Reargued. In: Buckley, Sarah; e. a. (eds.): Virginia Law Review, Vol. 72, No. 8. Charlottesville: The Virginia Law Review Association, S. 1351–1392.

POSNER, Richard A. (1988): A Misunderstood Relation. Cambridge, Massachusetts: Harvard University Press.

POST, Werner (2011): Acedia – Das Laster der Trägheit. Zur Geschichte der siebten Todsünde. Freiburg, Basel, Wien: Herder.

RADBRUCH, Gustav (1954/1944): Wilhelm Meisters sozialistische Sendung. In: Ders.: Gestalten und Gedanken. Zehn Studien. Stuttgart: Koehler, S. 84–111.

RADBRUCH, Gustav (21957/1934): Paul Johann Anselm Feuerbach. Göttingen: Vandenhoeck & Ruprecht.

RANK, Otto (2000/21922): Der Mythus von der Geburt des Helden. Versuch einer psychologischen Mythendeutung. Wien: Turia & Kant.

RASCH, Wolfdietrich (1981): Aspekte der deutschen Literatur um 1900. In: Žmegač, Viktor (Hrsg.): Deutsche Literatur der Jahrhundertwende. Königstein: Athenäum, Hain, Scriptor, Hanstein, S. 18–48.

REICH-RANICKI, Marcel (31990): Nachprüfung. Aufsätze über deutsche Schriftsteller von gestern. Stuttgart: Deutsche Verlags-Anstalt.

REICH-RANICKI, Marcel (2005): Nachwort. In: Wassermann, Jakob: Mein Weg als Deutscher und Jude. Frankfurt a. M.: Jüdischer Verlag im Suhrkamp Verlag, S. 133–142.

RICHER, Jean (141975/1953): Paul Verlaine. Poètes d'aujourd'hui. Paris: Seghers.

RÖTTGER, Karl (1938): Kaspar Hausers letzte Tage oder Das kurze Leben eines ganz Armen. Berlin, Wien, Leipzig: Zsolnay.

ROUSSEAU, Jean-Jacques (1762): Émile ou de l'éducation. Paris: Duchesne.

ROUSSEAU, Jean-Jacques (1965): Discours sur l'origine et les fondements de l'inégalité parmi les hommes. Paris: Gallimard.

ROUSSEAU, Jean-Jacques (41983): Über Kunst und Wissenschaft (1750). In: Weigand, Kurt (Hrsg.): Schriften zur Kulturkritik. Hamburg: Felix Meiner, S. 1–59.

SAINT-EXUPÉRY, Antoine (1979): Der Kleine Prinz. Düsseldorf: Karl Rauch.

SAMPATH, Ursula (1991): Kaspar Hauser: A Modern Metaphor. Columbia: Camden House.

SÁNCHEZ, Yvette; Vest, Hans (2008): Das Scheitern des Rechts in der Literatur. Blockseminar. St. Gallen: Universität St. Gallen.

SCHLINK, Bernhard (1995): Der Vorleser. Zürich: Diogenes.

SCHMIDT, Richard (1889): Verbrechen an dem Seelenleben des Menschen. In: Der Gerichtssaal. Zeitschrift für Strafrecht, Strafproceß, Gerichtliche Medicin, Gefängnißkunde und die gesammte Strafrechtsliteratur, Band 42. Stuttgart: Ferdinand Enke, S. 57–67.

SCHMIDT VON LÜBECK, Georg Philipp (1832): Über Caspar Hauser. Zweites Heft. Altona: Karl Aue. http://books.google.com/books?id=8E1BAAAAcAAJ&printsec=frontcover&hl=de&cd=1&source=gbs_ViewAPI#v=onepage&q&f=false (zuletzt aufgerufen am 5.8.2013).

SCHMITZ-EMANS, Monika (2007): Fragen nach Kaspar Hauser. Entwürfe des Menschen, der Sprache und der Dichtung. Würzburg: Königshausen & Neumann.

SCHNEIDER, Peter (1987): „... ein einzig Volk von Brüdern": Recht und Staat in der Literatur. Frankfurt: Athenäum.

SCHÖNKE, Adolf; Schröder, Horst; Lenckner, Theodor; Eser, Albin; u. a. (272006): Strafgesetzbuch. Kommentar. München: C. H. Beck.

SCHÖTZ, Hartmut (2010): Kaspar Hauser – Kronprinz oder Schwindler? Bergatreute/Aulendorf: Eppe.

SCHRADER, Wilhelm (1898): Wolff, Christian. In: Allgemeine Deutsche Biographie, Band 44. Leipzig: Duncker & Humblot, S. 12–28.

SCHREIBMÜLLER, Walther (1991): Bilanz einer 150jährigen Kaspar Hauser Forschung. In: Zentralstelle für Personen- und Familiengeschichte (Hrsg.): Genealogisches Jahrbuch, Band 31. Neustadt a. d. Aisch: Degener, S. 43–84.

SCOPER, Ludwig (Schöpfer, Georg Karl Ludwig) (1834): Kaspar Hauser oder Die eingemauerte Nonne. Wahrheit und Dichtung. Nordhausen: Fürst.

SEHR, Peter (1993): Kaspar Hauser. Der Mensch, der Mythos, das Verbrechen (Film). München: Cine Plus Home Entertainment.

SEIDENSTICKER, Bernd (Hrsg.) (22007): Die Orestie des Aischylos. München: C. H. Beck.

SELL, Anne-Liese (1932): Das metaphysisch-realistische Weltbild Jakob Wassermanns (Teildruck). Bern: Paul Haupt.

SEYBOLD, Friedrich (1834): Kaspar Hauser oder Der Findling. Romantisch dargestellt. Stuttgart: Balz.

SHELLEY, Percy Bysshe (2004/1821): A Defence of Poetry and Other Essays. Salt Lake City: Project Gutenberg Literary Archive Foundation. http://www.gutenberg.org/dirs/etext04/adpoe10.txt (zuletzt aufgerufen am 2.12.2012).

SITTENBERGER, Hans (1925): Kaspar Hauser. Der Findling von Nürnberg. Berlin: Verlag für Kulturpolitik.

STANHOPE, Philip Henry Graf (1834): Auszug eines Briefs des Grafen Stanhope an den Herrn Schullehrer Meyer in Ansbach. Datirt Carlsruhe, den 27. März 1834. Carlsruhe: Hasper.

STANHOPE, Philip Henry Graf (1834a): Auszug eines Briefs des Grafen Stanhope an den königl. Preußischen Herrn Polizey-Rath Merker in Berlin. Datirt Heidelberg, den 14. August 1834. Heidelberg: Reichard.

STANHOPE, Philip Henry Graf (Hrsg.) (1835): Materialien zur Geschichte Kaspar Hausers. Heidelberg: Mohr.

STANHOPE, Philip Henry Graf (1835a): Auszug eines Briefs des Grafen Stanhope an den Herrn Schullehrer Meyer in Ansbach über den Tod des Kaspar Hauser. In: Ders. (Hrsg.): Materialien zur Geschichte Kaspar Hausers. Heidelberg: Mohr, S. 93–104.

STEIN, Werner (1990): Der große Kulturfahrplan. Die wichtigsten Daten der Weltgeschichte. München, Berlin: F. A. Herbig Verlagsbuchhandlung.

STEINBUCH, Anja (1999): Kaspar Hauser in der Literatur des 19. Jahrhunderts. In: Schlich, Jutta (Hrsg.): „Warum fliegen da lauter so schwarze Würmer herum?" Das Kaspar-Hauser-Syndrom in Literatur und Film, Forschung und Lehre. Würzburg: Königshausen & Neumann, S. 34–45.

STERN, Olga (1920): Auszug aus der Dissertation: Kaspar Hauser in der Dichtung. Frankfurt a. M.: Philosophische Fakultät der Universität Frankfurt am Main.

STOWASSER, Joseph Maria (21987): Der kleine Stowasser. Lateinisch-Deutsches Schulwörterbuch. München, Wien: G. Freytag.

STRAFGESETZBUCH (StGB) (1871/2013) in der Fassung der Bekanntmachung vom 13. November 1998 (BGBl. I S. 3322), das zuletzt durch Artikel 5 des Gesetzes vom 21. Januar 2013 (BGBl. I S. 95) geändert worden ist. http://www.gesetze-im-inter net.de/bundesrecht/stgb/gesamt.pdf (zuletzt aufgerufen am 5.8.2013).

STRAFPROZEßORDNUNG (StPO) (1950/2013) in der Fassung der Bekanntmachung vom 7. April 1987 (BGBl. I S. 1074, 1319), die zuletzt durch Artikel des Gesetzes vom 21. Januar 2013 (BGBl. I S. 89) geändert worden ist. http://www.gesetze-im-inter net.de/bundesrecht/stpo/gesamt.pdf (zuletzt aufgerufen am 5.8.2013).

STRAFVOLLZUGSGESETZ (StVollzG) (1976/2012): Gesetz über den Vollzug der Freiheitsstrafe und der freiheitsentziehenden Maßregeln der Besserung und Sicherung. Strafvollzugsgesetz vom 16. März 1976 (BGBl. I S. 581, 2088), das zuletzt durch Artikel 4 des Gesetzes vom 5. Dezember 2012 (BGBl. I S. 2425) geändert worden ist. http:// www.gesetze-im-internet.de/bundesrecht/stvollzg/gesamt.pdf (zuletzt aufgerufen am 5. 08.2013).

STRUVE, Ulrich (Hrsg.) (1992): Der Findling Kaspar Hauser in der Literatur. Stuttgart: J. B. Metzlersche Verlagsbuchhandlung.

STRUVE, Ulrich (1995): Der Findling als Heiland: Zur Mythopoetik in der Kaspar-Hauser-Literatur des zwanzigsten Jahrhunderts. In: Ders. (Hrsg.): Der imaginierte Findling. Studien zur Kaspar-Hauser-Rezeption. Heidelberg: Universitätsverlag C. Winter, S. 77–102.

THEISZ, Reinhard D. (1976): Kaspar Hauser im zwanzigsten Jahrhundert. Der Aussenseiter und die Gesellschaft. In: The German Quarterly, Volume 49, Number 2, S. 168–180.

THEUNISSEN, Michael (1996): Vorentwürfe von Moderne. Antike Melancholie und die Acedia des Mittelalters. Berlin, New York: Walter de Gruyter.

THICH Nhat Hanh (2008): Das Wunder der Achtsamkeit. Stuttgart: Theseus.

TIERSCHUTZGESETZ (TierSchG) (1972/2010) in der Fassung der Bekanntmachung vom 18. Mai 2006 (BGBl. I S. 1206, 1313), das zuletzt durch Artikel 20 des Gesetzes vom 9. Dezember 2010 (BGBl. I S. 1934) geändert worden ist. http://www.gesetze-im-inter net.de/bundesrecht/tierschg/gesamt.pdf (zuletzt aufgerufen am 5.8.2013).

TITTMANN, Carl August (1795): De delictis in vires mentis humanae commissis. In: Salchow, Johann Christian (Hrsg.) (1805): Archiv für Freunde der Philosophie des Rechts und der positiven Jurisprudenz, Band 1. Jena, Leipzig: Gabler, S. 14–49. http://dlib-zs.mpier.mpg.de/mj/kleioc/0010/exec/showtoc/%222084620_0101%2b1805%22 (zuletzt aufgerufen am 5.8.2013).

TITTMANN, Carl August (1798): Versuch über die wissenschaftliche Behandlung des peinlichen Rechts. Leipzig: Kramer. http://digital.slub-dresden.de/id359790585 (zuletzt aufgerufen am 5.8.2013). http://digital.slub-dresden.de/fileadmin/data/ 359790585/ 359790585_tif/jpegs/359790585.pdf (zuletzt aufgerufen am 5.8.2013).

TITTMANN, Carl August (21822/1807): Handbuch der Strafrechtswissenschaft und der deutschen Strafgesetzkunde, Band 1. Halle: Hemmerde und Schwetschke. http://books.google.de/books?id=HexCAAAAcAAJ&printsec=frontcover&hl=de&s

ource=gbs_ge_summary_r&cad=0#v=onepage&q&f=false (zuletzt aufgerufen am 5.8.2013).

TRADOWSKY, Peter (1983): Einleitung. In: Feuerbach, Anselm von (1983/1832): Kaspar Hauser. Beispiel eines Verbrechens am Seelenleben des Menschen. Dornach: Rudolf Geering, S. 6–18.

TRADOWSKY, Peter (1984) – vgl. Mayer, Johannes; Tradowsky, Peter (1984).

TREITSCHKE, Heinrich von (1933): Deutsche Geschichte im 19. Jahrhundert. Berlin: Safari.

TRUNZ, Erich (Hrsg.) (111981): Goethes Werke, Band 3. München: C. H. Beck.

UHLAND, Ludwig (1983): Werke, Band 1: Gedichte, Dramen, Versepik und Prosa. Frankfurt: Insel.

VERLAINE, Paul (1896): Sagesse. Paris: Vanier.

VINKEN, Barbara (2009): Eine Legende der Moderne. Flauberts Einfaches Herz. Berlin: August.

VOEGELI, Walter (1956): Jakob Wassermann und die Trägheit des Herzens. Winterthur: Keller.

VORMBAUM, Thomas (2002): Die Produktivität der Spiegelung von Recht und Literatur. In: Lüderssen, Klaus: Produktive Spiegelungen. Recht in Literatur, Theater und Film. In: Vormbaum, Thomas (Hrsg.): Juristische Zeitgeschichte. Abteilung 6 (Reiß, Gunter [Mit-Hrsg.]): Recht in der Kunst – Kunst im Recht, Band 12. Baden-Baden: Nomos Verlagsgesellschaft, S. XI–XXVII.

VORMBAUM, Thomas; Schäfer, Regina (Kmt.) (2003): Jakob Wassermann: Der Fall Maurizius. Roman (1928). In: Vormbaum, Thomas (Hrsg.): Juristische Zeitgeschichte. Abteilung 6 (Reiß, Gunter [Mit-Hrsg.]): Recht in der Kunst – Kunst im Recht, Band 14. Berlin: Berliner Wissenschafts-Verlag.

VORMBAUM, Thomas (Hrsg.) (2006): Recht, Rechtswissenschaft und Juristen im Werk Heinrich Heines. In: Ders. (Hrsg.): Juristische Zeitgeschichte. Abteilung 6 (Reiß, Gunter [Mit-Hrsg.]): Recht in der Kunst – Kunst im Recht, Band 27. Berlin: Berliner Wissenschafts-Verlag.

VORMBAUM, Thomas (Hrsg.) (2006a): Anton Matthias Sprickmann. Dichter und Jurist. Mit Kommentaren von Walter Gödden. Jörg Löffler und Thomas Vormbaum. In: Ders. (Hrsg.): Juristische Zeitgeschichte. Abteilung 6 (Reiß, Gunter [Mit-Hrsg]): Recht in der Kunst – Kunst im Recht, Band 23. Berlin: Berliner Wissenschafts-Verlag.

VORMBAUM, Thomas (2010): Strafrecht und Religion in Dantes „Göttlicher Komödie". In: Weber, Hermann (Hrsg.): Literatur, Recht und Religion. Tagung im Nordkolleg Rendsburg vom 18. bis 20. September 2009. (Vormbaum, Thomas (Hrsg.): Rechtsgeschichte und Rechtsgeschehen, Band 11). Berlin: Lit Verlag, S. 57–96.

WAGLER, Ludwig (1926): Die Enträtselung der oberrheinischen Flaschenpost von 1816. Ein kritischer Beitrag zur Kaspar-Hauser-Frage. Nürnberg: Schrag.

WARD, Ian (1995) Law and Literature. Possibilities and Perspectives. Cambridge, New York: Cambridge University Press.

WARD, Ian (1995a): Law and Literature: A Continuing Debate. In: Ders.: Law and Literature: Possibilities and Perspectives. Cambridge, New York: Cambridge University Press. S. 3–27.

WASSERMANN, Jakob (1896): Melusine. Ein Liebesroman. München: Albert Langen.

WASSERMANN, Jakob (1896a): Hier ruht das kleine Öchselein. In: Simplicissimus. Illustrierte Wochenschrift. Jahrgang 1, Nr. 37. München: Albert Langen, S. 2–3.

WASSERMANN, Jakob (1896b): Finsternis. In: Jugend. Münchner illustrierte Wochenschrift für Kunst und Leben. München: Verlag der Jugend, S. 118–121.

WASSERMANN, Jakob (1897): Schläfst Du, Mutter? Ruth. Novellen. München: Albert Langen.

WASSERMANN, Jakob (1897a): Die Juden von Zirndorf. München: Albert Langen.

WASSERMANN, Jakob (1898): Die Schaffnerin. Die Mächtigen. München: Albert Langen.

WASSERMANN, Jakob (1898a): Lorenza Burgkmair. Ein Karnevals-Stück in 3 Akten. München: Rubinverlag.

WASSERMANN, Jakob (1898b): Hockenjos oder Die Lügenkomödie. München: Rubinverlag.

WASSERMANN, JAKOB (1900): Die Geschichte der jungen Renate Fuchs. Berlin: S. Fischer.

WASSERMANN, Jakob (1904): Die Kunst der Erzählung. Berlin: Bard, Marquardt & Co.

WASSERMANN, Jakob (1905): Alexander in Babylon. Berlin: S. Fischer.

WASSERMANN, Jakob (1906): Die Schwestern. Berlin: S. Fischer.

WASSERMANN, Jakob (1907): Caspar Hauser. Roman. In: Hackländer, Friedrich Wilhelm; Hallberger, Eduard (Hrsg.): Über Land und Meer, Jahrgang XXIV. Stuttgart, Leipzig: Deutsche Verlagsanstalt, S. 313–336.

WASSERMANN, Jakob (1908): Caspar Hauser oder Die Trägheit des Herzens. Stuttgart, Leipzig: Deutsche Verlagsanstalt. http://ia600304.us.archive.org/3/items/casparhauserode01wassgoog/casparhauserode01wassgoog.pdf (zuletzt aufgerufen am 5.8. 2013).

WASSERMANN, Jakob (1911): Der goldene Spiegel. Erzählungen in einem Rahmen. Berlin: S. Fischer.

WASSERMANN, Jakob (1912): Caspar Hauser oder Die Trägheit des Herzens. Berlin: S. Fischer.

WASSERMANN, Jakob (1913): Der Mann von vierzig Jahren. Ein kleiner Roman. Berlin: S. Fischer.

WASSERMANN, Jakob (1915): Das Gänsemännchen. Berlin: S. Fischer.

WASSERMANN, Jakob (1919): Christian Wahnschaffe. Roman in zwei Bänden (Band 1: Eva; Band 2: Ruth). Berlin: S. Fischer.

WASSERMANN, Jakob (1921): Mein Weg als Deutscher und Jude. Berlin: S. Fischer.

WASSERMANN, Jakob (1925): Laudin und die Seinen. Berlin: S. Fischer.

Wassermann, Jakob (1926): Der Aufruhr um den Junker Ernst. Berlin: S. Fischer.

Wassermann, Jakob (1928): Der Fall Maurizius. Berlin: S. Fischer.

Wassermann, Jakob (1928a): Lebensdienst. Gesammelte Studien, Erfahrungen und Reden aus drei Jahrzehnten. Leipzig, Zürich: Grethlein & Co.

Wassermann, Jakob (1928b): Meine persönlichen Erfahrungen mit dem Caspar-Hauser-Roman. In: Ders.: Lebensdienst. Gesammelte Studien, Erfahrungen und Reden aus drei Jahrzehnten. Leipzig, Zürich: Grethlein & Co., S. 123–148.

Wassermann, Jakob (1928c): Die Kunst der Erzählung. Ein Dialog. In: Ders.: Lebensdienst. Gesammelte Studien, Erfahrungen und Reden aus drei Jahrzehnten. Leipzig, Zürich: Grethlein & Co., S. 550–586.

Wassermann, Jakob (1929): Christoph Columbus, der Don Quichote des Ozeans. Ein Portrait. Berlin: S. Fischer.

Wassermann, Jakob (1931): Etzel Andergast. Berlin: S. Fischer.

Wassermann, Jakob (1932): Bula Matari. Das Leben Stanleys. Berlin: S. Fischer.

Wassermann, Jakob (1932a): Rede an die Jugend über das Leben im Geiste. Berlin: S. Fischer.

Wassermann, Jakob (1933): Selbstbetrachtungen. Berlin: S. Fischer.

Wassermann, Jakob (1934): Joseph Kerkhovens dritte Existenz. Amsterdam: Querido (auch: Berlin: Jüdische Buchvereinigung).

Wassermann, Jakob (2005/1921): Mein Weg als Deutscher und Jude. Frankfurt a. M.: Jüdischer Verlag im Suhrkamp Verlag.

Wassermann, Jakob (2005a/1908): Caspar Hauser oder Die Trägheit des Herzens. Köln: Anaconda.

Wassermann, Jakob (2006/1933): Selbstbetrachtungen. Bad Schwartau: Literarische Tradition in der WFB Verlagsgruppe.

Wassermann-Speyer, Julie (1923): Jakob Wassermann und sein Werk. Wien, Leipzig: Deutsch-Österreichischer Verlag.

Weber, Hermann (Hrsg.) (2002): Annäherung an das Thema „Recht und Literatur". Recht, Literatur und Kunst in der Neuen Juristischen Wochenschrift. In: Vormbaum, Thomas (Hrsg.): Juristische Zeitgeschichte. Abteilung 6 (Reiß, Gunter [Mit-Hrsg.]): Recht in der Kunst – Kunst im Recht, Band 9. Berlin: Berliner Wissenschafts-Verlag.

Weber, Hermann (Hrsg.) (2002a): Juristen als Dichter. Recht, Literatur und Kunst in der Neuen Juristischen Wochenschrift. In: Vormbaum, Thomas (Hrsg.): Juristische Zeitgeschichte. Abteilung 6 (Reiß, Gunter [Mit-Hrsg.]): Recht in der Kunst – Kunst im Recht, Band 10. Berlin: Berliner Wissenschafts-Verlag.

Weber, Hermann (Hrsg.) (2002b): Prozesse und Rechtsstreitigkeiten um Recht, Literatur und Kunst. Recht, Literatur und Kunst in der Neuen Juristischen Wochenschrift. In: Vormbaum, Thomas (Hrsg.): Juristische Zeitgeschichte. Abteilung 6 (Reiß, Gunter [Mit-Hrsg.]): Recht in der Kunst – Kunst im Recht, Band 11. Berlin: Berliner Wissenschafts-Verlag.

WEBER, Hermann (Hrsg.) (2003): Recht, Staat und Politik im Bild der Dichtung. Recht, Literatur und Kunst in der Neuen Juristischen Wochenschrift. In: Vormbaum, Thomas (Hrsg.): Juristische Zeitgeschichte. Abteilung 6 (Reiß, Gunter [Mit-Hrsg.]): Recht in der Kunst – Kunst im Recht, Band 15. Berlin: Berliner Wissenschafts-Verlag.

WEBER, Hermann (Hrsg.) (2003a): Reale und fiktive Kriminalfälle als Gegenstand der Literatur. Recht, Literatur und Kunst in der Neuen Juristischen Wochenschrift. In: Vormbaum, Thomas (Hrsg.): Juristische Zeitgeschichte. Abteilung 6 (Reiß, Gunter [Mit-Hrsg.]): Recht in der Kunst – Kunst im Recht, Band 16. Berlin: Berliner Wissenschafts-Verlag.

WEBER, Hermann (Hrsg.) (2004): Dichter als Juristen. Recht, Literatur und Kunst in der Neuen Juristischen Wochenschrift. In: Vormbaum, Thomas (Hrsg.): Juristische Zeitgeschichte. Abteilung 6 (Reiß, Gunter [Mit-Hrsg.]): Recht in der Kunst – Kunst im Recht, Band 18. Berlin: Berliner Wissenschafts-Verlag.

WEBER, Hermann (Hrsg.) (2005): Recht und Juristen im Bild der Literatur. Recht, Literatur und Kunst in der Neuen Juristischen Wochenschrift. In: Vormbaum, Thomas (Hrsg.): Juristische Zeitgeschichte. Abteilung 6 (Reiß, Gunter [Mit-Hrsg.]): Recht in der Kunst – Kunst im Recht, Band 19. Berlin: Berliner Wissenschafts-Verlag.

WEBER, Hermann (2007): Über Recht und Literatur. Ein Gespräch mit Julie Zeh und Martin Mosebach – geführt von Britta Lange und Hermann Weber. In: Ders. (Hrsg.): Literatur, Recht und Musik. Tagung im Nordkolleg Rendsburg vom 16. bis 18. September 2005. Berlin: Berliner Wissenschafts-Verlag, S. 184–204.

WEBER, Judith (2009): Das sächsische Strafrecht im 19. Jahrhundert bis zum Reichsstrafgesetzbuch. In: Vormbaum, Thomas (Hrsg.): Juristische Zeitgeschichte. Abteilung 3: Beiträge zur modernen deutschen Strafgesetzgebung. Materialien zu einem historischen Kommentar, Band 32. Berlin: Walter de Gruyter.

WECKMANN, Berthold (1993): Kaspar Hauser. Die Geschichte und ihre Geschichten. Würzburg: Königshausen & Neumann.

WEIS, Eberhard (2005): Montgelas. Zweiter Band: Der Architekt des modernen bayerischen Staates 1799–1838. München: C. H. Beck.

WEISBERG, Richard H. (1992): Poethics, and other Strategies of Law and Literature. New York, Oxford: Columbia University Press.

WEISBERG, Robert; Binder, Guyora (2000): Literary Criticisms of Law. Princeton: Princeton University Press.

WEIZSÄCKER, Viktor von (1946): Anonyma. In: Grassi, E. (Hrsg.): Sammlung. Überlieferung und Auftrag. Reihe Schriften, Band 4. Bern: A. Francke.

WERNER, Jürgen (1999): Die sieben Todsünden. Einblicke in die Abgründe menschlicher Leidenschaft. Stuttgart: Deutsche Verlagsanstalt.

WEST, Robin (1993). Narrative, authority, and law. Ann Arbor: University of Michigan Press.

WHITE, James Boyd (1973): The Legal Imagination: Studies in the Nature of Legal Thought and Expression. Boston: Little, Brown.

WOHLHAUPTER, Eugen (1953) (1955) (1957): Dichterjuristen, Bände 1–3. Tübingen: Mohr.

WOLF, Friedrich (1978/1929): Cyankali. In: Ders.: Dramen. Leipzig: Reclam, S. 103–164.

WOLFSLAST, Gabriele (1985): Psychotherapie in den Grenzen des Rechts. Stuttgart: Ferdinand Enke.

WOLFF, Christian (1754): Grundsätze des Natur- und Völckerrechts, worinn alle Verbindlichkeiten und alle Rechte aus der Natur des Menschen in einem beständigen Zusammenhange hergeleitet werden. Halle: Rengerische Buchhandlung. http://diglib.hab.de/drucke/rp-183/start.htm (zuletzt aufgerufen am 5.8.2013).

WOLFF, Rudolf (2006): Jakob Wassermann. Ein humanistischer Seismograph. In: Wassermann, Jakob: Selbstbetrachtungen. Bad Schwartau: Literarische Tradition in der WFB Verlagsgruppe, S. 109–117.

YALE JOURNAL of Law and Humanities (YJLH) (1988ff). New Haven, Connecticut; Buffalo, New York: HeinOnline. http://ezb.uni-regensburg.de/?2245322&bibid=UBFRE (zuletzt aufgerufen am 5.8.2013).

ZWEIG, Stefan (1912): Jakob Wassermann. In: Die Neue Rundschau. XXIII. Jahrgang der Freien Bühne, Band 2. Berlin: S. Fischer, S. 1131–1145.

ZWEIG, Stefan (1933): Für Jakob Wassermann. In: Die Neue Rundschau. XLIV. Jahrgang der Freien Bühne, Band 1. Berlin: S. Fischer, S. 358–360.

Juristische Zeitgeschichte

Herausgeber: Prof. Dr. Dr. Thomas Vormbaum, FernUniversität in Hagen

Abteilung 1: Allgemeine Reihe

1 *Thomas Vormbaum (Hrsg.):* Die Sozialdemokratie und die Entstehung des Bürgerlichen Gesetzbuchs. Quellen aus der sozialdemokratischen Partei und Presse (1997)
2 *Heiko Ahlbrecht:* Geschichte der völkerrechtlichen Strafgerichtsbarkeit im 20. Jahrhundert (1999)
3 *Dominik Westerkamp:* Pressefreiheit und Zensur im Sachsen des Vormärz (1999)
4 *Wolfgang Naucke:* Über die Zerbrechlichkeit des rechtsstaatlichen Strafrechts. Gesammelte Aufsätze zur Strafrechtsgeschichte (2000)
5 *Jörg Ernst August Waldow:* Der strafrechtliche Ehrenschutz in der NS-Zeit (2000)
6 *Bernhard Diestelkamp:* Rechtsgeschichte als Zeitgeschichte. Beiträge zur Rechtsgeschichte des 20. Jahrhunderts (2001)
7 *Michael Damnitz:* Bürgerliches Recht zwischen Staat und Kirche. Mitwirkung der Zentrumspartei am Bürgerlichen Gesetzbuch (2001)
8 *Massimo Nobili:* Die freie richterliche Überzeugungsbildung. Reformdiskussion und Gesetzgebung in Italien, Frankreich und Deutschland seit dem Ausgang des 18. Jahrhunderts (2001)
9 *Diemut Majer:* Nationalsozialismus im Lichte der Juristischen Zeitgeschichte (2002)
10 *Bianca Vieregge:* Die Gerichtsbarkeit einer „Elite". Nationalsozialistische Rechtsprechung am Beispiel der SS- und Polizeigerichtsbarkeit (2002)
11 *Norbert Berthold Wagner:* Die deutschen Schutzgebiete (2002)
12 *Miloš Vec:* Die Spur des Täters. Methoden der Identifikation in der Kriminalistik (1879–1933), (2002)
13 *Christian Amann:* Ordentliche Jugendgerichtsbarkeit und Justizalltag im OLG-Bezirk Hamm von 1939 bis 1945 (2003)
14 *Günter Gribbohm:* Das Reichskriegsgericht (2004)
15 *Martin M. Arnold:* Pressefreiheit und Zensur im Baden des Vormärz. Im Spannungsfeld zwischen Bundestreue und Liberalismus (2003)
16 *Ettore Dezza:* Beiträge zur Geschichte des modernen italienischen Strafrechts (2004)
17 *Thomas Vormbaum (Hrsg.):* „Euthanasie" vor Gericht. Die Anklageschrift des Generalstaatsanwalts beim OLG Frankfurt/M. gegen Werner Heyde u. a. vom 22. Mai 1962 (2005)
18 *Kai Cornelius:* Vom spurlosen Verschwindenlassen zur Benachrichtigungspflicht bei Festnahmen (2006)
19 *Kristina Brümmer-Pauly:* Desertion im Recht des Nationalsozialismus (2006)
20 *Hanns-Jürgen Wiegand:* Direktdemokratische Elemente in der deutschen Verfassungsgeschichte (2006)
21 *Hans-Peter Marutschke (Hrsg.):* Beiträge zur modernen japanischen Rechtsgeschichte (2006)

22 *Katrin Stoll:* Die Herstellung der Wahrheit (2011)
23 *Thorsten Kurtz:* Das Oberste Rückerstattungsgericht in Herford (2014)
24 *Sebastian Schermaul:* Die Umsetzung der Karlsbader Beschlüsse an der Universität Leipzig 1819–1848 (2013)

Abteilung 2: Forum Juristische Zeitgeschichte

1 *Franz-Josef Düwell / Thomas Vormbaum (Hrsg.):* Themen juristischer Zeitgeschichte (1) – Schwerpunktthema: Recht und Nationalsozialismus (1998)
2 *Karl-Heinz Keldungs:* Das Sondergericht Duisburg 1943–1945 (1998)
3 *Franz-Josef Düwell / Thomas Vormbaum (Hrsg.):* Themen juristischer Zeitgeschichte (2) – Schwerpunktthema: Recht und Juristen in der Revolution von 1848/49 (1998)
4 *Thomas Vormbaum:* Beiträge zur juristischen Zeitgeschichte (1999)
5 *Franz-Josef Düwell / Thomas Vormbaum:* Themen juristischer Zeitgeschichte (3), (1999)
6 *Thomas Vormbaum (Hrsg.):* Themen juristischer Zeitgeschichte (4), (2000)
7 *Frank Roeser:* Das Sondergericht Essen 1942–1945 (2000)
8 *Heinz Müller-Dietz:* Recht und Nationalsozialismus – Gesammelte Beiträge (2000)
9 *Franz-Josef Düwell (Hrsg.):* Licht und Schatten. Der 9. November in der deutschen Geschichte und Rechtsgeschichte – Symposium der Arnold-Freymuth-Gesellschaft, Hamm (2000)
10 *Bernd-Rüdiger Kern / Klaus-Peter Schroeder (Hrsg.):* Eduard von Simson (1810–1899). „Chorführer der Deutschen" und erster Präsident des Reichsgerichts (2001)
11 *Norbert Haase / Bert Pampel (Hrsg.):* Die Waldheimer „Prozesse" – fünfzig Jahre danach. Dokumentation der Tagung der Stiftung Sächsische Gedenkstätten am 28. und 29. September in Waldheim (2001)
12 *Wolfgang Form (Hrsg.):* Literatur- und Urteilsverzeichnis zum politischen NS-Strafrecht (2001)
13 *Sabine Hain:* Die Individualverfassungsbeschwerde nach Bundesrecht (2002)
14 *Gerhard Pauli / Thomas Vormbaum (Hrsg.):* Justiz und Nationalsozialismus – Kontinuität und Diskontinuität. Fachtagung in der Justizakademie des Landes NRW, Recklinghausen, am 19. und 20. November 2001 (2003)
15 *Mario Da Passano (Hrsg.):* Europäische Strafkolonien im 19. Jahrhundert. Internationaler Kongreß des Dipartimento di Storia der Università Sassari und des Parco nazionale di Asinara, Porto Torres, 25. Mai 2001 (2006)
16 *Sylvia Kesper-Biermann / Petra Overath (Hrsg.):* Die Internationalisierung von Strafrechtswissenschaft und Kriminalpolitik (1870–1930). Deutschland im Vergleich (2007)
17 *Hermann Weber (Hrsg.):* Literatur, Recht und Musik. Tagung im Nordkolleg Rendsburg vom 16. bis 18. September 2005 (2007)
18 *Hermann Weber (Hrsg.):* Literatur, Recht und (bildende) Kunst. Tagung im Nordkolleg Rendsburg vom 21. bis 23. September 2007 (2008)
19 *Francisco Muñoz Conde / Thomas Vormbaum (Hrsg.):* Transformation von Diktaturen in Demokratien und Aufarbeitung der Vergangenheit (2010)
20 *Kirsten Scheiwe / Johanna Krawietz* (Hrsg.): (K)Eine Arbeit wie jede andere? Die Regulierung von Arbeit im Privathaushalt (2014)

Abteilung 3: Beiträge zur modernen deutschen Strafgesetzgebung. Materialien zu einem historischen Kommentar

1 *Thomas Vormbaum / Jürgen Welp (Hrsg.):* Das Strafgesetzbuch seit 1870. Sammlung der Änderungen und Neubekanntmachungen; Vier Textbände (1999–2002) und drei Supplementbände (2005, 2006)
2 *Christian Müller:* Das Gewohnheitsverbrechergesetz vom 24. November 1933. Kriminalpolitik als Rassenpolitik (1998)
3 *Maria Meyer-Höger:* Der Jugendarrest. Entstehung und Weiterentwicklung einer Sanktion (1998)
4 *Kirsten Gieseler:* Unterlassene Hilfeleistung – § 323c StGB. Reformdiskussion und Gesetzgebung seit 1870. (1999)
5 *Robert Weber:* Die Entwicklung des Nebenstrafrechts 1871–1914 (1999)
6 *Frank Nobis:* Die Strafprozeßgesetzgebung der späten Weimarer Republik (2000)
7 *Karsten Felske:* Kriminelle und terroristische Vereinigungen – §§ 129, 129a StGB (2002)
8 *Ralf Baumgarten:* Zweikampf – §§ 201–210 a.F. StGB (2003)
9 *Felix Prinz:* Diebstahl – §§ 242 ff. StGB (2003)
10 *Werner Schubert / Thomas Vormbaum (Hrsg.):* Entstehung des Strafgesetzbuchs. Kommissionsprotokolle und Entwürfe. Band 1: 1869 (2002); Band 2: 1870 (2004)
11 *Lars Bernhard:* Falsche Verdächtigung (§§ 164, 165 StGB) und Vortäuschen einer Straftat (§ 145d StGB), (2003)
12 *Frank Korn:* Körperverletzungsdelikte – §§ 223 ff., 340 StGB. Reformdiskussion und Gesetzgebung von 1870 bis 1933 (2003)
13 *Christian Gröning:* Körperverletzungsdelikte – §§ 223 ff., 340 StGB. Reformdiskussion und Gesetzgebung seit 1933 (2004)
14 *Sabine Putzke:* Die Strafbarkeit der Abtreibung in der Kaiserzeit und in der Weimarer Zeit. Eine Analyse der Reformdiskussion und der Straftatbestände in den Reformentwürfen (1908–1931), (2003)
15 *Eckard Voßiek:* Strafbare Veröffentlichung amtlicher Schriftstücke (§ 353d Nr. 3 StGB). Gesetzgebung und Rechtsanwendung seit 1851 (2004)
16 *Stefan Lindenberg:* Brandstiftungsdelikte – §§ 306 ff. StGB. Reformdiskussion und Gesetzgebung seit 1870 (2004)
17 *Ninette Barreneche†:* Materialien zu einer Strafrechtsgeschichte der Münchener Räterepublik 1918/1919 (2004)
18 *Carsten Thiel:* Rechtsbeugung – § 339 StGB. Reformdiskussion und Gesetzgebung seit 1870 (2005)
19 *Vera Große-Vehne:* Tötung auf Verlangen (§ 216 StGB), „Euthanasie" und Sterbehilfe. Reformdiskussion und Gesetzgebung seit 1870 (2005)
20 *Thomas Vormbaum / Kathrin Rentrop (Hrsg.):* Reform des Strafgesetzbuchs. Sammlung der Reformentwürfe. Band 1: 1909 bis 1919. Band 2: 1922 bis 1939. Band 3: 1959 bis 1996 (2008)
21 *Dietmar Prechtel:* Urkundendelikte (§§ 267 ff. StGB). Reformdiskussion und Gesetzgebung seit 1870 (2005)
22 *Ilya Hartmann:* Prostitution, Kuppelei, Zuhälterei. Reformdiskussion und Gesetzgebung seit 1870 (2006)

23 *Ralf Seemann:* Strafbare Vereitelung von Gläubigerrechten (§§ 283 ff., 288 StGB). Reformdiskussion und Gesetzgebung seit 1870 (2006)
24 *Andrea Hartmann:* Majestätsbeleidigung (§§ 94 ff. StGB a.F.) und Verunglimpfung des Staatsoberhauptes (§ 90 StGB). Reformdiskussion und Gesetzgebung seit dem 19. Jahrhundert (2006)
25 *Christina Rampf:* Hausfriedensbruch (§ 123 StGB). Reformdiskussion und Gesetzgebung seit 1870 (2006)
26 *Christian Schäfer:* „Widernatürliche Unzucht" (§§ 175, 175a, 175b, 182, a.F. StGB). Reformdiskussion und Gesetzgebung seit 1945 (2006)
27 *Kathrin Rentrop:* Untreue und Unterschlagung (§§ 266 und 246 StGB). Reformdiskussion und Gesetzgebung seit dem 19. Jahrhundert (2007)
28 *Martin Asholt:* Straßenverkehrsstrafrecht. Reformdiskussion und Gesetzgebung seit dem Ausgang des 19. Jahrhunderts (2007)
29 *Katharina Linka:* Mord und Totschlag (§§ 211–213 StGB). Reformdiskussion und Gesetzgebung seit 1870 (2008)
30 *Juliane Sophia Dettmar:* Legalität und Opportunität im Strafprozess. Reformdiskussion und Gesetzgebung von 1877 bis 1933 (2008)
31 *Jürgen Durynek:* Korruptionsdelikte (§§ 331 ff. StGB). Reformdiskussion und Gesetzgebung seit dem 19. Jahrhundert (2008)
32 *Judith Weber:* Das sächsische Strafrecht im 19. Jahrhundert bis zum Reichsstrafgesetzbuch (2009)
33 *Denis Matthies:* Exemplifikationen und Regelbeispiele. Eine Untersuchung zum 100-jährigen Beitrag von Adolf Wach zur „Legislativen Technik" (2009)
34 *Benedikt Rohrßen:* Von der „Anreizung zum Klassenkampf" zur „Volksverhetzung" (§ 130 StGB). Reformdiskussion und Gesetzgebung seit dem 19. Jahrhundert (2009)
35 *Friederike Goltsche:* Der Entwurf eines Allgemeinen Deutschen Strafgesetzbuches von 1922 (Entwurf Radbruch) (2010)
36 *Tarig Elobied:* Die Entwicklung des Strafbefehlsverfahrens von 1846 bis in die Gegenwart (2010)
37 *Christina Müting:* Sexuelle Nötigung; Vergewaltigung (§ 177 StGB) (2010)
38 *Nadeschda Wilkitzki:* Entstehung des Gesetzes über Internationale Rechtshilfe in Strafsachen (IRG) (2010)
39 *André Brambring:* Kindestötung (§ 217 a.F. StGB). Reformdiskussion und Gesetzgebung seit 1870 (2010)
40 *Wilhelm Rettler:* Der strafrechtliche Schutz des sozialistischen Eigentums in der DDR (2010)
41 *Yvonne Hötzel:* Debatten um die Todesstrafe in der Bundesrepublik Deutschland von 1949 bis 1990 (2010)
42 *Dagmar Kolbe:* Strafbarkeit im Vorfeld und im Umfeld der Teilnahme (§§ 88a, 110, 111, 130a und 140 StGB). Reformdiskussion und Gesetzgebung seit dem 19. Jahrhundert (2011)
43 *Sami Bdeiwi:* Beischlaf zwischen Verwandten (§ 173 StGB). Reform und Gesetzgebung seit 1870 (2014)
44 *Michaela Arnold:* Verfall, Einziehung und Unbrauchbarmachung (§§ 73 bis 76a StGB). Reformdiskussion und Gesetzgebung seit dem 19. Jahrhundert (im Erscheinen)
45 *Zekai Dağaşan:* Das Ansehen des Staates im türkischen und deutschen Strafrecht (2014)

Abteilung 4: Leben und Werk. Biographien und Werkanalysen

1. *Mario A. Cattaneo:* Karl Grolmans strafrechtlicher Humanismus (1998)
2. *Gerit Thulfaut:* Kriminalpolitik und Strafrechtstheorie bei Edmund Mezger (2000)
3. *Adolf Laufs:* Persönlichkeit und Recht. Gesammelte Aufsätze (2001)
4. *Hanno Durth:* Der Kampf gegen das Unrecht. Gustav Radbruchs Theorie eines Kulturverfassungsrechts (2001)
5. *Volker Tausch:* Max Güde (1902–1984). Generalbundesanwalt und Rechtspolitiker (2002)
6. *Bernd Schmalhausen:* Josef Neuberger (1902–1977). Ein Leben für eine menschliche Justiz (2002)
7. *Wolf Christian von Arnswald:* Savigny als Strafrechtspraktiker. Ministerium für die Gesetzesrevision (1842–1848), (2003)
8. *Thilo Ramm:* Ferdinand Lassalle. Der Revolutionär und das Recht (2004)
9. *Martin D. Klein:* Demokratisches Denken bei Gustav Radbruch (2007)
10. *Francisco Muñoz Conde:* Edmund Mezger – Beiträge zu einem Juristenleben (2007)
11. *Whitney R. Harris:* Tyrannen vor Gericht. Das Verfahren gegen die deutschen Hauptkriegsverbrecher nach dem Zweiten Weltkrieg in Nürnberg 1945–1946 (2008)
12. *Eric Hilgendorf (Hrsg.):* Die deutschsprachige Strafrechtswissenschaft in Selbstdarstellungen (2010)
13. *Tamara Cipolla:* Friedrich Karl von Strombeck. Leben und Werk – Unter besonderer Berücksichtigung des Entwurfes eines Strafgesetzbuches für ein Norddeutsches Staatsgebiet (2010)
14. *Karoline Peters:* J. D. H. Temme und das preußische Strafverfahren in der Mitte des 19. Jahrhunderts (2010)

Abteilung 5: Juristisches Zeitgeschehen Rechtspolitik und Justiz aus zeitgenössischer Perspektive

Mitherausgegeben von Gisela Friedrichsen („Der Spiegel")
und RA Prof. Dr. Franz Salditt

1. *Diether Posser:* Anwalt im Kalten Krieg. Ein Stück deutscher Geschichte in politischen Prozessen 1951–1968. 3. Auflage (1999)
2. *Jörg Arnold (Hrsg.):* Strafrechtliche Auseinandersetzung mit Systemvergangenheit am Beispiel der DDR (2000)
3. *Thomas Vormbaum (Hrsg.):* Vichy vor Gericht: Der Papon-Prozeß (2000)
4. *Heiko Ahlbrecht / Kai Ambos (Hrsg.):* Der Fall Pinochet(s). Auslieferung wegen staatsverstärkter Kriminalität? (1999)
5. *Oliver Franz:* Ausgehverbot für Jugendliche („Juvenile Curfew") in den USA. Reformdiskussion und Gesetzgebung seit dem 19. Jahrhundert (2000)
6. *Gabriele Zwiehoff (Hrsg.):* „Großer Lauschangriff". Die Entstehung des Gesetzes zur Änderung des Grundgesetzes vom 26. März 1998 und des Gesetzes zur Änderung der Strafprozeßordnung vom 4. Mai 1998 in der Presseberichterstattung 1997/98 (2000)

7 *Mario A. Cattaneo:* Strafrechtstotalitarismus. Terrorismus und Willkür (2001)
8 *Gisela Friedrichsen / Gerhard Mauz:* Er oder sie? Der Strafprozeß Böttcher/Weimar. Prozeßberichte 1987 bis 1999 (2001)
9 *Heribert Prantl / Thomas Vormbaum (Hrsg.):* Juristisches Zeitgeschehen 2000 in der Süddeutschen Zeitung (2001)
10 *Helmut Kreicker:* Art. 7 EMRK und die Gewalttaten an der deutsch-deutschen Grenze (2002)
11 *Heribert Prantl / Thomas Vormbaum (Hrsg.):* Juristisches Zeitgeschehen 2001 in der Süddeutschen Zeitung (2002)
12 *Henning Floto:* Der Rechtsstatus des Johanniterordens. Eine rechtsgeschichtliche und rechtsdogmatische Untersuchung zum Rechtsstatus der Balley Brandenburg des ritterlichen Ordens St. Johannis vom Spital zu Jerusalem (2003)
13 *Heribert Prantl / Thomas Vormbaum (Hrsg.):* Juristisches Zeitgeschehen 2002 in der Süddeutschen Zeitung (2003)
14 *Kai Ambos / Jörg Arnold (Hrsg.):* Der Irak-Krieg und das Völkerrecht (2004)
15 *Heribert Prantl / Thomas Vormbaum (Hrsg.):* Juristisches Zeitgeschehen 2003 in der Süddeutschen Zeitung (2004)
16 *Sascha Rolf Lüder:* Völkerrechtliche Verantwortlichkeit bei Teilnahme an „Peace-keeping"-Missionen der Vereinten Nationen (2004)
17 *Heribert Prantl / Thomas Vormbaum (Hrsg.):* Juristisches Zeitgeschehen 2004 in der Süddeutschen Zeitung (2005)
18 *Christian Haumann:* Die „gewichtende Arbeitsweise" der Finanzverwaltung. Eine Untersuchung über die Aufgabenerfüllung der Finanzverwaltung bei der Festsetzung der Veranlagungssteuern (2008)
19 *Asmerom Ogbamichael:* Das neue deutsche Geldwäscherecht (2011)
20 *Lars Chr. Barnewitz:* Die Entschädigung der Freimaurerlogen nach 1945 und nach 1989 (2011)
21 *Ralf Gnüchtel:* Jugendschutztatbestände im 13. Abschnitt des StGB (2013)
22 *Helmut Irmen:* Stasi und DDR-Militärjustiz. Der Einfluss des MfS auf Militärjustiz und Militärstrafvollzug in der DDR (2014)

Abteilung 6: Recht in der Kunst

Mitherausgegeben von Prof. Dr. Gunter Reiß

1 *Heinz Müller-Dietz:* Recht und Kriminalität im literarischen Widerschein. Gesammelte Aufsätze (1999)
2 *Klaus Lüderssen (Hrsg.):* »Die wahre Liberalität ist Anerkennung«. Goethe und die Jurisprudenz (1999)
3 *Bertolt Brecht:* Die Dreigroschenoper (1928) / Dreigroschenroman (1934). Mit Kommentaren von Iring Fetscher und Bodo Plachta (2001)
4 *Annette von Droste-Hülshoff:* Die Judenbuche (1842) / Die Vergeltung (1841). Mit Kommentaren von Heinz Holzhauer und Winfried Woesler (2000)
5 *Theodor Fontane:* Unterm Birnbaum (1885). Mit Kommentaren von Hugo Aust und Klaus Lüderssen (2001)
6 *Heinrich von Kleist:* Michael Kohlhaas (1810). Mit Kommentaren von Wolfgang Naucke und Joachim Linder (2000)
7 *Anja Sya:* Literatur und juristisches Erkenntnisinteresse. Joachim Maass' Roman „Der Fall Gouffé" und sein Verhältnis zu der historischen Vorlage (2001)

8 *Heiner Mückenberger:* Theodor Storm – Dichter und Richter. Eine rechtsgeschichtliche Lebensbeschreibung (2001)
9 *Hermann Weber (Hrsg.):* Annäherung an das Thema „Recht und Literatur". Recht, Literatur und Kunst in der NJW (1), (2002)
10 *Hermann Weber (Hrsg.):* Juristen als Dichter. Recht, Literatur und Kunst in der NJW (2), (2002)
11 *Hermann Weber (Hrsg.):* Prozesse und Rechtsstreitigkeiten um Recht, Literatur und Kunst. Recht, Literatur und Kunst in der NJW (3), (2002)
12 *Klaus Lüderssen:* Produktive Spiegelungen. 2., erweiterte Auflage (2002)
13 *Lion Feuchtwanger:* Erfolg. Drei Jahre Geschichte einer Provinz. Roman (1929). Mit Kommentaren von Theo Rasehorn und Ernst Ribbat (2002)
14 *Jakob Wassermann:* Der Fall Maurizius. Roman (1928). Mit Kommentaren von Thomas Vormbaum und Regina Schäfer (2003)
15 *Hermann Weber (Hrsg.):* Recht, Staat und Politik im Bild der Dichtung. Recht, Literatur und Kunst in der Neuen Juristischen Wochenschrift (4), (2003)
16 *Hermann Weber (Hrsg.):* Reale und fiktive Kriminalfälle als Gegenstand der Literatur. Recht, Literatur und Kunst in der Neuen Juristischen Wochenschrift (5), (2003)
17 *Karl Kraus:* Sittlichkeit und Kriminalität. (1908). Mit Kommentaren von Helmut Arntzen und Heinz Müller-Dietz (2004)
18 *Hermann Weber (Hrsg.):* Dichter als Juristen. Recht, Literatur und Kunst in der Neuen Juristischen Wochenschrift (6), (2004)
19 *Hermann Weber (Hrsg.):* Recht und Juristen im Bild der Literatur. Recht, Literatur und Kunst in der Neuen Juristischen Wochenschrift (7), (2005)
20 *Heinrich von Kleist:* Der zerbrochne Krug. Ein Lustspiel (1811). Mit Kommentaren von Michael Walter und Regina Schäfer (2005)
21 *Francisco Muñoz Conde / Marta Muñoz Aunión:* „Das Urteil von Nürnberg". Juristischer und filmwissenschaftlicher Kommentar zum Film von Stanley Kramer (1961), (2006)
22 *Fjodor Dostojewski:* Aufzeichnungen aus einem Totenhaus (1860). Mit Kommentaren von Heinz Müller-Dietz und Dunja Brötz (2005)
23 *Thomas Vormbaum (Hrsg.):* Anton Matthias Sprickmann. Dichter und Jurist. Mit Kommentaren von Walter Gödden, Jörg Löffler und Thomas Vormbaum (2006)
24 *Friedrich Schiller:* Verbrecher aus Infamie (1786). Mit Kommentaren von Heinz Müller-Dietz und Martin Huber (2006)
25 *Franz Kafka:* Der Proceß. Roman (1925). Mit Kommentaren von Detlef Kremer und Jörg Tenckhoff (2006)
26 *Heinrich Heine:* Deutschland. Ein Wintermährchen. Geschrieben im Januar 1844. Mit Kommentaren von Winfried Woesler und Thomas Vormbaum (2006)
27 *Thomas Vormbaum (Hrsg.):* Recht, Rechtswissenschaft und Juristen im Werk Heinrich Heines (2006)
28 *Heinz Müller-Dietz:* Recht und Kriminalität in literarischen Spiegelungen (2007)
29 *Alexander Puschkin:* Pique Dame (1834). Mit Kommentaren von Barbara Aufschnaiter/Dunja Brötz und Friedrich-Christian Schroeder (2007)

30 *Georg Büchner:* Danton's Tod. Dramatische Bilder aus Frankreichs Schreckensherrschaft. Mit Kommentaren von Sven Kramer und Bodo Pieroth (2007)
31 *Daniel Halft:* Die Szene wird zum Tribunal! Eine Studie zu den Beziehungen von Recht und Literatur am Beispiel des Schauspiels „Cyankali" von Friedrich Wolf (2007)
32 *Erich Wulffen:* Kriminalpsychologie und Psychopathologie in Schillers Räubern (1907). Herausgegeben von Jürgen Seul (2007)
33 *Klaus Lüderssen:* Produktive Spiegelungen: Recht in Literatur, Theater und Film. Band II (2007)
34 *Albert Camus:* Der Fall. Roman (1956). Mit Kommentaren von Brigitte Sändig und Sven Grotendiek (2008)
35 *Thomas Vormbaum (Hrsg.):* Pest, Folter und Schandsäule. Der Mailänder Prozess wegen „Pestschmierereien" in Rechtskritik und Literatur. Mit Kommentaren von Ezequiel Malarino und Helmut C. Jacobs (2008)
36 *E. T. A. Hoffmann:* Das Fräulein von Scuderi – Erzählung aus dem Zeitalter Ludwigs des Vierzehnten (1819). Mit Kommentaren von Heinz Müller-Dietz und Marion Bönnighausen (2010)
37 *Leonardo Sciascia:* Der Tag der Eule. Mit Kommentaren von Gisela Schlüter und Daniele Negri (2010)
38 *Franz Werfel:* Eine blaßblaue Frauenschrift. Novelle (1941). Mit Kommentaren von Matthias Pape und Wilhelm Brauneder (2011)
39 *Thomas Mann:* Das Gesetz. Novelle (1944). Mit Kommentaren von Volker Ladenthin und Thomas Vormbaum (2013)
40 *Theodor Storm:* Ein Doppelgänger. Novelle (1886) (2013)
41 *Dorothea Peters:* Der Fall Kaspar Hauser als Kriminalfall und als Roman von Jakob Wassermann (2014)
42 *Jörg Schönert:* Kriminalität in der Literatur (im Erscheinen)
43 *Klaus Lüderssen:* Produktive Spiegelungen. Recht im künstlerischen Kontext. Band 3 (2014)

Abteilung 7: Beiträge zur Anwaltsgeschichte

Mitherausgegeben von Gerhard Jungfer, Dr. Tilmann Krach
und Prof. Dr. Hinrich Rüping

1 *Babette Tondorf:* Strafverteidigung in der Frühphase des reformierten Strafprozesses. Das Hochverratsverfahren gegen die badischen Aufständischen Gustav Struve und Karl Blind (1848/49), (2006)
2 *Hinrich Rüping:* Rechtsanwälte im Bezirk Celle während des Nationalsozialismus (2007)

Abteilung 8: Judaica

1 *Hannes Ludyga:* Philipp Auerbach (1906–1952). „Staatskommissar für rassisch, religiös und politisch Verfolgte" (2005)
2 *Thomas Vormbaum:* Der Judeneid im 19. Jahrhundert, vornehmlich in Preußen. Ein Beitrag zur juristischen Zeitgeschichte (2006)

3 *Hannes Ludyga:* Die Rechtsstellung der Juden in Bayern von 1819 bis 1918. Studie im Spiegel der Verhandlungen der Kammer der Abgeordneten des bayerischen Landtags (2007)
4 *Michele Sarfatti:* Die Juden im faschistischen Italien. Geschichte, Identität, Verfolgung (2014)

www.ingramcontent.com/pod-product-compliance
Lightning Source LLC
Chambersburg PA
CBHW080640170426
43200CB00015B/2908